光文社古典新訳文庫

資本論第一部草稿

直接的生産過程の諸結果

マルクス

森田成也訳

kobunsha classics

JN166598

光文社

Title : RESULTATE DES UNMITTELBAREN PRODUCTIONSPROCESSES
1863～64
Author : Karl Marx

凡例

・本書の底本は以下のとおり。

Marx/Engels *Gesamtausgabe*（MEGA）, Zweite Abteilung: *"Das Kapital" und Vorarbeiten*, Band 4, *Karl Marx Ökonomische Manuscripte 1863-1867*, Teil 1, Dietz Verlag Berlin, 1988.

・翻訳にあたっては以下の諸文献を参考にした。

Marx/Engels *Collected Works*, vol.34, Lawrence & Wishart, 1994.

Karl Marx, *Capital*, Vol.1, Penguin Books, 1990.

カール・マルクス『直接的生産過程の諸結果』（岡崎次郎訳）、国民文庫、一九七〇年

マルクス&エンゲルス『資本論綱要他四篇』（向坂逸郎訳）、岩波文庫、一九五三年

『マルクス・資本論遺稿――直接的生産過程の諸結果』（淡徳三郎訳）、研進社、一九四九年。

・現行版『資本論』からの引用はすべて、大月書店発行の普及版『資本論』を用いた。『マルクス・エンゲルス全集』も大月書店版のものを用いた。

・マルクスの原稿のページは［25］［26］のように表記した。

・マルクス自身がつけた注は、本文の段落と段落のあいだに配置した。

・訳注は▼1、▼2…という番号を付し、訳注本体は、I、II、IIIのそれぞれの末尾に記した。なお訳注は新メガの編者注と各参照文献の訳注を参考にしつつ、独自に作成した。

・原稿の中断や挿入、順番の入れ替えなどについて注記する場合には、番号なしの▼を付して、本文の途中で示しておいた。

・引用文献のうち既訳のあるものについてはできるだけ参考にしたが、訳文は必ずしも既訳に従っていない。

・マルクスが書いてから削除した文章については、比較的長くて重要なものだけ

《　》して挿入するか訳注で触れた。

・訳者の判断でいくつかの箇所に仮の小見出しを［　］して入れておいた。

・原稿の中でマルクスは時おり括弧をつけて、何十行にも及ぶ非常に長い文章を挿入していることがある。その場合、――で表現することにし、さらに始まりと終わりが読者にわかりやすいよう、前後に一行ずつ空けることにした。

・引用文中に登場する丸括弧内の記述は基本的にマルクス自身によるものである。

・引用文は時おり不正確である。重要な違いと思われるところだけ訳注で指摘し、微妙な違いは原文とマルクスの引用文の両方を勘案した上で適当に処理した。

・強調部分については、とくに重要と思われる部分にかぎり、傍点の形で再現しておいた。

・改行は原文よりも若干増やしてある。

訳者まえがき

通常、このような「まえがき」はつけないのだが、本書の特殊な性格ゆえに、最初にごく簡単に本書の成り立ちについて説明しておく。本書の元となっているテキストは何らかの完成された著作や論文ではない。それは、マルクスが一八六三年夏から一八六四年前半にかけて『資本論』第一部を執筆したときに書いた原稿の一部である。詳しくは「解説」に譲るが、マルクスは、一八六一～六三年草稿と呼ばれる原稿を書き上げた後に、一八六三年夏から『資本論』全三部の原稿執筆に取りかかり、おおむね一八六五年いっぱいまでかけて全三部の最初の原稿を書き上げた。これが一般に一八六三～六五年草稿と呼ばれるものである。この原稿を仕上げると、マルクスは一八六六年初めから印刷用の清書原稿を書き始め、その際、この第一部草稿のかなりの部分を用いたと思われる。

本書の主要部分をなす「第六章　直接的生産過程の諸結果」は、第一部の最終章をなすのだが、第一部と第二部とを同時出版するという構想が存在していた当初は、第一部から第二部への橋渡しの章として予定されていた。しかし、第一部の印刷用原稿を執筆している途中でこの同時出版の構想が変更され、第一部を先行的に出版することにしたので、結局、この第六章はまるごと割愛されることになった。これが本書の主要部分をなす「Ⅱ」を構成している。また、この第六章以外でも、印刷用原稿を執筆する際に使われなかったり、また第六章に統合するつもりで第六章の原稿に挟み込まれた部分もあり、これらの原稿断片も残されることになった。これが本書の「Ⅰ」を構成する諸原稿である。さらに、おそらくは『資本論』第一部の蓄積論の印刷用原稿を執筆する過程で採用されなかったいくつかの注も残されており、これが本書の「Ⅲ」を構成している。

　このように、本書を構成しているのはいずれも『資本論』第一部の原稿断片であり、まとまったものとして残されているのは「第六章　直接的生産過程の諸結果」だけである。それゆえ、本書の各章においては原稿の途中から始まったり、途中で終わったりしている。それゆえ、『資本論』に登場するさまざまな概念が説明なしにいきなり登場したりしている。必要に応じて、本書の解説や『賃労働と資本／賃金・価格・利潤』を参考にしてほしい。

「資本論第一部草稿——直接的生産過程の諸結果」目次

資本論第一部草稿——直接的生産過程の諸結果

I

第六章以前の諸原稿

［第一章　貨幣の資本への転化］

▼この原稿の執筆時点では、『経済学批判』の直接の続きとして構想されていたので、初版『資本論』における「第一章　商品と貨幣」（現行版『資本論』では第一篇）がまだ存在せず、それゆえ初版『資本論』では第二章である「貨幣の資本への転化」がここでは第一章になる。

［24］……［労働者が売っているのは彼の労働ではなく］彼の労働能力（Arbeitsvermögen）である。彼の労働が現実に始まるやいなや、それはすでに彼のものではなくなっているのであり、したがってもはやそれを売ることはできない。独自の商品であるこの労働能力の独特の性質からして、それは、売り手と買い手と

のあいだの契約の締結と同時に買い手の手中に使用価値として実際に移ることはない。この商品の交換価値は、他のどの商品とも同じく、それが流通に入る前から決定されている。なぜなら、それは能力（Vermögen）として、力（Kraft）として売られ、この能力、この力を生産するには一定量の労働時間が必要だったからである。したがって、この商品の交換価値はその販売以前に存在しているのだが、その使用価値は、販売された後になってから、この力の発現（Kraftäusserung）とともにはじめて存在しはじめるのである。したがって、この力の譲渡と、その現実の発現、すなわちその使用価値としての定在とは、時間的に一致していない。こうした事情は、月ぎめで家の使用価値が私に売られる場合と同じである。この場合も、私が一ヶ月間その家に実際に住んだ後になってはじめて、私はその使用価値を受け取るのである。それと同じく、私が労働能力の使用価値を受け取るのは、私がそれを消費した後のことであり、実際にそれを自分のために働かせた後のことである。

ところで、この種の使用価値の場合、すなわち、販売を通じた商品の形式的な譲渡と、買い手へのその使用価値の現実の引き渡しとが時間的に一致していない商品の場合、すでに見たように、買い手の貨幣はたいてい支払手段として機能する。労働能力は一日や一週間等々の単位で販売されるのだが、それが一日や一週間等々の期間中に消費された後にはじめて支払われる。資本関係が十分に発達しているどの国でも、労働能力はその機能を果たした後ではじめて支払われる。したがって、労働者は常に自己の商品の使用権を資本家に前貸しするのであり、その商品の交換価値の支払いを受け取る前に、買い手にそれの消費を許すのである。つまり、それを信用貸しするのである。このように労働者が資本家に対して恒常的に信用貸しをしていること――これは販売される使用価値の特殊な性質から生じているのだが――が、けっして言葉のあやではないことは、恐慌の時だけでなく、個々の破産の場合にも示されることである。[52]

（52）「労働者は自分の勤勉（industrie）を貸しつける」。シュトルヒ『経済学講義』第二巻、ペテルブルク版、一八一五年、三六ページ。しかし、シュトルヒはずる賢く次のようにつけ加えている。労働者は「自分の賃金を……失う」以外の「いかなる危険も冒していない。……労働者は物質的なものを何も引き渡してはいない」（同前、三七ページ）。「すべての労働はそれが済んだ後で支払われる」（『近時マルサス氏の主張する需要の性質……に関する原理の研究』、ロンドン、一八二一年、一〇四ページ）。

この関係の性質にたまたまもとづいているこのような支払い様式から生じる他の実際的帰結については、われわれの研究の範囲外にある。とはいえ、一つの事例だけはこの箇所にふさわしいだろう。ロンドンには二種類のパン屋が存在する。パンをその本来の価格で売る「正価店《フル・プライスド》」と、その価格より低い価格で売る「安売り店《アンダーセラーズ》」である。パン屋総数の四分の三以上が後者の部類に属する（「製パン職人からの苦情」を調査する政府委員H・S・トレメンヒアの報告書、XXXIIページ参照）。これらの「安売り店」の大部分は、ミョウバン、石鹸、真珠灰［木炭から得られる顆粒状の炭酸カリウム］、石灰、石粉などの不純物をパンに混ぜて売っている（前掲報告書を参照せよ。以下も参照。「パンへの不純物混入に関する一八五五年委員会」の報告書、ハッサル教授の著作『摘発された不純物混入』第二版、ロンドン、一八六一年）。ジョン・ゴードン卿は一八五五年の委員会に対してこう言明した。このような不純物混入の結果として、「一日二ポンドのパンで生活している貧乏人は」、それが「健康に与える有害な影響」を別にしても、「そのパンの栄養素の四分の一しか得ていなかった」。トレメンヒアは言う（XLVIIIページ）、「労働者階級のかなりの部分」が、不純物の混入を知っているのに、ミョウバンや石粉などが混入したパンで我慢している一つの理由は、「行きつけのパン屋から、あるいは食料雑貨店からどんなパンが提供されてもそれを受け取ること」が、彼らにとって「避けがたいこと」だからである。というのも、彼らは賃金を週末にようやく支払われるので、「家族の一週間分のパンの代金を週末になってからようやく支払う」からである。トレメンヒアは、証言者の発言でもって裏づけつつ、こうつけ加えている。「このような混ぜ物入りのパンがこのようなやり方で販売するためにわざとつくられているのは、周知のところである」。

しかしながら、商品交換そのものの性質は、貨幣が購買手段として機能しようが支払手段として機能しようが変わりはしない。労働能力の価格は、後になってから実現されるとはいえ、販売の際に契約によって確定されている。この支払形態はまた次の事実を変えるものでもない。この価格規定は労働能力の価値に関係するのであって、生産物の価値にも労働の価値にも――もっとも、労働それ自体はけっして商品ではないのだが――、関係しないということである。

労働能力の交換価値が支払われていると言えるのは、すでに示したように、それでもって生活手段の価格をまかなえる場合である。そして、この生活手段とは、ある一定の社会状態のもとで、労働者が自己の労働能力を行使するのに必要なレベルの体力（Kraft）、健康、生命力一般を維持し、さらに交代要員を通じて自己を永久化するのに、慣習的に必要なものである(53)。

（53）ペティは一日あたりの賃金の価値を、労働者が「生存し、労働し、子供をつくるのに」十分な量の「一日分の食料」の価値として規定している（ウィリアム・ペティ『アイルランドの政治的解剖』（一六七二年版）、ロンドン、一六九一年、六四ページ［ウィリアム・ペティ『アイァランドの政治的解剖』岩波文庫、一九五一年、一三四頁］）。デュロ・ド・ラ・マルも引用すること［Dureau de la Malle, *Économie politique des Romains*, Vol. 1, Paris, 1840.］。「労働の価格は常に必需品の価格によって構成される」。それゆえ、「必需品の価格が、労働者としての低い地位と身分に応じて彼らの多くが抱えている家族を労働者の賃金で養うことができないほど高い場合には」、その労働者は十分な賃金を得ていないと言える（ジェイコブ・ヴァンダーリント『貨幣万能論』、ロンドン、一七三四年、一五ページ［ジェイコブ・ヴァンダーリント『貨幣万能（初期イギリス経済学古典選集7）』東京大学出版会、一九七七年、二四頁〕。

「自分の腕とその勤勉しか有していない単純労働者は、自分の労働を他人に売る以上のものを何も持ってはいない。……いかなる種類の労働についても生じているにちがいなく、また実際に生じているのは、労働者の賃金が生活資料を獲得するのに必要なだけの額に限定されていることである」（テュルゴー『富の形成と分配に関する考察』（一七六六年）、デール版『著作集』第一巻、一八四四年、一〇ページ）〔チュルゴ『富に関する省察』岩波文庫、一九三四年、二六～二七頁。『テュルゴ経済学著作集』岩波書店、一九六三年、七三頁〕。

「生活必需品の価格は事実上、労働を生産する費用である」（マルサス『地代の性質……に関する研究』、ロンドン、一八一五年、四八ページの注）〔マルサス『穀物条例論――地代論』改造文庫、一九三九年、一〇二頁〕。エドワード三世の治世以来の穀物価格と賃金とを比較検討するなら、「この五〇〇年のあいだ、この国の労働者の一日あたりの稼ぎはおそらく小麦一ペック（＝四分の一ブッシェル）〔六・七五kg〕以上に上がることよりもそれより下がることの方が多かったという結論を引き出すことができる。すなわち、一ペックの小麦は、穀物で表現された賃金が需要と供給に応じて変動する中心点、ないしそれより少し高い点であるとみなすことができるだろう」（マルサス『経済学原理』第二版、一八三六年、二五四ページ）［マルサス『経済学原理』下、岩波文庫、一九六八年、六六頁］。

「どの物品の自然価格も……その生産に費やされたものである。……それの（労働の）自然価格は、……気候の性質やその国の慣習からして、労働者を養うのに必要な、そして市場における労働供給が減らない程度の家族をこの労働者が養いうるのに必要な、一定量の生活必需品と便益品とからなっている。……労働の自然価格は……気候が違っていたり国の進歩の度合いが違っていれば、それに応じて異なっているとはいえ、一定の与えられた時間と場所においては、ほぼ一定のものとみなすことができる」（R・トレンズ『穀物貿易論』、ロンドン、一八一五年、五五〜六五ページの各所）。

人間は、その欲求の無限性と弾力性の点で他のすべての動物から区別されるのだが、他方では、他のどんな動物よりも《自己の性質をかくも信じがたい程度にまで変形させて、与えられた状況に適応することができるのであり、したがって》自己の《肉体的・精神的》欲求を同じ信じがたい水準にまで切り縮め、自己の生活条件を自ら最低限にまで制限することができる。一言で言えば、人間はアイルランド人化するという、他のどの動物にもない能力を有している。だが、労働能力の価値が問題になる場合には、［25］生存のこのような肉体的最低限が言われているのではない。労働能力は他のどの商品とも同じく、その価格が価値以上に上がることもあれば価値以下に下がることもあり、したがって、価値それ自体の貨幣表現にすぎない価格はあれこれの方向に乖離しうる。また、生活欲求の水準の総価値が労働能力の価値を構成しているのだが、この水準そのものが上がったり下がったりする。しかし、このような変動の分析はここに属するのではなく、賃金論に属する。労働者の欲求水準が高く想定されようと低く想定されようと、それが資本の分析にまったく関係しないことは、本書での研究が進行する中で明らかになるだろう。

ところで、理論においてと同様、実践においても、一定の与えられた大きさとしての労働能力の価値が出発点となる。たとえば、ある貨幣所持者が自分の貨幣を資本に、たとえば綿工場の事業資本に転化させたいと思うのなら、まず何よりも、彼が工場を建てたいと考えている場所での平均的な賃金水準を調べる。彼は、綿の価格と同じく、賃金が平均値から絶えず乖離していることを知っているが、この変動の上下が相互に相殺しあうことも知っている。それゆえ、賃金は、一定の与えられた価値量として彼の見積り計算の中に入るのである。

他方、労働能力の価値は、労働組合（Trades Unions）にとってはその自覚的で明示的な基礎をなしており、その重要性は、イギリスの労働者階級にとっていくら強調しても強調しすぎることはない。労働組合が目的としているのは、賃金の水準が、各産業部門において伝統的に与えられた高さより下落するのを、つまりは、労働能力の価格がその価値以下に押し下げられるのを防ぐことにほかならない。労働組合はもちろん、需給関係の変化が市場価格の変化を引き起こすことを知っている。しかし一方で、このような変化が現実に生じることと、買い手――この場合は資本家――が、このような変化が生じたと一方的に主張することとは大いに異なる。他方では、「需給によって決まる賃率、すなわち買い手と売り手とが同等な条件にある場合に商品交換の公平な作用がもたらすであろう賃率と、以下のような賃率とは大きな開きがある。すなわち雇い主たる資本家が各労働者を個々別々に扱って、個々の労働者の一時的必要性（需給の一般的関係にはもとづいていない必要性）につけこんで賃金の引き下げを強いる場合に、売り手たる労働者が受け入れざるをえないような賃率である。……労働者が相互に団結するのは、自分たちの労働を資本家に販売するための取引において、自らを多少なりとも資本家と対等な立場に置くためである。これこそ労働組合のRationale（論理的根拠）である[54]」。

（54）トマス・ジョセフ・ダニング（ロンドン製本工連合組合書記）『労働組合とストライキ――その原理と目的』、ロンドン、一八六〇年、六、七ページ。▼1

労働組合が目的としているのは、「労働者が、差し迫った必要性のせいで、その特定の労働部門での労働需給によってすでに確定されている水準よりも低い賃金を受け取るのを余儀なくされることのないように」することであり[55]、そのことによって、労働能力の価値が特定の地域の慣習的水準より低く押し下げられないようにすることである。この労働能力の価値は、「労働者たち自身によって最低賃率とみなされ、資本家によっては、ある特定職種の全労働者に均等に適用される同一賃率とみなされている[56]」。

(55) 同前、七ページ。
(56) 同前、一七ページ。

したがって、労働組合は組合員がこの最低賃率以下で働くことをけっして認めない[57]。労働組合とは、まさにこのことを目的として労働者自身によって設立された保険団体である。労働能力の価値を守るために労働者たちのあいだで結成されたこうした結社（Combination）の目的については、一つの事例が説明してくれるだろう。ロンドンのどの産業にも、「スウェッター」（苦汗搾取者）と呼ばれる者たちがいる。「スウェッターとは、最初の事業者から通常の賃率で一定量の仕事をすることを引き受けながら、それをより低い価格で他の者たちにやらせる者のことである。その差額が彼らの利潤になるのだが、それは実際に仕事を行なう人々が掻《か》く汗《スウェット》から得られるのである[58]」。それが表わしているのは、最初の事業者によって支払われる労働能力の価値と、スウェッターによって実際の労働者に支払われる、労働能力の価値以下の価格との差額以外の何ものでもない[59]。ちなみに、ここできわめて特徴的なのは……［以下、原稿なし］

(57) 言うまでもないことだが、資本家たちはこのような「同一賃率(uniform rate of labour)」を、労働者の人格的自由を侵害するものであり、資本家がその内心の衝動に従って労働者の特別の才能等に特別の報酬を与えるのを妨げるものだと非難している。ダニング氏は、先ほどわれわれが引用した小冊子の中で、事態の核心をついているだけでなく、見事な皮肉でもってこの問題を扱っており、先の非難にこう答えている。労働組合は資本家が「優れた熟練や作業能力に対して好きなだけより高い額を支払う」ことを別に否定してはいない。ただ、総賃金の九九%、すなわち「普通の人々」の賃金、あらゆる事業における平均労働者の賃金が、「最低賃率」以下に、すなわち平均的労働能力の習慣的価値以下に押し下げられないようにしているだけだ、と。『エディンバラ評論』の一論文(労働組合に関する一八六〇年の論文)は、資本の専制に対抗するためのこの労働者の団結を一種の奴隷制として非難した。生まれながらに自由なこの英国紳士の不可解な思い違いにあっては、自由意志にもとづいて秩序に服することが奴隷制なのである。戦争の際には、人々は、敵の軍隊が規律の専制に服さないことを望む。しかし、この論文の筆者はもっと悪いことを発見して、道徳的に憤激する。

労働組合は神をも恐れぬ不信心者である。何しろそれは、自由取引《フリートレード》の諸法則を侵害するのだから！　何と恐るべきことか！　ダニング氏はこう答えている。「殴りあいをする時に、一方の側が片腕がないか縛られていて、もう一方の側が両腕を自由に使えるとしたら、打撃の自由交換などありうるだろうか？……雇用主は労働者を個々別々に扱い、そうやって、資本家はいつでも好きな時に彼らの労働に『スウェッター』価格を押しつけようとする。取引相手としての労働者の右腕は、それを売る必要に迫られているせいで縛られている。雇用主はこれを自由取引と呼ぶが、自由なのは彼自身の側だけである。そう呼びたければ取引と呼んでもよいが、それは自由な交換ではない」（同前、四八ページ）。

(58) 同前、六ページ。

(59) 「ロンドンに慈善団体が設立された。その目的は、政府が請負業者に支払っているのと同じ価格で軍服を購入する契約を結び、その際、飢えに苦しんでいる縫製女工に彼女らの現在の賃金に三〇％上乗せして支払うことである。つまり、この結果は『仲介者』を取り除くことで達成されるのであり、この仲介者が得ていた利潤が、それまでそれを稼ぎだすための人間材料にされてきた人々の利益に供されるのである。だが、この団体が与えることのできるあらゆる利益をもってしても、縫製女工は、兵士のシャツを一日に二枚つくる一〇時間もの絶え間ない労働で一シリングしか稼げないのであり、上着の場合、一二時間労働をしても一日あたり一シリング六ペンスしか稼げないのである。だが請負労働だと、彼女の賃金は現在、一〇時間労働あたり五ペンスから八ペンスのあいだを変動しており、しかも彼女らは糸などを用意しなければならない」(『タイムズ』一八六二年三月一三日付)。

［第二章　絶対的剰余価値の生産］

▼原稿の九六ページから一〇七ページにあたる以下の原稿「（6）直接的生産過程」は、「第六章　直接的生産過程の諸結果」の中で、マルクスによって原稿の四六九ページに挿入するよう指示されている二つの箇所の一つ目である（本書、二一四頁）。これはもともと、「第二章　絶対的剰余価値の生産」の「（5）剰余価値の率と量」（現行版『資本論』では第三編第九章）の後に配置されていたと思われる。旧来の訳でも新メガでも、この原稿はこの元の位置ではなく、マルクスの指示通りに四六九ページに配置されている。しかし、本書では、執筆順を重視して、元あった場所に配置しておいた。

マルクスは、「第六章　直接的生産過程の諸結果」の四六九ページに挿入する際に、冒頭に「これは四六九ページに属す」と書き記すとともに、ページ番号も［96］～［107］をそれぞれ［469a］～［469m］に修正している。ただしマルクスは、本来、［469j］とするべきところを、一文字飛ばして［469k］にしており、したがって、元の原稿の最後の［107］は順番からすると［469l］になるはずなのだが、［469m］になっている。

なお、九六ページの原稿の冒頭数行は、残されていない九五ページの続きをなすが、四本の斜線で消されている。内容的に「（6）」の冒頭数頁と重なっている。以下に再現しておく。

《……というのも、労働能力を購入するための資本は実際には生活手段からなっているからである。もっとも、これらの生活手段は貨幣を媒介にして労働者に引き渡されるのだが。資本とは何かという問いに対して、彼もまた重金主義の信奉者とともに、資本とは貨幣であると答えることができるだろう。というのも、資本は労働過程では素材的に原料、労働用具、等々の形態で存在するのだが、流通過程では貨幣の形態で存在しているからである。だがそうだとすれば、古代の経済学者は、労働者とは何かという問いに対して同じ論理にもとづいてこう答えることができるだろう。労働者は奴隷である、なぜなら奴隷は古代の労働過程の労働者であるからだ、と。》

［96］↓［469a］　これは四六九ページに属す。

（6）直接的生産過程

資本主義的生産過程は労働過程と価値増殖過程との統一である。[2] 貨幣を資本に転化するために、貨幣は労働過程の諸要因をなす諸商品に転化される。第一に、貨幣でもって労働能力が購入されなければならず、第二に、労働能力なしには使用されず働かせることのできない諸物（Sachen）が購入されなければならない。これらの物（Sachen）は、労働過程の内部では、労働の生活手段として、労働の使用価値として役立つという意味以外のいかなる意味も持っていない。生きた労働そのものとの関係では、それらは労働の材料と手段である。労働の生産物との関係では、それらは生産手段である。そしてそれらは、これらの生産手段そのものがすでに生産物であるということからすると、新しい生産物の生産手段としての生産物である。

しかし、これらの物（Sachen）が労働過程においてこうした役割を果たすのは、資本家がそれらを購入するからではないし、それらが資本家の貨幣の転化形態だからでもない。むしろ逆であって、資本家がこれらのものを購入するのは、それらが労働過程において先のような役割を果たすからである。たとえば、紡績過程それ自体にとっては、綿花や紡錘が資本家の貨幣を、したがって資本を表わしていること、支出された貨幣がその使命からして資本であることは、どうでもよいことである。綿花と紡錘はただ、労働する紡績工の手中においてのみ労働材料と労働手段となる。そしてそうなるのは、労働者が紡績をするからであって、彼が他人のものである綿花をその同じ他人のものである紡錘を用いてその同じ他人のために糸に転化するからではない。労働過程における諸商品が使用されたり生産的に消費されたりすることで、それらのものが資本になるわけではなく、労働過程の諸要素になるだけである。

労働過程のこれらの対象的〔客体的〕諸要素が資本家によって購入されるかぎりでは、それらは彼の資本を表わす。だがこのことは労働にもあてはまる。労働もまた資本家の資本を表わしている。というのも、労働は労働能力の買い手〔資本家〕のものだからであり、それは、資本家によって購入された労働の対象的諸条件がその資本家のものであるのと同じである。そして、資本家のものであるのは単に労働過程の個々の要素だけではなくて、労働過程の全体がそうである。最初は貨幣の形態であった資本が、今では労働過程の形態で存在している。資本が労働過程をわがものとし、したがって労働者が自分自身のためではなく資本家のために労働するようになったからといって、労働過程はけっしてその一般的性質を変えるものではない。貨幣が資本に転化する際、それは労働過程の諸要因に転化し、したがって必然的に労働材料および労働手段という姿を取るのだが、だからといって、労働材料と労働手段が本来的に資本になるわけではない。貨幣がとりわけ金銀に表わされるからといって、金銀が本来的に貨幣になるわけではないのと同じである。

〔資本と生産手段とを同一視する経済学者たちの幻想〕

現代の経済学者たちは、「貨幣とは何か？」という問いに対して「貨幣とは金銀のことだ」と答える重金主義の無邪気さを笑っているのだが、その同じ経済学者たちが、「資本とは何か？」と尋ねられて、「資本とは綿花である」と答えて平然としているのである。労働材料と労働手段、すなわち生産手段、つまり新生産に用いられる生産物が、要するに労働の対象的諸条件が本来的に資本であると説明するとき、すなわちそれらが労働過程で使用価値としてのその素材的属性に即して役立つかぎりで、そして役立つがゆえに資本であると説明するとき、まさに経済学者たちはそう言っているのである。また別の者たちがそれに加えて次のように言う場合も同じである。資本は肉やパンだ、なぜなら、資本家は貨幣で労働能力を買うとはいえ、この貨幣は実際にはパンや［97→469b］肉を、要するに労働者の生活手段を表わしているにすぎないからだ、と。(127)

（127）「資本は、一国の富のうち生産に使用される部分に他ならず、労働を実行するのに必要な食料、衣服、道具、原料、機械などからなっている」（リカード前掲書、八九ページ［リカード『経済学および課税の原理』上、岩波文庫、一九八七年、一三七頁］）。「資本とは、国富のうち再生産に役立たせるために充用される、あるいは充用を予定されている部分である」（G・ラムジ前掲書［『富の分配に関する一論』、ロンドン、一八三六年］、二一ページ）。「資本とは……［われわれの欲求を直接満たすのではなく］他の有用物を獲得することに予定された特殊な種類の富である」（トレンズ前掲書［『富の生産に関する一論』、ロンドン、一八二一年］、五ページ）。

「資本とは、……新しい生産の手段としての……生産物である」（シーニア前掲書〔『経済学の根本原理』、パリ、一八三六年〕、三一八ページ）。

「資金が物質的生産に用いられるとき、それは資本という名前になる」（シュトルヒ『経済学講義』第一巻、パリ版、一八二三年、二〇七ページ）。

「資本とは、生産された富のうち、再生産に予定された部分である」（ロッシ『経済学教程――一八三六〜三七年』、ブリュッセル版、一八四三年、三六四ページ）。ロッシは、「原料」をも資本に数えることができるかどうかという「難問」に頭を悩ませている。たしかに、「原料としての資本」と「用具としての資本」とを区別できることを認めつつ、「それ」（原料）は「本当に生産用具だろうか？　それはむしろ生産用具によって働きかけられる対象ではないのか」（三六七ページ）。彼が理解していないのは、いったん資本をその素材的な現象形態と混同し、したがって労働の対象的諸条件を単純に資本と呼んでしまうならば、たしかにそれらは、労働そのものとの関係では労働材料と労働手段として区別できるのだが、生産物との関係ではどちらも等しく生産手段なのだということである。実際、彼は三七二ページでは資本を単純に「生産手段」と呼んでいる。「資本と、富の他の部分とのあいだには何の違いもない。ただそれがどのように使用されるかによって、ある物が資本になる。すなわち、生産行為において原料として、道具として、給養品として使用される場合にそれは資本になる」（シェルビュリエ『富か貧困か』、パリ、一八四一年、一八ページ）。

四本脚でビロード張りの椅子はある状況のもとでは玉座を表わしている。しかし、この椅子、すなわち座るのに役立つ物（Dinge）が玉座であるのは、その使用価値の性質ゆえではない。労働過程の最も本質的な要因は労働者自身であり、古代の生産過程においてはこの労働者は奴隷であった。だからといって、労働者が本来的に奴隷であるということにはならない（もっとも、アリストテレスはこのような見解からそれほど遠くはなかったのだが）。[3]それと同じく、紡錘や綿花が今日では賃労働者によって労働過程で消費されているからといって、それらが本来的に資本であるわけではない。このような愚劣な取り違え、すなわち、種々の物（Dinge）のうちに表わされる一定の社会的生産関係がそれらの物（Sachen）それ自体の物的な（dinglich）自然属性であるとみなす取り違えは、われわれが手近にある経済学の教科書を開いて、その最初の一頁を読むやいなや、容赦なく目に飛び込んでくる。そこでは、生産過程の諸要素をそ

の最も一般的な形態に還元するならそれは土地と資本と労働であると書かれている。(128)

(128) たとえば、ジョン・スチュアート・ミル『経済学原理』第一巻第一編。▼4

まったく同じように次のように言うこともできるだろう。生産過程の諸要素は、土地所有および、ナイフ、ハサミ、紡錘、綿花、穀物、要するに労働材料と労働手段、そして賃労働である、と。一方では、一定の歴史的発展段階において生じる特殊な社会的性格を帯びた労働過程の諸要素が列挙されており、他方では、あらゆる特定の社会形態から独立した、人間と自然との永遠の［物質代謝］過程一般としての労働過程に属する要素をつけ加えているのである。

［後でより詳しく見るように、経済学者たちのこのような幻想、すなわち資本による労働過程の領有が労働過程そのものと取り違えられ、したがって、資本は労働過程の対象的諸要素に転化されるのだからという理由で労働過程の対象的諸要素をただちに資本とみなす幻想は、資本主義的生産過程の性質そのものから生じる。ただし、古典

派経済学者にあっては、この幻想は、彼らが資本主義的生産過程をもっぱら労働過程の観点から考察しているかぎりでのみ継続しており、それゆえ、彼らがさらなる分析を行なっている場合には修正されている。

いずれにせよ、ここでただちに言えるのは、これは、資本主義的生産様式の永遠性を証明するのに、あるいは、資本が人間による生産一般の不変の自然要素であることを証明するのに、きわめて手っ取り早い方法だということである。労働は人間存在の永遠の自然条件である。労働過程とは労働そのものであって、その創造的活動を果たしている時点で見た労働に他ならない。労働過程の一般的諸契機はしたがって、何らかの特定の社会的発展から独立している。労働手段と労働材料（その一部はすでに過去の労働の生産物である）は、あらゆる時代、あらゆる状況下において、どんな労働過程でも一定の役割を果たす。それゆえ、「さすれば必ず何かが残るだろう（semper aliquid haeret）[5]」と確信してこれらのものに資本という名前を与えるならば、資本の存在が人間による生産の永遠の自然法則であることを証明することができるというわけだ。あるキルギス人がロシア人から盗んだナイフでイグサを伐採し、このイグサを編んで小舟をつくるなら、このキルギス人もロスチャイルド氏とまったく同じ資本家であると証明することもできる。同じく、ギリシャ人とローマ人もぶどう酒を飲みパンを食していたのだから、彼らもキリスト教の聖体拝領を受けていたのだと証明することもできるし、あるいは、イスラム教徒のトルコ人だって毎日水で体を洗うのだから、彼らもカトリックの聖水で毎日身を清めていたのだと証明することもできるだろう。

このような見当違いで浅はかなたわごとを、うぬぼれた重々しさで言い立てているのは、F・バスティア▼6のような連中や、有用知識普及協会▼7の経済学冊子や、マザー・マーティノー▼8のような人々の書く児童向け啓蒙書だけではない。［98↓469c］本物の専門的文献の中にさえその種のたわごとが見出されるのである。彼らは、このようなやり方で資本の永遠の自然必然性を証明しようとしているのだが、むしろ逆に、社会的生産のある特定の歴史的発展段階にとっての資本の必然性そのものさえ否定されてしまう。というのも、資本は労働材料と労働手段でしかないとか、労働過程の対象的諸要素は本来的に資本であるといった主張に対しては、正当にも次のような回答に出くわすことになるからだ。だとすれば人間に必要なのは資本であってけっして資本家ではない、あるいは、資本というのは大衆をだますために発明された名前にすぎない、と[129]。

（129）「労働は資本なしには一歩も進むことができないとわれわれは聞かされる。資本は穴を掘る人にとってのシャベルのようなものであり、資本は労働そのものと同じぐらい生産にとって必要である、と。労働者はそんなことはとっくに知っている。というのも、彼は毎日この真理をつぶさに見ているからだ。しかし、資本と労働とのこのような相互依存は、資本家と労働者との相対的な地位とは何の関係もないし、資本家が労働者によって養われなければならないことを示すものでもない。資本とは消費されていない生産物にすぎず、この瞬間において存在しているあらゆる資本は、何らかの特定の個人ないし階級とは独立に存在しているのであって、それらとけっして同じものではない。［……］そして、イギリスのすべての資本家とすべての金持ちが突然死に絶えたとしても、富ないし資本のほんの一部でも彼らとともに消え去りはしないだろうし、国民それ自体も一文たりとも貧しくはならないだろう。生産者たちの作業にとって本質的に重要なのは資本であって、資本家ではない。そして、この両者は、実際の積荷と船荷《ふなに》証券とが異なるのと同じぐらい異なるのである」（J・F・ブレイ『労働の窮状と労働の救済』、リーズ、一八三九年、五九ページ）。

「資本とは、教会や国家と同じく、あるいは、他人から金をだましとっておいて彼らをむしるその手を覆い隠そうとする連中によって発明されたその他いっさいの一般的名称と同じく、一種の神秘語である」（『資本の要求に対して労働を擁護す』、ロンドン、一八二五年、一七ページ［ホジスキン『労働擁護論』日本評論社、一九四八年、四八頁。『イギリスの近代経済思想――世界の思想5』、河出書房、一九六六年、三六五頁］）。この匿名のパンフレットの筆者はトマス・ホジスキンであって、現代イギリスの最もすぐれた経済学者の一人である。われわれが引用したこのパンフレットの重要性は今では十分認められているが（たとえば以下を参照。ジョン・レイラー『貨幣と倫理』、ロンドン、一八五二年）[9]、それが出版されてから数年後にブルーム卿による匿名の反論書が出された[10]。この書物は、この悪名高いおしゃべり屋のその他の経済学上の業績と同じく皮相なものである。

労働過程を独立のものとして、だがそれと同時に資本主義的生産過程の一側面として把握する上での無能ぶりがいっそう際立つのは、たとえばF・ウェーランド氏が、原料は資本であって、それは加工されることで生産物になるなどと説明するときである。こうして、皮革は製革工の生産物であり、靴屋の資本である、というわけだ。原料であることと生産物であることは、どちらも労働過程との関連で一個の物（Ding）が帯びる規定性であり、どちらも、資本であるというその規定性とはそれ自体としては何の関係もない。だがどちらも、つまり原料も生産物も、労働過程が資本家によって領有されるやいなや、資本を表わすようになる。[130]

〔プルードン氏は、［ウェーランドの］この議論を彼のいつもの「深遠さ」でもって利用する。「いったい何が生産物の概念を資本の概念へと突然転換させるのか？　価値の観念である。このことが意味するのは、生産物が資本になるためには、適正な価値評価を経て購入ないし販売されなければならず、その価格は討議に付されて一種の法的約定によって確定されなければならないということである。たとえば、屠畜場から出てくる獣皮は屠畜業者の生産物である。この獣皮が革なめし業者によって買われたらどうなるか？　彼はただちにそれを、あるいはその価値を、自己の営業資金に入れる。革なめし業者の労働によって、この資本は再び生産物になる」。

プルードン氏は、見当はずれの形而上学の装備一式を備えている点で際立っており、それを用いて彼はまず、最もありふれた初歩的な観念を彼の「営業資金」の中に資本として投入し、その次にそれを大げさな「生産物」として人々に売りつけるのである。いかにして生産物［の概念］が資本に転換するのかという問いそれ自体がナンセンスなのだが、それに対する［プルードンの］答えはこの問いとどっこいどっこいだ。《価値創造によって生産物は商品になるのだが、われわれが知りたいのは、まさにいかにして商品が資本に転換するのかである。》

実際プルードン氏がわれわれに説明しているのは、二つのかなりよく知られた事実である。まず第一に、生産物は時に原料として加工されることがあるということ、第二に、生産物は同時に商品でもあるということ、つまり、価値を有しており、実現される前に買い手と売り手とのあいだの討議という厳しい試練を経なければならないということである。この同じ「哲学者」は次のように述べている。「社会にとって資本と生産物との相違は存在しない。この相違は完全に主観的なものであって、諸個人にもとづいている」。彼は抽象的な社会的形態を「主観的」と呼び、自分の主観的抽象を「社会」と呼んでいるのである。▼11〕

（130）「われわれは原料を、われわれ自身の（！）勤勉と結合させてそれを生産物に仕上げる目的で手に入れるのだが、そのような原料は資本と呼ばれる。そして、労働がなされ、価値がつくり出された後では、それは生産物と呼ばれる。このように、同じ物品であっても、ある者にとっては生産物であり、別の者にとっては資本であるかもしれない。皮革は製革工の生産物であり、靴屋の資本である」（F・ウェーランド前掲書〔『経済学綱要』、ボストン、一八四三年〕、二五ページ）。（これに続くのが、右に引用したプルードンの駄文である。これは次の著作からの引用である。『信用の無償性。F・バスティア氏とプルードン氏との論争』、パリ、一八五〇年、一七九、一八〇、一八二〔、二五〇〕ページ）。

経済学者は、資本主義的生産過程をただ労働過程の観点から見ているかぎりでは、資本を単なる物（Ding）であると、原料や道具等々であると説明するのだが、その後で次のことに再び思い至る。生産過程はやはり価値増殖過程でもあり、価値増殖過程との関係では、かの物（Ding）はただ価値としてのみ考察されるということである。「同じ資本が、時には一定額の貨幣という形態で存在し、時には原料や道具や完成商品という形態で存在している。これらの物はそれ自体としては資本ではない。資本はそれらが有している価値のうちに宿っている」[131]。この価値が「自己を維持し、増殖し、もはや消滅することのない」ものとなり、「それをつくり出した商品から切り離され、［99→469d］形而上学的で非実体的な質としてつねに同じ生産者（すなわち資本家）に所持されつづけている」[132]▼12かぎりでは、つい先ほど一個の物（Ding）とされていたものが、今では一個の「商業的観念」だと説明されるのである[133]。

（131）J・B・セー前掲書［『経済学概論』、第三版、パリ、一八一七年］、第二巻、四二九ページの注。ケアリは「資本とは……交換価値を有しているすべての物品のことである」（H・C・ケアリ『経済学原理』第一部、フィラデルフィア、一八三七年、二九四ページ）と言っているが、これはすでに第一章［「貨幣の資本への転化」］で触れた資本の説明、「資本とは商品である」に立ち戻るものであって、この説明は流通過程で現われるかぎりでの資本にのみ関わる。

（132）シスモンディ『経済学新原理』第一巻［パリ、第二版、一八二七年］、八九ページ［シスモンディ『経済学新原理』上、日本評論社世界古典文庫、一九四九年、一〇四頁］。

（133）「資本とは一個の商業的観念である」（シスモンディ『経済学研究』第二巻［ブリュッセル、一八三七年］、二七三ページ）。

資本主義的生産過程の生産物は、単なる生産物（使用価値）でも、単なる商品、すなわち交換価値を有する生産物でもなく、この過程の独自の生産物は剰余価値である。この過程の生産物は、それを生産するのに貨幣ないし商品の形態で前貸しされたよりも多くの交換価値を有する商品、つまりはより多くの労働を表わす商品である。資本主義的生産過程においては労働過程は単なる手段として現われ、価値増殖過程ないし剰余価値の生産が目的として現われる。経済学者たちがこのことに気づくようになるやいなや、資本は、「利潤」を稼ぎ出すために生産に使用される富として説明されるのである。(134)

（134）「資本。これは一国のストックのうち、富の生産と分配において利潤を目的として維持ないし使用される部分である」（T・R・マルサス『経済学の諸定義』新版、ジョン・カゼノヴェ編、一八五三年、一〇ページ［マルサス『経済学の諸定義』岩波文庫、一九七七年、一七四～一七五頁］）。「資本とは、富のうち、一般に利潤の獲得を目的として生産に使用される部分である」（トマス・チャーマーズ『経済学について』第二版、グラスゴー、一八三二年、七五ページ）。

〔貨幣の資本への転化における二つの過程Ⅰ――第一の過程〕

すでに見たように、貨幣の資本への転化は、二つの独立した過程に、すなわち、まったく異なった領域に属し、相互に分離して存在している二つの過程に分かれる。第一の過程は商品流通の領域に属し、したがって商品市場で起こる。それは労働能力の売買である。第二の過程は購入された労働能力の消費、あるいは生産過程そのものである。第一の過程においては、資本家と労働者は、相互に貨幣所持者および商品所持者として相対し、彼らの取引は、売り手と買い手とのあいだの他のすべての取引と同じく、等価物の交換である。第二の過程においては、労働者は一時的に資本そのものの生きた構成部分として現われ、交換のカテゴリーはここでは完全に排除される。というのも資本家は、この過程が始まる以前に、生産過程のあらゆる要因、人的(persönlich)のみならず物的な(sachlich)諸要因を購入することによってそれらを領有していたからである。とはいえ、この両過程は相互に独立して存在しているにもかかわらず、お互いに条件づけあっている。第一の過程は第二の過程の導入となり、第二の過程は第一の過程を完結させる。

第一の過程たる労働能力の売買は、労働者と資本家が単に商品の売り手と買い手にすぎないことをわれわれに示す。労働者をその他の商品販売者から区別するものは、彼が売る商品の独自の性質、その独自の使用価値だけである。しかし、諸商品のこの特殊な使用価値は、この取引の経済的形態規定性をいささかも変えるものではないし、買い手が貨幣を代表し売り手が商品を代表するという事実を変えるものではない。したがって、資本家と労働者との関係が、貨幣と商品とを、相互の利益のために、そして自由な契約にもとづいて交換しあう商品所持者間の関係に他ならないことを証明するためには、第一の過程を孤立させてその形式的性格に固執するだけで十分である。この単純なトリックは手品でも何でもなく、俗流経済学にとってはせいいっぱいの機知の貯えをなすものなのである。

すでに見たように、資本家は自己の貨幣を労働能力だけでなく、労働過程の対象的諸要因である生産手段にも転化しなければならない。しかし、全体としての資本を前者の観点から見るならば、すなわち一面では、労働能力の買い手［としての資本家］の全体と、他面では労働能力の売り手の全体、すなわち労働者の全体とを見るならば、労働者はまさに［自分から分離した］商品を売るのではなくて、自分自身の労働能力を商品として売ることを強制されていることがわかる。なぜなら、すべての生産手段、労働のすべての対象的諸条件が、同じくまたすべての生活手段も労働者の反対側にあって、貨幣と生産手段と［100↓469e］生活手段が他人《フレムト》の所有として労働者に対立しており、したがって、いっさいの対象的富が商品所持者の所有物として、労働者に対立しているからである。労働者が非所有者として労働し、その労働の諸条件が他人の所有として対立していることが前提されているのである。資本家Ｉが貨幣所持者であり、生産手段を所持している資本家Ⅱからこの生産手段を買い、他方で労働者が、資本家Ｉから得た貨幣でもって資本家Ⅲから生活手段を買うという事実は、資本家Ｉ、Ⅱ、Ⅲが総体として貨幣、生産手段、生活手段を排他的に所持しているという事情をいささかも変えるものではない。人間が生活することができるのはただ、自らの生活手段を生産するかぎりにおいてであり、生活手段を生産することができるのはただ、生産手段を、労働の対象的諸条件を所持しているかぎりにおいてである。それゆえ最初から明らかなのは、生産手段を剝奪されている労働者は生活手段を剝奪されているのであり、また逆に、生活手段を剝奪されている人間はいかなる生産手段も生産することができない、ということである。

　したがって、貨幣や商品が実際に資本に転化する以前の第一の過程においてさえ、それらのものに最初から資本としての性格を刻印するのは、その貨幣としての性質でもなければ、その商品としての性質でもなく、また、これらの商品が生活手段および生産手段として役立つというその素材的な使用価値でもなくて、以下の事情である。この貨幣とこれらの商品が、これらの生産手段と生活手段が、その所持者のうちに人格化されている自立した権力として、あらゆる対象的富を剝奪された労働能力に対立しているという事情であり、したがって、労働の現実化のために必要な物的（sachlich）諸条件が労働者そのものから疎外され、むしろそれ自身の意志とそれ自身の魂を付与された物神《フェティッシュ》として現われ、商品が［労働者という］人格の買い手として登場しているという事情である。《しかもこの対象化された労働は生活手段という形態でのみ存在している。》労働能力の買い手は、対象化された労働の人格化（Personnification）にすぎず、この対象化された労働はそれ自身の一部を生活手段の形態で労働者に引き渡して、生きた労働能力を資本のその他の部分に合体させ、この合体を通じて自己自身を全体として維持し、かつその当初の分量を越えて増大させる。労働者が生活手段と生産手段を買うのではなく、生活手段が労働者を買って彼を生産手段に合体させるのである。

生活手段は、労働者が自己の労働能力を販売してそれを入手する以前から、資本の特殊な素材的存在形態であり、そういうものとして労働者に対立している。しかし、生産過程が始まるときには、労働能力はすでに売られており、したがって生活手段は、少なくとも法律上は労働者の消費元本に移行してしまっている。これらの生活手段は労働過程のいかなる要素もなすものではない。というのも、活動している労働能力そのものを別とすれば、労働過程は労働材料と労働手段以外の何ものも前提していないからである。実際には、労働者は、生活手段［の消費］を通じて自己の労働能力を維持しなければならないのだが、生活手段のこの私的消費（Privatconsumtion）、すなわち同時に自己の労働能力の再生産でもあるこの消費は、商品の生産過程の外部に属する。

たしかに資本主義的生産においては、労働者の自由になる時間の全体が資本によって事実上吸収されてしまい、生活手段の消費が事実上、労働過程そのものの単なる付随物として現われるということもありうる。それはちょうど、蒸気機関による石炭の消費や、歯車による機械油の消費、馬による干し草の消費、あるいは作業用奴隷による私的消費の全体がそのようなものとして現われるのと同じである。この意味で、たとえばリカード（前述の注127参照）は、原料、道具などと並んで「食料と衣服」を、「労働を実行」させる物（Dinge）として、したがって労働過程において「資本」として役立つものとして列挙しているのである。しかし、［101↓469f］それが実際にどのような姿を取るのであれ、自由な労働者が生活手段を消費するとき、その生活手段は彼が買った商品である。それらの商品が彼の手中に移るやいなや、ましてやそれらが彼によって消費されるやいなや、それらは資本であることをやめる。したがってそれらは、資本が直接的生産過程において現われる素材的諸要素のいかなる一部もなすものではない。とはいえ、それらはたしかに可変資本の素材的存在形態をなすのであり、市場においては、流通部面の内部では、労働能力の買い手として登場するのである。(135)

(135) ロッシは、生活手段を生産資本の構成部分に含めることに反対しているのだが、その基礎にはこのような正しい点がある。しかし、後の章で見るように、彼は問題を誤って把握しており、その結果、彼自身すっかり混乱に陥ってしまっている。[13]

資本家が五〇〇ターレルのうち四〇〇を生産手段に転化し、一〇〇を労働能力の購入に投じるとすると、この一〇〇ターレルは彼の可変資本をなす。労働者はこの一〇〇ターレルでもって、この資本家自身からか別の資本家から生活手段を買う。一〇〇ターレルはこの生活手段の貨幣形態にほかならず、したがって事実上、生活手段は可変資本の素材的要素をなしている。直接的生産過程の内部では、可変資本はもはや貨幣形態ないし商品形態では存在しておらず、それは、労働能力を買うことで手に入れた生きた労働の形態で存在している。そして、このように可変資本が労働に転化することによってのみ、貨幣ないし商品で前貸しされた価値額がそもそも資本に転化するのである。したがって、資本の一部を可変資本に転化させる条件である労働能力の売買は、直接的生産過程から分離され自立しそれに先行している過程であるにもかかわらず、資本主義的生産過程の絶対的基礎をなし、この生産過程そのものの一契機をなすのである。このことは、資本主義的生産過程を直接的な商品生産の観点からだけでなく全体として見るならば、《すなわち商品が生産されるだけでなく、また商品とともに剰余価値が生産されるだけでもなく、資本関係そのものが生産される過程として見るならば、》わかることである。

対象的富が資本に転化するのは、労働者が生きていくために自己の労働能力を売るからに他ならない。労働の対象的諸条件である諸物（Sachen）、すなわち生産手段と、労働者自身を維持するための対象的諸条件である諸物（Sachen）、すなわち生活手段とは、ただ賃労働に相対する場合のみ資本になる。資本がけっして物（Ding）ではないのは貨幣が物（Ding）ではないのと同じである。資本においても、貨幣におけると同様、人と人との一定の社会的生産関係が人に対する物（Dinge）の関係として表わされる。あるいは、一定の社会的諸関係が物（Dinge）の社会的な自然属性として現われるのである。

諸個人が自由な人格として相対するやいなや、賃金制度《サラリアート》なしに剰余価値の生産はなく、そして剰余価値の生産なしには資本主義的生産もなく、したがって資本も資本家も存在しない！　資本と賃労働（われわれがこう呼ぶのは、自分自身の労働能力を売る労働者の労働のことである）とは、同じ関係の二つの要因を表現するものに他ならない。

貨幣が資本になるのはただ、労働能力が労働者自身によって売られる商品として貨幣と交換される場合のみである。他方で、労働が賃労働として現われるのは、それ自身の対象的諸条件が労働者に対して、利己的な権力（selbstische Mächte）として、他人《フレムト》の所有として、自己のために存在し自己に固執する価値として、要するに資本として対立する場合のみである。それゆえ、資本は、その素材面から見れば、すなわち資本の存在形態である使用価値から見れば、労働そのものの対象的諸条件からのみ構成されているのだが、その形態面から見れば、これらの対象的諸条件は、疎遠で自立した権力として労働に相対していなければならないのであり、また、生きた労働を単に自己自身の維持と増殖の単なる手段として扱う価値――対象化された労働――として労働に相対していなければならないのである。

それゆえ賃労働ないし賃金制度は、資本主義的生産にとって労働の必然的な社会的形態であり、それとまったく同じく、資本、すなわち増幅された価値（potenzirte Wert）は、労働が賃労働となるために労働の対象的諸条件が取らなければならない必然的な社会的形態である。したがって賃労働は、資本形成にとって必要条件なのであり、資本主義的生産にとって恒常的に必要な前提条件でありつづける。だから、第一の過程である貨幣と労働能力との交換、あるいは労働能力の販売は、それ自体としては直接的生産過程に入らないにもかかわらず、この関係全体の生産には入るのである。(136)

(136)このことから、F・バスティアが次のように言うとき彼がいかに資本主義的生産の本質を理解していないかがわかるだろう。彼は、賃金制度が資本主義的生産にとって外的で無関係な形式であると説明し、「彼(労働者)にとってこの従属をつくり出すものは報酬の形式ではない」ということを発見している(『経済的調和』、パリ、一八五一年、三七八ページ)。この発見——これは同時に真の経済学者たちからの剽窃でもあり、しかも間違って理解されている——は、同じ著作の中で、つまり一八五一年に次のことも発見した無知なおしゃべり屋に実にふさわしいものだ。「より決定的で確実なことは、イギリスで大規模な産業恐慌が消滅したことだ」(三九六ページ)。だが、F・バスティアが一八五一年にイギリスからの大規模恐慌の消滅を告知したにもかかわらず、そのイギリスは早くも一八五七年には再び大規模な恐慌に見舞われたのである。また一八六一年にはこれまでの想像を越えるような規模のさらなる産業恐慌をかろうじて免れたのだが、それはもっぱらアメリカ南北戦争が勃発したおかげであり、このことについては、英国商工会議所の公式報告にさえ書かれていることである。

〔貨幣の資本への転化における二つの過程Ⅱ――第二の過程〕

第一の過程である労働能力の売買は、生産手段と生活手段とが現実の労働者に対して自立化していることを前提しており、したがってまた、人格化された生産手段と生活手段とを前提し、買い手としてのそれらが、売り手としての労働者と契約を結ぶのだが、次にこの過程から、すなわち流通部面、商品市場に属する過程から、直接的生産過程そのものへと移ろう。この過程はまず何よりも労働過程である。労働過程においては、労働者は労働者として、生産手段に対して、労働そのものの性質と目的によって規定された本来の能動的な関係に入る。労働者は生産手段を手にし、それらを自分の労働の単なる手段および材料として扱う。これらの生産手段の自立性、自己に固執し自らの頭脳を持った存在になること、労働からの分離といったことは、今では事実上止揚《アウフヘーベン》されている。労働の対象的諸条件は、労働の創造的働きの単なる質料および器官として、労働と正常な形で統一されている。労働者は、自分がなめす皮を自分の生産的活動の単なる対象として扱うのであって、資本として扱う

［102→469g］

のではない。彼は資本家のために皮をなめすのではない。(137)

(137)「さらにわれわれが経済学者自身の説明から知ったことは、生産の過程において、労働の結果である資本がすぐさま労働の基体に、その材料に転化されるということであり、したがって一時的に生じた資本と労働との分離がすぐさま両者の統一によって止揚《アウフ》されることである《ヘーベン》」(F・エンゲルス、『独仏年誌』、九九ページ〔エンゲルス「国民経済学批判大綱」、邦訳『マルクス・エンゲルス全集』第一巻、五五五頁〕)。

生産過程が単なる労働過程であるかぎりで、労働者はこの過程において生産手段を労働の単なる生活手段として消費する。しかし、生産過程が同時に価値増殖過程でもあるかぎりでは、資本家が生産過程の中で労働者の労働能力を消費するのであり、あるいは、生きた労働を資本の生き血《フレムト》としてわがものとするのである。原料、いや一般に労働対象は他人の労働を吸収することにのみ役立つのであり、労働用具はこの吸収過程のための媒体、伝導体として役立つにすぎない。生きた労働能力を資本の対象的構成部分に合体することを通じて、資本は生命を宿した怪物になり、「胸に恋でも抱いているように」［ゲーテの『ファウスト』の一節］機能しはじめるのである。労働は特定の有用形態でのみ価値を創造する。そして、どの特殊な種類の有用労働も独自の使用価値をもった材料と手段とを必要とするのだから、たとえば紡績労働には紡錘と綿花などが、鍛冶労働には金床、ハンマー、鉄などが必要なのだから、労働が吸収されうるのは、資本が特定の労働過程に必要な特殊な生産手段という姿を取る場合のみであり、この姿においてのみ資本は生きた労働を吸収することができるのである。

　したがって、ここにおいて、どうして資本家や労働者にとって、そして労働過程をもっぱら資本によって領有された労働過程としてしか考えることのできない経済学者にとってもまた、労働過程の素材的諸要素がその素材的属性ゆえに資本として妥当してしまうのかがわかる。そしてまた、どうして彼らが、労働過程の単なる諸要因としてのその素材的存在を、それと融合しそれを資本にしている社会的属性から切り離すことができないのかがわかる。

　どうしてできないかというと、現実の労働過程においては、生産手段はその素材的属性を通じて労働の単なる生活手段として役立つのだが、この同じ労働過程がこの同じ生産手段を労働の単なる吸収手段に転化させるからである。それ自体として見た労働過程においては、労働者が生産手段を使用する。しかし、この労働過程は同時に資本主義的生産過程でもあり、そこでは生産手段が労働者を使用するのであり、したがって労働は手段としてのみ現われる。すなわち、ある一定の価値量が、したがって一定量の対象化された労働が、生きた労働を吸収して自己自身を維持し増殖させるための手段としてのみ現われる。こうして労働過程は、対象化された労働が生きた労働を手段として自己増殖する過程として現われる。(138)▼14 そこでは、資本が労働者を使用するのであって、労働者が資本を使用するのではない。そして、単なる物（Sachen）が労働者を使用し、したがって、資本家のうちに自我を、自らの意識と自らの意志とを持つのであり、それが資本なのである。(139)

（138）「労働は、資本が……利潤を生産するための手段である」（ジョン・ウェード、前掲書［『中間階級と労働者階級の歴史』、ロンドン、一八三五年］、一六一ページ）。「ブルジョア社会では、生きた労働は蓄積された労働を増大させるための手段でしかない」（『共産党宣言』、一八四八年、一二ページ［邦訳『マルクス・エンゲルス全集』第四巻、四八九頁］）。

（139）生活手段の特殊な経済的性格、すなわち生活手段が労働者を買うということ、あるいは、皮革や靴型などの生産手段の特殊な経済的性格、すなわち生産手段が靴職人を使用するということ、物（Sache）と人（Person）とのこのような転倒（Verkehrung）、したがってその資本主義的性格は、資本主義的生産においては、したがってまた経済学者の空想《ファンタジー》の中では、生産諸要素の素材的性格と不可分に融合してしまっている。そのため、たとえばリカードは、資本の素材的諸要素を詳細に特徴づけることが必要だとみなしたにもかかわらず、他方では次のような経済的に正しい表現の方は自明のものとみなして、それ以上の考察もそれ以上の論評も必要だとはみなさなかったのである。「資本、すなわち労働を使用する手段（the means of employing labour）」（つまり、「労働によって使用される手段」ではなく、「労働を使用する手段」）（前掲書、九二ページ［リカード『経済学および課税の原理』上、一四〇頁］）、「資本によって使用される労働量」（同前、四一九ページ［同下、一八九頁］）、「彼ら（労働者）を使用するための元本」（二五二ページ［同前、一七頁］）、等々。次のような表現を古代ギリシャ人や古代ローマ人にどのように説明するべきだろうか？——「既存の商品量は以前よりも少ない量の労働を指揮しなければならない」（『近時マルサス氏の主張する需要の性質…に関する原理の研究』、六〇ページ)、云々。ここでは商品が労働を指揮すると直接言われている。▼[15] 現代のドイツ語でも、労働を受け取る側であり物の人格化(Personnification der Sachen)である資本家は、労働を与える者(Arbeitgeber = 使用者)と呼ばれ、労働を与える側である現実の労働者は労働を受け取る者(Arbeitnehmer = 被用者)と呼ばれている。「ブルジョア社会では、資本は自立的で人格的であり、それに対して労働する諸個人は非自立的で非人格的である」(『共産党宣言』、同前〔邦訳『マルクス・エンゲルス全集』第四巻、四八九頁〕)。

労働過程が単に価値増殖過程の手段でありその現実形態であるかぎり、したがって、賃金に対象化された労働を越える不払労働の超過分たる剰余価値が諸商品に対象化される過程、つまり剰余価値を生産する過程であるかぎり、この過程全体の跳躍点は、対象化された労働と生きた労働との交換であり、より少ない対象化された労働とより多い生きた労働とが交換されることである。

交換過程それ自体においては、商品としての貨幣のうちに対象化された労働の量と、生きた労働能力のうちに対象化されている等しい大きさの労働量とが交換される。

［103→469h］商品交換における価値法則と一致して、等価物同士が交換される。一方の［労働］量が物（Sache）に対象化され、もう一方が生きた人格（Person）に対象化されているとはいえ、対象化された労働の等しい量が交換される。しかしながら、この交換は生産過程への導入をなすにすぎない。この生産過程を通じて、実際には、対象化された形態で支出されたよりも多くの労働が生きた形態で交換によって獲得されるのである。

それゆえ、古典派経済学が生産過程全体を対象化された労働と生きた労働とのあいだのこのような過程として提示し、したがって資本を、生きた労働に対立する単なる対象化された労働として、すなわち、生きた労働を通じて自分自身を増殖させる価値として提示したことは、彼らの偉大な功績なのである。この点での彼らの欠陥はただ次の点にある。第一に、より多くの生きた労働とより少ない対象化された労働とのこのような交換が、どのようにして商品交換の法則に、つまり労働時間による商品価値の規定に合致するのかを論証することができなかったことである。したがって第二に、流通過程で起こる、一定量の対象化された労働と労働能力との交換と、生産過程で起こる、生産手段の姿で存在している対象化された労働による生きた労働の吸収とを、直接にいっしょくたにしていることである。つまり、可変資本と労働能力との交換過程と、不変資本による生きた労働の吸収過程とをいっしょくたにしているのである。このような欠陥も彼らの「資本家的」偏見から生じている。なぜなら、資本家は、労働が遂行された後にはじめて労働に対する支払いをするので、資本家自身、少ない量の対象化された労働と多くの量の生きた労働との交換を単一の直接的過程とみなすからである。したがって、近代の経済学者が、対象化された労働としての資本と生きた労働とを対置するとき、この対象化された労働という表現で彼らが理解しているのは、何らかの使用価値を有し特定の有用労働の具体化（Verkörperung）であるかぎりでの労働生産物のことではなくて、一定量の一般的社会的労働の物質化であるかぎりでの、したがってまた、他人《フレムト》の生きた労働の領有を通じて自己自身を増殖させる価値ないし貨幣であるかぎりでの労働生産物のことなのである。この領有は、商品市場における可変資本と労働能力との交換によって媒介されるのだが、現実の生産過程においてはじめて完遂されるのである。(140)

(140) それゆえ、直接的労働と対象化された労働、現在の労働と過去の労働、生きた労働と貯えられた労働、等々というのが、経済学者たちが資本と労働との関係を表現する形態である。

「労働と資本……一方は直接的労働、……他方は貯えられた労働」（ジェームズ・ミル『経済学綱要』、ロンドン、一八二一年、七五ページ［ジェームズ・ミル『経済学綱要』春秋社、一九四八年、九三頁］）、「過去の労働（資本）……現在の労働」（E・G・ウェークフィールド、ウェークフィールド版アダム・スミス『国富論』第一巻、ロンドン、一八三六年、二三一ページの注）、「蓄積された労働（資本）……直接的労働」（トレンズ前掲書［『富の生産に関する一論』］、第一章）。

「労働と資本（すなわち蓄積された労働）」（リカード前掲書［『経済学と原理の課税』］、四九九ページ［リカード『経済学および課税の原理』下、二五四頁］）。

「資本家による特殊な前貸しは、毛織物（一般に使用価値）からなるのではなく、労働からなる」（マルサス『価値尺度論』、ロンドン、一八二三年、一七ページ［マルサス『価値尺度論』岩波文庫、一九四九年、二四〜二五頁］）。

「誰しも消費する前に生産しなければならないので、貧しい労働者は富裕者に依存せざるをえない。そこで労働者は、自分自身の労働によって物を生産することを約束し、その物との交換で、彼から既存の生産物と商品とを受け取ることが必要であり、それなしには、労働者は生きることも働くこともできない。……このことを彼（つまり富裕者）に同意させるためには、すでになされた労働がこれからなされる労働と交換される場合に、後者が前者より高い価値を持つことに同意することが必要である」（シスモンディ『商業的富について』第一巻、パリ、一八〇三年、三六、三七ページ）。

明らかにイギリスの経済学者たちの言っていることがまるで理解できなかったW・ロッシャー氏は、シーニアが資本に「節欲」という洗礼名をつけたことを遅ればせながら思い出して、次のような文法的に「器用な」教授的所見を述べている。「リカード学派は、資本をも、『蓄積された労働』として労働の概念のもとに包摂するのをつねとする。これは不器用だ。というのも（！）、資本所有者は、単に（！）資本を生産したり（！）維持したりする以上のこと（！）をしたからである。すなわち彼は、自らの享楽を節欲したのであり、それに対する報酬として、彼はたとえば利子を要求するのである」（W・ロッシャー前掲書〔『国民経済学原理』、シュトゥットガルト、一八五八年、八二ページ〕）。

〔資本家の指揮監督、労働過程の連続性、労働時間の延長〕

資本のもとへの労働過程の従属は、すぐには現実の生産様式をいささかも変えるものではない。その唯一の実践的結果は、労働者が資本家の指揮権のもとに、その監督と指導のもとに置かれることである。もちろんそれはただ資本に属している労働に対する指揮権である。資本家が配慮するのは、労働者がいささかも時間を無駄にしないこと、たとえばどの一時間も一労働時間分の生産物をきちんと提供すること、生産物の生産に平均的に必要な労働時間だけが費やされること、である。

資本関係が生産を支配する関係であるかぎり、したがって市場で労働者が絶えず〔労働能力の〕売り手として現われ、資本家が絶えず買い手として現われているかぎり、労働過程それ自体も全体として連続的であって、中断することはない。労働者が独立した商品生産者である場合と違って、自分の商品を個々の客に販売する〔104↓469i〕ことに依存しているわけではないからである。それゆえ、資本の最小限は、労働者を持続的に働かせることができ、商品が売れるあいだ待っていることができる程度には大きくなければならない[141]。

（141）「時代が進んで彼ら（労働者）の経済的地位に変化が起こり、あらかじめ賃金を前払いする資本家のもとで働く労働者になれば、次の二つのことが起こる。まず第一に、彼らは今では連続して労働することができる。第二に、労働者が実際に連続して労働するよう見張ることを自己の職務とし関心事とする代理人が置かれる。……こうして、この階級のすべての人々の労働において連続性が増す。彼らは毎日朝から晩まで労働し、……客を待ったり探したりすることで中断させられることはない。しかし、このようにして可能になった彼らの労働の連続性を確実にし、より増進させるのは、資本家による監督である。資本家は労働者の賃金を前払いしたのだから、彼らの労働の生産物を受け取ることができる。労働者が中断なく、あるいはぐずぐずすることなく労働するよう見張るのは、資本家の関心事であり、その特権なのである」（リチャード・ジョーンズ前掲書〔『経済学講義』、ハートフォード、一八五二年〕、三八ページ〔リチャード・ジョーンズ『政治経済学講義』日本評論社、一九五一年、七〇頁〕）。

最後に、資本家は、賃金の再生産のために必要な労働時間の境界を越えて、できるだけ労働過程の継続時間を延長させるよう労働者に強制する。なぜなら、まさにこの労働の超過分こそが資本家に剰余価値を提供するからである。(142)

(142)「経済学者が一般に認めている一つの公理は、あらゆる労働はある超過分を残さなければならないということである。私の意見では、この命題は普遍的かつ絶対的に真理であり、比例性の法則の系（！）であって、全経済科学の要約とみなしうるものである。しかし、経済学者たちにこう言っては何だが、あらゆる労働が超過分を残さなければならないという原理は、彼らの理論にあっては意味をなさず、いかなる証明もできていない」（プルードン『哲学の貧困』〔第一巻、パリ、一八四六年、七三ページ〕〔プルードン『貧困の哲学』上、平凡社ライブラリー、二〇一四年、一四〇頁〕）。
　この「労働の超過分」とは実際には、労働者の剰余労働ないし不払労働が表わされている剰余生産物のことなのだが、私の著作『哲学の貧困――プルードン氏の「貧困の哲学」への回答』（パリ、一八四七年）の七六～九一ページ〔邦訳『マルクス・エンゲルス全集』第四巻、一一六～一二七頁〕で示したように、プルードン氏は実際にはこの「労働の超過分」が何であるのかについてまったく理解していない。彼は、資本主義的生産において実際あらゆる労働がこの種の「超過分」を生み出すことを見出すのだが、彼は、労働の何らかの神秘的な自然属性からこの事実を説明しようとしており、この苦境から大げさな売り文句で抜け出そうとして、「比例性の法則の系」などという長たらしい用語を持ち出しているのである。

〔資本の流動性と労働の可変性〕

商品所持者が〔自己の〕商品の使用価値に対して、ただ交換価値の担い手としてのみ関心を持つのと同じく、資本家は労働過程に対して、ただ価値増殖過程の担い手およびその手段としてのみ関心を寄せる。生産過程の内部にあっても——それが価値増殖過程であるかぎり——生産手段は依然として単なる貨幣価値であるにすぎず、この交換価値がどのような特殊な素材的姿、特殊な使用価値に表わされるのかには無関心である。それとまったく同じく、生産過程の内部では、労働そのものも特定の有用な性格を持った生産的活動とはみなされず、価値を創造する実体、自己を対象化する社会的労働一般とみなされ、唯一関心を引く契機はその量だけである。したがって、資本にとって、あらゆる特殊な生産部門は、貨幣を投下してより多くの貨幣を稼ぐための、既存の価値を維持し増大させるための、すなわち剰余労働を領有するための特殊な領域とみなされるだけである。《したがって資本にとっては、自己増殖、剰余価値の創出が問題となるかぎりでは、どの生産部門に［貨幣を投下する］かはそれ自体としてはどうでもいいことなのである。》

各々の特殊な生産部門において労働過程は異なっており、それゆえ労働過程の諸要因も異なっている。紡錘、綿花、紡績工によって長靴を作ることはできない。しかし、あれこれの生産部門への資本の投下、さまざまな生産部門への社会の総資本の分割、最後に、資本がある生産部門から別の生産部門へと移動する割合、これらはみな、社会がこれら特定の生産部門の諸生産物を、すなわち、それらの部門で生産される諸商品の使用価値をどの程度必要としているのか、その変化する割合によって規定されている。というのも、ただ商品の交換価値だけが支払われるのだが、それがそもそも購入されるのは、他ならぬその商品の使用価値のゆえだからである。《生産過程の直接の生産物は商品であるので、資本家は、過程の最後に商品の形態で存在する資本を、したがってその中に含まれている剰余価値を実現することができるのは、自己の商品の買い手を見つけ出すかぎりにおいてである。》

しかし、資本はそれ自体としては、どの生産部門の特殊性にも無関心である。資本がどの生産部門に投下され、どれだけ投下され、ある生産部門から別の生産部門へとどれだけの規模で移動させるのか、あるいはまた、さまざまな生産部門への資本の分割がどの程度変化するのか、これらはもっぱら、あれこれの生産部門で生産された諸商品を販売する際に逢着する諸困難の大小によって決定される。現実においては、資本のこうした流動性はさまざまな摩擦にぶつかるのだが、ここではこれ以上立ち入らないでおこう。しかし、一方では、後で見るように、これらの摩擦がもっぱら生産関係の性質そのものから生じているかぎりでは、資本はこれらの摩擦を克服する手段をつくり出す。他方では、資本に固有の生産様式が発展するにつれて、さまざまな生産部門におけるこの自由な運動に対するあらゆる法的・経済外的障害が取り除かれていく。何よりも資本は、自己が適当とみなした何らかの種類の労働能力を買うのを妨げるような、あるいは好きなだけあれこれの種類の労働をわがものとするのを妨げるような、あらゆる法的・伝統的制限を打破する。

さらに、労働能力は、紡績や靴製造や鍛冶などを行なう諸能力のように、それぞれ特殊な生産部門においてそれぞれ特殊な姿を取っており、したがって、どの特殊な生産部門も、特定の面を発達させた労働能力、特殊な労働能力を必要とするのだが、それにもかかわらず、資本のあの同じ流動性、それがわがものとする労働過程の特殊な性格に対する資本の無関心性は、［105↓469k］▼[16]労働の同じ流動性ないし可変性を、したがって労働者が自分の労働能力を行使する能力における流動性ないし可変性を前提としている。後で見るように、資本主義的生産様式それ自体が、このような自己自身の傾向を妨げる経済的障害をつくり出すのだが、可変性に対するあらゆる法的・経済外的障害についてはそれを取り除くのである。[143]

（143）「誰しも、法によって妨げられないかぎり、景気におけるさまざまな変化の求めるところに応じて、ある仕事から別の仕事へと移動するだろう」（『穀物輸出奨励金の廃止に関する考察……』、ロンドン、一七五三年、四ページ）。

自己を増殖させる価値としての資本は、労働過程で現われるその特殊な素材的姿に対しては、それが蒸気機関であろうと堆肥であろうと絹であろうと無関心なのだが、それと同様に、労働者も自分の労働の特殊な内容に対しては無関心である。彼の労働は資本に属しており、労働は彼が売った商品の使用価値にすぎない。そして彼がそれを売ったのは、貨幣を手に入れて、その貨幣でもって生活手段を手に入れるためであった。労働者が、労働の種類の違いに関心を持つのは、労働のどの特殊な種類もそれぞれ労働能力の異なった発達を必要とするからでしかない。労働者が自己の労働の特殊な内容に無関心であるからといって、自分の労働能力を自在に変化させることができるわけではない。だがこの無関心性は、労働者が自己の代替要員である次世代の労働者を、市場の要求するところに応じて、ある労働部門から別の労働部門へと投げ入れることのうちに示される。ある国において資本主義的生産が発展すればするほど、労働能力の可変性に対する要求はますます大きくなり、労働者は自分の労働の特殊な内容にますます無関心になり、ある生産部門から別の生産部門へと移動する資本の運動はますます流動的なものになる。

古典派経済学は労働能力のこの可変性と資本の流動性を公理として前提しているのだが、それは、これが資本主義的生産様式の一傾向であるかぎりで正当である。この傾向は、あらゆる障害にも関わらず――これらの障害の大部分は資本主義的生産それ自体によってつくり出されるのだが――無慈悲に自己を貫徹する。経済学の諸法則を純粋に提示するためには、これらの摩擦は捨象されるのであり、それはちょうど、純粋力学において、それが適用される特定の場面において問題となる特定の摩擦が捨象されるのと同じである。(144)

（144）資本の流動性、労働の可変性、自己の労働の内容に対する労働者の無関心性が、北アメリカ合衆国ほどはっきりと現われているところはない。ヨーロッパにおいては、イギリスでさえ、資本主義的生産は依然として封建的な残滓につきまとわれ歪められている。たとえば、製パンや靴製造、等々はイギリスにおいて現在ようやく資本主義的に営まれ始めたのだが、それはもっぱら、イギリス資本が、「世間体（Respectabilität）」という封建的偏見に囚われていたからである。黒人を奴隷として売ることは「世間体のいい」ことだが、ソーセージや長靴やパンを作ることは「世間体の悪い」ことだったのである。それゆえ、ヨーロッパの「世間体の悪い」事業部門を資本主義的生産様式に従属させる機械類はすべて米国製である。

他方、アメリカ合衆国ほど人々が自分たちの行なう労働の種類に無関心であるところはないし、自分たちの労働がつねに同じ生産物、すなわち貨幣をもたらすことがこれほど強く意識されているところはないし、人々が最もかけ離れた種々の労働部門を同じ無関心さで移動するところも他のどこにもない。したがってそこでは、労働能力のこの「可変性」は、作業用奴隷と対比しての自由な労働者のまったく独特の一属性として現われる。奴隷の場合、その労働能力は固定的であり、各地方独特の伝統的やり方でもって使用されるにすぎない。「奴隷労働は汎用性の点で著しく劣っている。……たとえばタバコが栽培されるとすると、タバコが単一の品目となってしまい、市況がどうであれ、土壌の条件が何であれ、タバコが生産されつづけるのである」（ケアンズ前掲書〔『奴隷労働力――その性格、経歴、ありうる設計』、ロンドン、一八六二年〕、四六、四七ページ）。

〔流通過程の前提としての資本と生産過程の結果としての資本〕

資本家と労働者とは市場ではただ買い手（貨幣）と売り手（商品）としてのみ相対するのだが、この関係は、その取引の独特の内容ゆえに、最初から独自の色合いを帯びている。資本主義生産様式においては、両者が同じ対立的な規定性をもって市場に登場することが不断に繰り返されること、すなわちそうした存在の仕方が恒常的なものであることが前提されているだけに、なおさらそうである。市場におけるこの商品所持者間の関係を一般的に考察するなら、同じ商品所持者が時に商品の売り手として時に商品の買い手として代わるがわる登場することがわかる。二人の商品所持者を買い手および売り手として相互に区別することは、絶えず消え去っていく違いでしかない。流通部面では、すべての者が代わるがわる同じ役割を相互に対して果たすのである。

たしかに、労働者もまた、自分の労働能力を売ってそれを貨幣に転化させた後には買い手になるし、資本家は単なる商品の売り手として労働者と相対する。しかし、労働者の手中にある貨幣は単なる流通手段である。本来の商品市場では、労働者は実際、売り手としての商品所持者から買い手として区別されるだけであり、その点では貨幣を所持する他のすべての者と同じである。しかし、労働市場では事情が異なる。ここでは、貨幣はつねに資本の貨幣形態として労働者に相対するのであり、したがって、貨幣所持者は労働者に対して人格化された資本として、資本家として相対する。同じく、労働者の側でも、貨幣所持者に対して［106↓469］労働能力の、したがって労働の単なる人格化として、労働者として相対する。「労働者に対する工場主の関係は……純粋に経済的である。工場主は『資本』であり、労働者は『労働』である[145]」。

（145）F・エンゲルス『イギリスにおける労働者階級の状態』、［ライプツィヒ、一八四五年］、三二九ページ［邦訳『マルクス・エンゲルス全集』第二巻、五一一頁］）。

相互に相対するのは単なる買い手と売り手ではなく、資本家と労働者であり、彼らが流通部面で、市場で、買い手と売り手として相対するのである。資本家と労働者としての彼らの関係が、買い手と売り手としての彼らの関係の前提となっている。それは、他の諸商品の売り手たちのような、もっぱら商品そのものの性質から出てくるような関係ではない。すなわち、誰しも、自分の生活に必要なものを直接に生産するのではなく、誰もが特定の生産物を商品として生産し、それを売ることによって他人の生産物を手に入れるという関係ではない。それはこのような社会的分業［労働の分割］ではない。つまり、たとえば靴屋を長靴の売り手にし皮革やパンの買い手にするというような、異なった労働諸部門の相互自立化ではない。そうではなくて、それは、生産過程における相互不可分の諸要素そのものの分割なのであり、これらの諸要素がお互いに人格化するところまで進んだ、相互に対する自立化なのである。このことによって、対象化された労働の一般的形態としての貨幣は労働能力の買い手となる。労働能力は交換価値の生きた源泉であり、したがって富の源泉である。つまり、現実の富、すなわち、交換価値から見れば貨幣、使用価値から見れば生産手段と生活手段とが、一個の人格として、別の人格である労働者に、富の可能性に、すなわち労働能力に相対するのである。

［107↓469m］剰余価値こそが［資本主義的］生産過程の独自の産物なのだから、この過程の生産物は単なる商品ではなく、資本である。生産過程の内部で労働は資本に転化する。労働能力の活動、すなわち労働は、生産過程で自己を対象化させ、こうして価値になる。だが、労働はそれが始まる以前からすでに労働者自身のものではなくなっているのだから、労働者にとってこれは他人《フレムト》の労働の対象化であり、したがって、それによって対象化されるのは、労働能力に対して自立的に相対する価値、すなわち資本なのである。生産物は資本家に属しており、それは労働者に対して、生産諸要素とまったく同じく資本として相対している。他方、既存の価値――ないし貨幣――が現実の資本になるのは、まず第一に、それが自己増殖する価値として、過程を進行する価値（processirender Wert）として現れることによってである。それがこのようなもの

として現われるのは、労働能力の活動である労働が生産過程において既存の価値に合体しそれに属するエネルギーとして作用するからである。第二に、それが、最初に前提された価値としての自分自身から剰余価値として区別されることによってであり、それはそれで剰余労働の対象化の結果なのである。

生産過程において労働は、［第一に］生きた労働能力に対立するものとしての対象化された労働に、つまりは資本になる。第二に、生産過程における労働のこの同じ吸収と領有によって、前提された価値が過程を進行する価値になり、したがって自己自身から区別された剰余価値を創造する価値になる。労働が生産過程を通じて資本に転化することを通じてのみ、前提された価値量、すなわち潜在的《デュメニス》にのみ資本であったものが、現実の資本として自己を現実化するのである(146)。

(146)「彼ら（労働者）は、自分の労働（これは労働能力と読むべきである）を小麦（つまり生活手段）と交換する。これは彼らの収入になる（つまり彼らの個人的消費に帰する）。……他方、彼らの労働は雇い主にとっての資本となる」（シスモンディ『経済学新原理』第一巻、九〇ページ［シスモンディ『経済学新原理』上、一〇五頁］）。「労働

者は、交換で自己の労働を引き渡し、それを資本に転化させる」（同前、一〇五ページ）。▼17

▼以上で、マルクスが「第六章　直接的生産過程の諸結果」の四六九ページに挿入するよう指示した第一の箇所は終わりである。

［第四章　絶対的剰余価値と相対的剰余価値との結合］

〔出来高賃金の本質〕

［259］　出来高賃金（Stücklohn）という形態が用いられているのは、たとえば、イギリスの製陶地帯《ポッタリーズ》▼18である。そこでは若い徒弟たち（一三歳の者を含む）が安い出来高賃金で雇われており、その結果、「彼らの親方の大きな利益のために」、その伸び盛りの時期に過度労働に従事させられている。これが公式に、製陶工場における労働者の退化の原因の一つであると報告されている。[41]

（41）「製陶マニュファクチュアで雇われている者の中には、一三歳か一四歳という若年で徒弟として、平皿プレス工や深皿プレス工として連れて来られた若者が大勢いる。

最初の二年間、彼らには一週間あたり二シリングから三シリング六ペンスの週賃金を支払われる。その後、彼らは出来高制（piece-work system）で働きはじめ、職人の賃金を稼ぐようになる。ロンゲ氏の言うところでは、『非常にたくさんの徒弟を雇って、彼らを一三歳か一四歳で［工場に］連れて来ることは、一部の工場ではごく普通になされていることだが、この慣行は、この産業の利益にとって非常に有害であるだけでなく、おそらく陶工《ポッター》たちの体格が悪いことの非常に大きな原因の一つである。この制度は、製品の質よりも量を求める雇い主にとって非常に好都合なものであり、若い陶工が、低賃金の出来高制で雇用されている四、五年間に、自ら激しい過度労働へと突き進むのを直接に促している』。こんな若い時分から熱いかまどでこのような過度労働を続ければどのような結果になるかは、容易に予想がつく」（『児童雇用調査委員会、第一次報告書』、ロンドン、一八六三年、XIIIページ）。

出来高制（task work）が新たに導入された労働部門では、労働強度が高まった結果として、賃金総額（たとえば週賃金の総額）が増大するのだが、それが一定の高さにまで達すると、親方にとっては、このこと自体が賃金切り下げのための根拠となる。

というのも親方は今ではその賃金額を、労働者にとってふさわしい額よりも高いとみなすからである。それゆえ、出来高制は賃金引き下げの手段だとして直接やり玉に上げられている。[42]

（42）「実際、さまざまな職業における出来高制（working by the piece）への主要な反対論となっているのは次のような不平である。職人たちがそれによってよい賃金を稼ぐようになると、雇用主は一個あたりの労働の価格を引き下げようとすることであり、それがきわめて頻繁に賃下げの手段として利用されていることである」（ダニング前掲書〔『労働組合とストライキ』〕、二二ページ）。

まったく自明なことだが、どのように賃金が支払われるのかというその方式それ自体は、賃金の本質をいささかも変えるものではない。とはいえ、ある支払い方式は他の方式よりも――ただし、労働の技術的性質からしてどちらか一方の方式に限定される場合もある――、資本主義的生産過程の発展にとって有利かもしれない。

同じく明らかなことだが、賃金の個人的相違――時間賃金の場合よりも出来高賃金の場合の方がその余地が大きい――は賃金の［平均］水準からの偏差にすぎない。しかし、出来高賃金は、他の諸事情によって相殺されないかぎり、この水準そのものを押し下げる傾向を有している。

一日あたりの平均労働の総価格としての賃金は価値の概念に矛盾している。あらゆる価格は価値に還元可能でなければならない。なぜなら、価格それ自体は、価値の貨幣表現にすぎないからであり、実際の価格が、価値に照応する価格よりも上下するという事情は、それがあくまでも商品価値の表現であること――ただしこの場合は量的により大きかったりより小さかったりするという量的に不一致な表現なのだが――をいささかも変えるものではない。しかし、ここでの労働の価格［という表現］にあっては、質的に不一致なのである。

二四四ページ▼[19]に以下の注を追加すること。

（16）「穀物は労働者の生活手段の一部をなすのだから、その自然価格の上昇は必然的に労働の自然価格の上昇を引き起こす。言いかえれば、生活手段を獲得するために労働のより大きな量が必要になれば、より大きな量の労働が、あるいはその生産物が、労働者の賃金として彼のもとに残らなければならない。しかし、彼の労働の、あるいは（同じことだが）彼の労働の生産物の、より大きな量がこの製造業労働者の生存に必要になり、彼によって就業期間中に消費されるなら、労働の生産物のより小さな量が雇用主に残されるだろう」（R・トレンズ『穀物貿易論』、一八一五年、二三五〜二三六ページ）。

［260］商品の価値＝その商品に含まれている必要労働であるから、一労働日の価値は――その労働がしかるべき生産諸条件のもとで、また平均的で慣習的な強度と熟練とをもって遂行されるとして――、それに含まれている一日の労働に等しいということになるだろう。だがこれはナンセンスであって、いかなる規定も与えるものではない。したがって、労働の価値――すなわち、労働の価格からその貨幣表現を（質的に）取り去ったもの――は、労働能力の価値の不合理な表現であって、実際には、その転化され転倒された形態にすぎない（直接的であれ一連の媒介項を経てであれ価値に還元されない価格というのは、何らかのものと貨幣との偶然的な交換を表現するものでしかない。それゆえ、ことの性質上けっして商品ではないもの、したがってこの意味で人間によ

る取引の範疇外にある物（Ding）でも、貨幣との交換を通じて［形式的に］商品に転化されうる。それゆえ、買収や腐敗と貨幣関係とは結びついている。貨幣は商品の転化した姿なのだから、貨幣を眺めても、それがどこから来たのか、何がそれに転化したのか、それは良心なのか処女性なのか、はたまたジャガイモなのかということはわからないのである）。

しかし、出来高賃金もまた、それが価値関係の表現として直接用いられるならば、賃金の直接的な形態である時間賃金とまったく同じく不合理なものである。たとえば、一個の商品（そこに含まれている不変資本は捨象する）に一時間の労働が対象化されていて、それが六ペンスに等しいとしよう。労働者が［一個あたり］三ペンスを受け取るとすると、労働者に対するこの一個あたりの価値［三ペンス］は、そこに含まれている価値［六ペンス］――労働時間で測ったそれ――によっては規定されていないことになる。したがって、実際にはこの出来高賃金は直接的にはいかなる価値関係も表現していないのである。

ここで問題になっているのは、一個あたりの価値をそれに▼20含まれている労働時間で測ることではなく、その逆に、労働者がちゃんと必要労働時間を費やしたかどうかを個数でもって測ることである。したがって、彼が受け取る賃金は［事実上］時間賃金なのである。なぜならこの個数の役割は、労働者が自分の受け取る賃金と引き換えに行なった〔労働〕時間を測ることであり、次のことを保証するものとして役立つからである。すなわち、労働者が必要労働時間だけ費やしたこと、したがってまたしかるべき強度でもって労働をしたこと、さらにまた、彼の労働が（使用価値として）しかるべき質をそなえていることである。それゆえ、出来高賃金は時間賃金の一特殊形態に他ならないのであり、時間賃金も労働能力の価値の転化した形態でしかないのと、あるいは、労働能力の価格――それは労働能力の価値から量的に一致したり乖離したりする――の転化した形態でしかないのと同じである。出来高賃金は労働者の個性に大きな活動の余地を許し、したがって個々の労働者の賃金を一般的水準より多少なりとも高くする傾向があるのだが、同じくそれは、他の労働者の賃金をこの水準よりも低くし、さらには、労働者が激しい競争に駆り立てられるせいで、この水準そのものを引き下げる傾向があるのである。

〔国ごとの労働強度と賃金の相違〕

労働の強度が――他の諸事情が等しいとして――労働者によって一定時間内に提供

される生産物の量で測られるかぎりでは、さまざまな国の時間賃金（たとえば一定の長さの労働日に対する賃金）を比較する場合には、同時に、それらを出来高賃金で表現したらこれらの賃金がどのような比率になるのかを比較しなければならない。このようにしてはじめて、必要労働と剰余労働との、あるいは、賃金と剰余価値との真の割合が得られるのである。そうするとしばしば以下のことが見出されるだろう。豊かな国々の方が外観上の時間賃金が高いにも関わらず、出来高賃金は貧しい国々の方が高いということ、したがって後者の方が実際には、労働日のうち労働者の賃金を再生産する部分が前者［豊かな国々］より大きく、後者の剰余価値率は前者よりも低いということ、それゆえ相対的賃金がより高いということである。したがって、労働の現実の価格は実際には貧しい国々の方が豊かな国々よりも高いのである。

異なった国々を考察する際には、［労働の］継続時間や、個々の労働者からは独立した生産性とは別に、労働強度が労働日の長さと同じぐらい問題になる。ある国のより高い強度の労働日＝［他の国の］より低い強度の労働日＋x、である。金銀産出国の労働日を国際的労働日の尺度にすれば、たとえば、より強度の高いイギリスの一二時間労働日は、より強度の低いスペインの労働日よりも多くの金《きん》で表現されるだろう。

すなわちそれは、金銀のうちに実現されている中位の労働日と比べてより高いであろう。ある国のより高い賃金は、与えられた長さの総労働日だけを考察するならば、使用価値の観点からだけでなく、交換価値の観点からしても、したがってその貨幣表現の観点からしても、より高いのだが（金銀の一定の価値を前提すれば、より高い貨幣表現はつねにより高い価値を、より低い貨幣表現はつねにより低い価値を表わす。さまざまな国の労働者の貨幣賃金を同時に考察する場合には、金銀の価値はつねに与えられたものとして前提される。なぜなら、これらの価値に変化が生じる場合でさえ、それはさまざまな国で同時に起こるのであり、したがってこれらの国の相互関係に関するかぎりでは何の変化も起きていないからである）、一定の労働量にとっての価格として見るならば、実際にはけっしてより高い労働の価格を意味しているわけではない。労働時間がより長い場合には、あるいは国際的には同じことになるのだが、労働の強度がより高い場合には、ある国の賃金は他の国の賃金よりも高いかもしれないが、まず第一に、それは総［労働］日のより小さな一部分を構成していて、そのために相対的により低い賃金かもしれない。第二に、より低い労働の価格を表わしている場合さえある。たとえば、労働者が一日一二時間で三シリングを受け取るとする。これは、彼の日賃金が一一時間で二½シリングである場合よりも少ない。なぜなら、［追加された］剰余労働の一時間は労働能力のより大きな消耗を伴っており、したがってそのより急速な再生産［の必要性］を伴っているからである。この差は、二½シリングが一〇時間と引き換えに支払われて、三シリングが……時間と引き換えに支払われるならばもっと大きいであろう。……［以下、原稿なし］

▼以下は、マルクスによって「第六章　直接的生産過程の諸結果」の中に挿入するよう指示されている第二の箇所である。原稿の二六二ページは残されていないので、本文も注も文章の途中から始まっている。最初に登場する注は、残されていない原稿の二六二ページに付されていたものである。

（※）「……［雇用主は労働の価格を低く抑えることに関心を持っている。しかし、価格が同じままであるかぎり、与えられた費用で一定量の労働を入手するかぎり、彼の状況に変化はないだろう。借地農業者が一二ポンドで畑を耕作させることができるとすれば、この総額を」すぐれた三人の労働者に支払うのか、四人の普通の労働者に支払うのかは、［彼にとってどうでもいいことである］。……三人の場合は一人あたり三ポンドで雇われるとすれば、三人の場合は一人あたり三ポンド一〇シリングで雇われ、四人の場合は一人あたり三ポンドで雇われるとすれば、三人の場合の一人あたり賃金はより高いが、彼らによってなされる仕事の総価格はより低いだろう。たしかに、労働者の賃金総額を引き上げる諸原因はしばしば資本家の利潤率［利潤額］をも引き上げる。勤勉さが増大することによって一人の労働者が二人分の仕事をするなら、通常、賃金総額も利潤率［利潤額］もともに増大するだろう。だがそれは、賃金の上昇によるものではなく、労働の追加供給量が労働の価格を引き下げたことの結果であり、あるいは、この価格［賃金］を前貸しするのに以前必要であった期間を短縮したことの結果である。他方、労働者が主として関心を持っているのは賃金総額である。彼の賃金総額が与えられているとすれば、労働の価格が高くなるようにすることが明らかに彼の関心事になるだろう。なぜなら、このことに応じて、彼に課せられる酷使の程度が決まってくるからである」（前掲書［ナッソー・シーニア『賃金率に関する三つの講義』、ロンドン、一八三〇年］、一四〜一五ページ）。同書からさらに以下の部分。「労働者の状況は、ある一定の瞬間に受け取る額の大きさに依存しているのではなく、ある一定期間中に彼が平均的に受け取る額に依存している。……取り上げる期間が長ければ長いほど、ますますその評価は正確になるだろう」（前掲書、七ページ）、「最適な期間は一年である。そこには夏季賃金も冬季賃金も含まれるからだ」（前掲書、七ページ）。

［263］……すなわち、資本家は、それ（生産過程）に前貸しした価値総額よりも高い価値を生産から取り返す。諸商品の生産はそれ自体、この目的のための単なる手段として現われるのであり、それはちょうど一般に労働過程が価値増殖過程の単なる手段として現われるのと同じである。価値増殖過程というのは、以前におけるような価値形成過程という意味で理解されるべきではなく、剰余価値の形成のための過程として理解されるべきである。

しかし、このような結果が生じるのは、労働者が行なわなければならない生きた労働が、したがって生産物に対象化される彼の労働が、可変資本に含まれている労働ないし賃金に投下された労働よりも、あるいは同じことだが、労働能力の再生産に必要な労働よりも、大きいかぎりでのことである。前貸しされた価値はただ剰余価値の生産を通じてのみ資本になるのであり、そのかぎりで、資本そのものの発生は、資本主義的生産過程と同じく、何よりも次の二つの契機にもとづいている。

まず第一に労働能力の売買。これは流通部面に属する行為であるとはいえ、資本主義的生産過程の全体を見るならば、この過程の一つの契機、一つの前提であるだけでなく、この同じ過程の不断の結果でもある。この労働能力の売買が前提しているのは、対象的な労働諸条件——したがってまた生活手段と生産手段——が生きた労働能力そのものから分離していること、それゆえ、後者〔労働能力〕が労働者にとって処分可能な唯一の財産（Eigentum）をなし、彼が売ることのできる唯一の商品だということである。この分離は、労働諸条件が労働者に対して自立した人格として相対するに至るまで進行する。なぜなら、労働諸条件の所持者としての資本家は、労働能力の単なる所持者としての労働者に対立する形で労働諸条件が人格化したものにすぎないからである。労働諸条件のこの分離とこの自立化とは、労働能力の売買が起こる以前から前提されており、したがって一般に、生きた労働が、死んだ労働の自己維持と自己増大のための、したがって自己増殖のための単なる手段として、死んだ労働に合体される以前から前提されている。可変資本と労働能力との交換なしには、総資本の自己増殖も起こりえないし、したがって、いかなる資本形成も、生産手段と生活手段の資本への転化も、起こりえない。第二の契機は現実の生産過程であり、すなわち、貨幣所持者ないし商品所持者によって購入された労働能力の現実の消費過程である。

［264］　現実の生産過程において労働の対象的諸条件――労働の材料と手段――は、生きた労働が対象化されるのに役立つだけでなく、可変資本に含まれているよりも多くの労働が対象化されるのにも役立つ。それゆえこの対象的諸条件は、剰余労働を吸収する手段、それを搾り取る手段としても役立つ。この剰余労働は剰余価値（および剰余生産物）のうちに表わされる。したがって、以上の二つの契機、すなわち、第一に労働能力と可変資本との交換を、第二に現実の生産過程（そこでは生きた労働が作用因として資本に合体される）を考察するならば、この過程は全体として次のようなものとして現われるだろう。

（一）より少ない対象化された労働がより多い生きた労働と交換されること。というのも、資本家が賃金と引き換えに実際に得るのは生きた労働に他ならないから。

（二）労働過程において直接に資本を表わしている対象的諸形態、すなわち生産手段（したがって、またしても対象化された労働）が、この生きた労働を絞り取り吸収する手段であること。

この全体として事態は、対象化された労働と生きた労働とのあいだに起こる一個の過程として現われるのだが、この過程は、単に生きた労働を対象化された労働に転化するだけでなく、それと同時に、対象化された労働を資本に転化する過程でもあり、したがってまた生きた労働をも資本に転化する過程でもある。それゆえそれは、単に商品が生産される過程であるだけでなく、剰余価値が生産される過程でもあり、したがって資本が生産される過程でもある。（九六～一〇八ページ参照[21]）

ここでは生産手段は労働を現実化する手段であるだけでなく、まったく同じぐらい他人《フレムト》の労働を搾取する手段でもあることがわかる。［以下、原稿なし］

▼以上で、マルクスが「第六章　直接的生産過程の諸結果」に挿入するよう指示した第二の箇所は終わりである。

［第五章　資本の蓄積過程］

▼以下の断片はもともと「資本の蓄積過程」論の中の「いわゆる本源的蓄積」の一部に属していたものと思われる。

［379］

（b）各国ごとの生産手段の集中（Centralisation）の相違

「熟練や機械学も重要かもしれないが、製造業の拡張において本質的なのは、人的要素が豊富に存在することである。［フランスの］分割地制度は人口の急速な発展を妨げ、そのことによって間接的に製造業の拡張を遅らせる傾向があった。それはまた直接的な形でもそうした効果を持った。膨大な人口を土地に縛りつけ、農耕に従事させてきたからである。土地を耕作することは彼らの第一の仕事――これは誇りと満足を伴った――であって、紡績や織布などに雇われることは、生計を維持するのに必要な補助的なものでしかない。彼らの貯蓄は、自分たちの相続財産を増大させる目的でなされる。彼らには、故郷を出て新しい仕事や新しい居住地を求めてさすらうという習慣がない」。

つまり、この国［フランス］ではまさに、貯蓄＝蓄蔵がまだ相対的に高い水準にあり、所与の環境のもとでも生きていけるので、相対的に言って、資本の形成および資本主義的生産の発展が、イギリスと比べて――貯蓄に有利であるなどのまさに同じ経済的条件のおかげで――妨げられていることである。

「所有者の地位を得ること、家屋と一区画の土地を手に入れることはまた、工場労働者や、いまだ財産を持っていないほとんどすべての貧民にとっての主要な目標である。実際、すべての者が土地を求めている。……以上は、フランス国民のうちの、きわめて大人数の一階級の特徴と職業を記述したものだが、このことからして容易に次のような推測が成り立つだろう。イギリスと違って、フランスの製造業を代表するものは小経営だということである」。このことは、土地の収奪がいかに大規模産業の発展にとって必要であるかを示している。

「一部は蒸気と水力によって動かされているが、多くはその動力を動物の働きに依存し、多くの工場は今なお〔機械ではなく〕手の労働のみを用いている。フランス産業のこうした特徴はC・デュパン男爵によって小土地所有制度の結果として的確に叙述されている。彼は言う、『フランスは、細分化された土地所有の国、小土地所有の国であるように、細分化された産業の国、小工場の国である』」(『工場監督官報告――一八五五年一〇月三一日』、[ロンドン、一八五六年、]六七～六八ページ)。

この同じ工場監督官(A・レッドグレイブ)は、フランスの多少とも重要な産業である繊維業に関する概観(一八五二年時点)も行なっており、それによると[「動力源は蒸気二〇五三(馬力)、水力九五九、その他の機械力が二〇五七」である」(前掲書、六九ページ)[a]。

(a) 資本の準備的(本源的)蓄積として現われるものは、実際にはただ、生産諸条件の自立化、すなわち、その生産諸条件が自営生産者から分離して、この生産者が賃労働者に転化することに他ならない。このことが、この報告書では製造業に即して示されている。しかし、たとえば農業資本家と農民との関係などにもこのことがあてはまるのは明らかである。「大規模耕作は、小規模耕作ないし中規模耕作よりも多くの資本量を要するわけではない。反対により少ない資本しか要しない。しかし、これらの異なった諸制度では、異なった形で資本が配分されなければならない。大規模耕作においては、農業に充用される資本は、労働者を雇って彼らに賃金を支払う少数の人間の手中になければならない」（マティユ・ド・ドンバル『ロヴィーユ農業年鑑』第二分冊、［パリ、］一八二五年、二一七ページ）。

彼はこの報告を、一八五〇年にイギリス下院に提出された工場数などに関する報告と比較し、それにもとづいて、「イギリスの繊維業とフランスのそれとのあいだにある次のような注目すべき相違」を示している。その結果とは次のようなものである。［380］「フランスにおける工場数はイギリスの工場数の三倍であるが、そこに雇用されている人の数は五分の一多いだけである。しかし、そこにおける機械と動力の割合は非常に異なっており、次の比較［次頁の表］に最もよく示されている」。

	フランス	イギリス	
工場数	12,986	4,330	
雇用人数	706,450	596,082	実際にはイギリスでは工場の範疇にまったく含められていないものがフランスではこの範疇に入れられている。
各工場における平均人数	54	137	
雇用者一人あたりの平均紡錘数	7	43	つまりイギリスはフランスの六倍。
各織機に対する平均人数	2（力織機および手織機）	2（力織機のみ）	

これによれば、フランスではイギリスにおけるよりも多くの人々が雇用されているが、それはただイギリスの報告では手織機がすべて除外されているからにすぎない。だが、事業所の平均規模はイギリスはフランスの二倍以上であり（54／136＝27／68＝13／34＝約1／3）、したがってより大きな人間集団が同一の資本の指揮下にいる。フランスでは工場数は三倍多いが、そこに雇用されている人数は五分の一多いだけである。したがって、事業所の数に比してより少ない人員が雇用されていることになる。さらに一人あたりが担当する機械の量に関して言うと、イギリスの紡錘の数はフランスの

六倍である。全雇用者が紡績工だとすると、フランスには四九四万五一五〇の紡錘があり［706,450×7］、イギリスの紡錘数［596,082×43＝25,631,526］の約五分の一である。またイギリスでは、二人の労働者に対して一つの力織機だが、フランスでは一つの力織機と一つの手織機である。

イギリスでは二五六三万一五二六の紡錘。さらに、イギリスの工場で使用されている蒸気力は一〇万八一一三馬力、雇用人数に対する比率は、蒸気一馬力あたり五½人［596,082÷108,113］になる。この見積り数値にもとづいてフランスの蒸気力を比例的に計算すると、一二万八四〇九馬力になるはずである［706,450÷5.5］。ところが、一八五二年におけるフランスの全蒸気力はわずか七万五五一八馬力である。これは六〇八〇台の蒸気機関によって生み出されたもので、平均すると一蒸気機関あたり一二½馬力弱になる。フランスの繊維工場で使用されている蒸気機関の数は一八五二年には二〇五三台であり、これらの蒸気機関の力は二万二八二馬力に等しく、以下［次頁の表］のように配分されている。

「フランスには、製造業の骨と筋肉とも言うべき石炭と鉄が欠けており、このことは工業国としての同国の進歩を永遠に遅らせるに違いない」（前掲書）。

	工場	馬力
紡績のみに使用	1,438	16,494
織物のみに使用	101	1,738
仕上げ等々に使用	242	612
その他の過程	272	1,438
	2,053	20,282

（前掲書、七〇ページ）

イギリスの工場では労働者一人あたりはるかに多くの作業機と原動機（機械力）が存在する。それゆえ、イギリスの労働者はフランスの労働者と比べて、同じ時間内にはるかに多くの原料を加工する。したがって、イギリス労働者の労働生産力は、労働者を雇用する資本と同じくはるかに大きい。事業所の数はイギリスの方がフランスよりもはるかに少ない。一事業所に雇用されている労働者の数は平均で言うとイギリスの方がフランスよりもはるかに多い。ただし、フランスで雇用されている総数はイギリスよりも多い。もっとも、事業所の数に比較すればより少ない割合でしかないが。

以上のことが示しているのは次のことである。歴史的等々の諸事情のせいで、直接的生産者大衆の収奪が相対的により大規模であったかより小規模であったかに応じて、生産手段の集積（concentration）の相対的大きさに違いがもたらされ、その結果として、生産力および資本主義的生産様式一般の発展段階に大きな相違が生じていることである。だがこのことは、直接的生産者自身の「貯蓄」や「蓄蔵」とはちょうど反比例関係にあり、この「貯蓄」はフランスではイギリスと比べてはるかに多い。生産者の剰余労働がどれだけ「貯えられ」「蓄蔵され」「蓄積され」、巨大なかたまりへと結合され、つまりは集積され、資本として利用されうるのか、その程度は、どれだけ剰余労働が、生産者自身によってではなくその雇用者によって蓄蔵されるのかに正確に照応しているのである。したがってそれは、膨大な数の現実の生産者たちが、多少なりとも完全にその生産手段を収奪されたせいで、自分自身の剰余労働を「貯蓄」したり「蓄蔵」したり「蓄積」したりする能力と諸条件からどれほど排除されているのか、したがってまた、自分自身の剰余労働を何ほどか意味ある程度に領有するあらゆる力からどれほど排除されているのかに照応しているのである。資本主義的蓄積と集積とは、膨大な数の他人の剰余労働を領有する能力に立脚しそれに照応しているのであり、それと軌を一にして、これらの人々が自分自身の剰余労働に対するいかなる請求権も主張することができないということにもとづいているのである。

それゆえ、この資本主義的蓄積を説明し正当化するのに、それとはまったく正反対の、それを排除する一過程、まさに資本主義的生産が勃興するためには滅びなければならない生産様式に照応する一過程と混同すること、そして美辞麗句を弄して、この過程にすり替えることは、最も笑止千万な妄想であり、欺瞞であり、詐欺なのである。これは、経済学によって固く抱かれている妄想の一つである。たしかに、このブルジョア社会においても、飛びぬけて利口で抜け目がなく、ブルジョア的本能を授けられていて、例外的な幸運に恵まれている労働者ならば、他人の労働の搾取者（exploiteur du travail d'autrui）へと転身することができるかもしれない。しかし、そもそも搾取するべき労働が存在しなければ、資本家も資本主義的生産も存在しないことだろう。

Ⅰの訳注

▼1　原文では、「資本家」は「使用者（employer）」。また、最後の一文の末尾は原文では「……であり、アダム・スミスがその『国富論』ではっきりと示したことである」となっている。

▼2　原稿ではこの後に以下の文章が書きかけで削除されている。「私はこれを直接的生産過程と呼ぶ。なぜなら、資本主義的生産過程を全体として考察するならば……」。

▼3　以下の箇所を指すと思われる。「心の働きによって予見することのできる者は生来の支配者、生来の主人であるが、肉体の労力によって、他の人の予見したことをなすことのできる者は被支配者であり、生来の奴隷である」（アリストテレス『政治学』岩波文庫、一九六一年、三二～三三頁）。

▼4　J・S・ミルの『経済学原理』の第一巻第一篇は「生産」論だが、その中のとくに以下の部分を指していると思われる。「これらの生産諸条件が、労働、資本、および自然によって与えられる原料および原動力という三つのものに還元されることがわかった」（J・S・ミル『経済学原理』第一巻、岩波文庫、一九五九年、一九九頁）。なおミ

ルは「資本」について次のように定義している。「過去の労働の生産物のうち事前に蓄積されたストック。労働生産物のうちこの蓄積されたストックが資本と呼ばれる」（同前、一一七頁）。

▼5　「さすれば必ず何かが残るだろう（semper aliquid haeret）」……ラテン語の慣用句、「大胆に中傷せよ、さすれば必ず何かが残るだろう（Audacter calumniare, semper aliquid haeret）」の後半部。フランシス・ベーコンがその『学問の進歩』で使ったことで有名（ベーコン『学問の進歩』岩波文庫、一九七四年、三三二頁。同訳では「思い切って中傷すれば、いつでもいくらかおつりがくる」となっている）。

▼6　フレデリック・バスティア（1801-1850）……フランスの経済学者で、階級協調主義と古典的自由主義の信奉者。今日では新自由主義者、リバタリアンなどから先駆者として大いに賞賛されている。

▼7　有用知識普及協会……自由主義派のヘンリー・ブルームによってイギリスで一八二七年に創立された啓蒙団体。実用知識の普及を目的として廉価な教養書を発行していた。

▼8　ハリエット・マーティノー（1802-1876）……イギリスの小説家・経済学者で社

会や経済や歴史に関する啓蒙書を書いた。経済理論としてはスミスやリカード、ジェームズ・ミルを俗流化した立場。ここでマルクスが「児童向け啓蒙書」として念頭に置いているのは、経済理論を物語風に解説したマーティノーの『経済学実例集』全九巻（ロンドン、一八三二〜三四年）のこと。

▼9　レイラーは序文の中で次のように述べている。「一八二五年に出版された『資本の要求に対して労働を擁護す』というタイトルのパンフレットは注目に値するものであり、資本を、所持された諸商品から区別された単なる権力（power）だとする最初の明確な概念がそこには含まれている」（レイラー『貨幣と倫理』、XXIVページ）。同書末尾には付録として、ホジスキンの著作からの一部抜粋が掲載されている。

▼10　ブルーム卿による匿名の反論書……ヘンリー・ブルーム『勤勉の権利』、ロンドン、一八三一年。

▼11　ここでのマルクスのプルードン批判は以下でもなされている。『マルクス資本論草稿集』第一巻、大月書店、一九八一年、三一一〜三一三頁。『マルクス資本論草稿集』第四巻、大月書店、一九七八年、二四二〜二四四頁。

▼12　マルクスが一八四〇年代にこの一文を自分のノートに書き写した際（このノート

は残されていない)、原文にある「形而上学的で非実体的な量」という箇所の「量(quantité)」を「質(qualitét)」と間違って書き写したため、各文献でこのミスが踏襲されつづけている(たとえば、『マルクス資本論草稿集』第一巻、大月書店、一九八一年、三〇六頁)。なお、シスモンディの原文では「自己を維持し」は「永続的で」、「生産者」は「耕作者」。

▼13　ここで取り上げられている文献は、前掲ロッシ『経済学教程』(『経済学講義』とも訳されている)のこと。「後の章で見るように」とあるが、具体的にどの章のことを言っているのかは不明。ここでマルクスが言おうとしていたロッシの「混乱」については、以下を参照。マルクス『賃労働と資本/賃金・価格・利潤』光文社古典新訳文庫、二〇一四年、八五〜八六頁、一一五〜一一六頁、『マルクス資本論草稿集』第二巻、大月書店、一九九三年、三〇五〜三一〇頁、『マルクス資本論草稿集』第四巻、二二六〜二三七頁、など。

▼14　原稿ではこの後に次の一文が書きかけで削除されている。「通俗的ではあるが徹頭徹尾事実に即した言い回し、すなわち資本が労働者を使用するのであって、労働者が資本を使用するのではない、綿花や紡績機が労働者を使用するのであって労働者が綿花

や紡績機を使用するのではない、という言い回しは……」。

▼15 「次のような表現を」から始まって「直接言われている。」で終わる一文は三つの旧訳のいずれにおいても訳されていない。おそらくそれらの底本となった文献(『マルクス・エンゲルス・アルヒーフ』)で脱落していたのだろう。

▼16 すでに述べたように(本書、三一~三二頁)、ここは本来[469j]でなければならない。

▼17 前掲邦訳(『経済学新原理』上)では一一五頁に当たるが、この部分は第二版で挿入された文章の一部であり、初版を底本にしている同訳書では訳出されていない。また、同書巻末の「第二版本文異稿」にもなぜか記載されていない。シスモンディのこの『経済学新原理』は、一九七〇年代に別の訳者(吉田静一氏)によって大学の紀要での連載という形で新訳が出された(ただし訳者が病気で急逝されたため前半部だけの翻訳)。それは第二版を底本としており、したがってこの箇所も訳されている(「シスモンディ『経済学新原理』」(二)、神奈川大学『商経論叢』第一二巻一号、一九七七年、一一六頁)。なお、この挿入部分の全体を訳すと以下のようになる。「年生産物の全体は年々消費される。だが、一部は労働者によって消費され、労働者は[それとの]交換で

自己の労働を引き渡すことで、それを資本に転化させ、それを再生産する。一部は資本家によって消費され、資本家は［それとの］交換で自己の収入を引き渡し、それを消滅させる」。この文脈からして、資本に転化する「それ」とは、労働ではなく生産物のことである。文法的にも、「それ（la）」は女性名詞を受けるので、男性名詞である「労働（travail）」ではなく、女性名詞である「生産物（production）」を受けている。吉田氏の訳でもそうなっている。

▼18　製陶地帯……イングランドのスタッフォードシャー州にある製陶業が集中している地域のことで、「ポッタリーズ」と呼ばれている。

▼19　二四四ページ……この原稿ページは残されていないが、引用されているトレンズの文章の内容からして、現行版『資本論』で言うと、第五編第一五章「労働力の価格と剰余価値との量的変動」に入る予定の注であったと思われる。この一文をマルクスは一八六一〜六三年草稿でも引用しており（『マルクス資本論草稿集』第九巻、大月書店、一九九四年、七二九頁）、その欄外に「労働の価格と剰余価値」と記している。

▼20　必要労働時間……ここで言う必要労働時間とは、剰余労働時間と対比しての必要労働時間のことではなく、商品を生産するのに社会的・平均的に必要な労働時間のこと

である。

▼21　本書、三三〜八三頁。ただし原稿の一〇八ページは残されていない。

II

第六章　直接的生産過程の諸結果

[441]

第六章　直接的生産過程の諸結果

この章では次の三つの点を考察しなければならない。

（1）資本の生産物としての、資本主義的生産の産物としての商品。

（2）資本主義的生産が剰余価値の生産であること。

（3）最後に、資本主義的生産が、この直接的生産過程を独自に資本主義的なものとして特徴づける諸関係全体の生産と再生産であること。

これら三つの項目のうち、（1）は、印刷前の最終版では最初ではなく最後の位置に置かれるべきである。というのも、それは、第二部——資本の流通過程——への移行をなすものだからだ。だが、ここでは叙述の都合上、この項目から始めることにしよう。

(1) 資本の生産物としての商品

ブルジョア的富の要素形態としての商品がわれわれの出発点であり、資本が発生するための前提であった。他方で、商品は今では資本の生産物として現われている。

われわれの叙述がとるこのような円環は、資本の歴史的発展とも合致する。というのも、商品交換、商品取引は、資本の発生条件の一つだからである。そして、この条件そのものは過去のさまざまな生産段階の上で形成され、そこでは、資本主義的生産がまだまったく存在していないか、所々にしか存在していないことが共通の特徴となっている。他方、商品交換が全面的に発達し、商品という形態がはじめて生産物の一般的で必然的な社会形態となるのは、それ自身、資本主義的生産様式の結果に他ならないのである。

他方で、資本主義的生産が全面的に発達した社会を考察するなら、そこでは商品は、[一方では] 資本の恒常的な要素的前提として現われ、他方では資本主義的生産過程の直接の結果としても現われるのである。

商品と貨幣は資本の要素的前提であるとはいえ、両者はある一定の条件下ではじめて資本に発展する。資本形成が起こるのはただ、商品流通（貨幣流通を含む）にもとづく場合のみであり、したがって商業がすでに一定の規模にまで成長した段階においてである。だがその反対に、商品生産と商品流通はいささかも資本主義的生産様式をその定在の前提としていないのであって、むしろ、私がすでに示したように、[1]「前ブルジョア的社会形態に属している」。両者は資本主義的生産様式の歴史的前提である。［442］しかし他方では、商品がはじめて生産物の一般的形態になるのは、すなわち、あらゆる生産物が商品の形態を取らなければならず、売買が生産の余剰分のみならずその実体そのものをも捉えるようになり、さまざまな生産諸条件それ自体が総じて商品として登場し、そういうものとして流通から生産過程へと入っていくことになるのは、資本主義的生産の基礎上においてのみである。したがって、商品が一方では資本形成の前提として現われるとすれば、他方では、商品はまた、それが生産物の一般的な要素形態であるかぎりでは、本質的に資本主義的生産過程の産物でありその結果として現われるのである。それ以前の生産段階においては生産物は部分的にのみ商品の形態を取る。それに対して資本は生産物を必然的に商品として生産する。[2] したがって、資本主義的生産が、つまりは資本が発展すればするほど、商品に関して一般的に展開してきた諸法則――たとえば価値に関わるそれ――もまた、貨幣流通のさまざまな諸形態のうちに実現されていくのである。

（1）マルクス『経済学批判』、ベルリン、一八五九年、七四ページ〔邦訳『マルクス・エンゲルス全集』第一三巻、七七頁〕。

（2）シスモンディ〔『経済学研究』第二巻、ブリュッセル、一八三八年、一六一ページ〕。

ここで明らかになるのは、以前の生産時代に属する経済的諸範疇〔商品や貨幣〕でさえ、資本主義的生産様式の基礎上では、以前とは異なった独自の歴史的性格を帯びるようになることである。

貨幣の資本への転化（貨幣それ自体も商品の転化形態でしかない）は、労働能力が労働者自身にとっての商品に転化してはじめて生じる。つまり、商品取引という範疇が、かつてはこの範疇から排除されていたか部分的にのみそれに含まれていたにすぎない領域を捉えるようになってはじめて生じる。労働する人々が客体的な労働諸条件の一つでなくなるか、あるいは、商品生産者として市場に登場しなくなり、自分の労働の生産物を売るのではなく労働そのものを、より正確には自己の労働能力を売るようになってはじめて、生産はその全範囲において、その深さと広がりの全体において、商品生産となる。その時はじめてすべての生産物は商品となり、あらゆる生産部門の対象的諸条件そのものも商品として市場に登場するようになる。資本主義的生産の基礎上でのみ、商品は実際に富の一般的な要素形態になるのである。

たとえば資本がまだ農業を征服していないならば、生産物の大部分は直接的にはまだ生活手段として生産されており、商品としては生産されていないだろう。労働人口の大部分はまだ賃労働者になっていないだろうし、労働諸条件の大部分はまだ資本に転化していないだろう。このことが意味しているのは、社会の内部で偶然的に現われる分業の発達と、作業場の内部での資本主義的分業とは相互に条件づけあい生み出しあっていることである。というのも、［一方では］生産物が必然的に商品という形態を取り、したがってそれを手に入れるには生産物を譲渡するという形態を必然的に取ることは、十分に発達した社会的分業を前提としているからであり、他方では、資本主義的生産の基礎上でのみ、したがって作業場内での資本主義的分業にもとづく場合のみ、すべての生産物は必然的に商品という形態を取り、したがってすべての生産者は必然的に商品生産者となるからである。それゆえ、資本主義的生産の発生とともに、使用価値もまたはじめて一般的に交換価値によって媒介されるようになるのである。

ここでの三つのポイント。

（一）資本主義的生産がはじめて商品をあらゆる生産物の一般的形態にする。

（二）商品生産が必然的に資本主義的生産になるのは、労働者が生産諸条件の一部であるような状態（奴隷制、農奴制）がなくなるか、あるいは自然発生的な共同体が「生産の」土台でありつづけている状態（インド）がなくなるときであり、労働力（Arbeitskraft）そのものが総じて商品になる瞬間からである。

（三）資本主義的生産は商品生産の土台を止揚《アウフヘーベン》する。つまり、分散した独立生産と商品所持者間の交換を、つまりは等価物交換を止揚する。資本と労働力（Arbeitskraft）との交換は形式的なものになる。

こうした観点からするなら、生産諸条件そのものがどのような形で労働過程に入っていくのかは、まったくどうでもいいことである。たとえば、それが不変資本の一部である機械等々のように、その価値だけを生産物に少しずつ移転させるのか、それとも、原料の場合のように物質的に生産物の中に入っていくのか、あるいは、［443］生産物の一部が、たとえば農業における種子のように、生産者自身によって労働手段として直接に再利用されるのか、それとも、生産物がまずは販売されてその後改めて労働手段に転化するのかといったことは、どうでもよいことである。生産されたすべての労働手段は、生産過程において使用価値としてどのように役立つのであれ、今では価値増殖過程における諸要素としても機能している。それらが現実の貨幣に転化されなくとも、計算貨幣に転化されるのであり、したがって交換価値として扱われ、それらが何らかの形で生産物につけ加える価値要素が正確に計算されるようになる。

〔農業の事例〕

たとえば、農業が資本主義的に営まれる一産業部門になるにつれて――つまり資本主義的生産が農村でその地歩を固め広げるにつれて――、また農業が市場のために生産するようになり、直接的な自己消費のためではなく販売のための物品である商品を生産するようになるにつれて、それと同じ度合いで、農業はその投入物［の価値］を計算するようになり、その各項目（第三者から購入したものであれ、自己自身から、つまり自らの生産から直接調達したものであれ）を商品として扱うようになり、したがってまた、商品が自立した交換価値として扱われるかぎりでは、貨幣として扱うようになる。それゆえ、小麦、干し草、畜牛、さまざまな種子、等々が商品として売られるようになると――そして、それらは売られることなしにはもはや生産物とみなされることもない――、それらは商品として、あるいは貨幣として生産の中に入っていく。生産物が商品になるにつれて、したがって必然的に生産諸条件も生産物の諸要素も商品になるにつれて――というのも、かの生産［農業］にあっては両者は同一の物だから［「生産物としての穀物は種子という生産条件でもある」］――、価値増殖過程が考察されるかぎりでは、それらは交換価値の自立した形態として、すなわち一定の貨幣額として計算される。直接的生産過程は、ここでは常に労働過程および価値増殖過程と不可分であり、それはちょうど生産物が使用価値と交換価値との統一、すなわち商品であるのと同じである。

だが、このような形態的な面は脇に置こう。たとえば借地農業者（farmer）がその投入物を［外から］購入する事態が発展するにつれて、種子、肥料、繁殖用の牛、等々の取引も増大し、その一方で彼は自分の収穫物を販売するようになる。したがって、個々の借地農業者にとっては、これらの生産諸条件は実際に流通から引き出されて自分の生産過程へと入っていくようになり、流通は事実上彼の生産の前提となる。なぜなら、生産諸条件はますます実際に購入された（あるいは購入可能な）商品となるからである。いずれにせよ借地農業者にとって、生産諸条件はすでに物品として、労働手段として商品なのであって、それらは同時に彼の資本の価値の一部を構成している（したがって、それらが現物のままで生産に再利用される場合でも、彼はそれらを生産者としての自分に売られたものとして計算する）。そして実際、こうしたことは、農業で資本主義的生産様式が発展するにつれて、したがってまた農業がますます工場的に営まれるにつれて発展する。

〔生産物の大量性と多様性〕

生産物の一般的で必然的な形態としての商品、つまり資本主義的生産様式の産物としての商品の独自の特徴は、資本主義的生産の発展とともに生じる大規模生産のうちに、そして生産物の一面性と大量性のうちに、手に取るようにはっきりと示される。このことは生産物に、社会的諸連関に厳格に結びつけられた社会的性格を押しつけるのだが、それに対して、生産者たちの諸欲求を満たすという使用価値としての生産物の直接的な連関の方は、まったく偶然的で、無関心で、非本質的なものとして現われる。この大量生産物は交換価値として実現されなければならず、商品の変態《メタモルフォーゼ》を通過しなければならない。それは、資本家として生産を行なっている生産者の生存にとって必要であるだけでなく、生産過程そのものの更新と連続性のためにも必要である。それゆえ、生産物は商人の手に引き渡される。その買い手はもはや［444］直接の消費者ではなく、商人であり、商人は自分の独自の仕事として商品の変態を遂行する。(3)生産物が最終的に商品としての性格を発展させ、それとともにその交換価値としての性格を発展させるのは、資本主義的生産［の発展］につれて、さまざまな生産部門の多様性が絶え間なく増していき、したがって生産物の交換可能性の諸領域が絶え間なく増大していくからである。(4)

（3）シスモンディ。▼2

（4）『経済学批判』、一七ページ〔邦訳『マルクス・エンゲルス全集』第一三巻、三四〜三五頁〕参照。〔スミス『国富論』の〕ウェークフィールド版も参照。

〔補遺――前提と結果、再論〕

▼以下の――で囲まれた挿入部分は、「(1)資本の生産物としての商品」の冒頭部分の別バージョンとして書かれたものと思われる。

―われわれは、資本主義的生産の基礎にして前提である商品から、すなわち、生産物のこの独自に社会的な形態から出発した。われわれは個々の生産物を手に取り、商品としてのそれに含まれている形態規定性を分析し、それが生産物に商品としての刻印を押していることを明らかにした。資本主義的生産の以前には、生産物の大部分は商品として生産されておらず、商品のために生産されるのではない。他方、そこでは、生産に入るのは商品ではなく、商品として生産過程に入るのではない。生産物の商品への転化は個々の地点でのみ起こるのであり、生産の余剰分に限定されているか、あるいは生産の個々の領域に限定されている（マニュファクチュアの生産物）、等々。生産物が全面的に商業物品として過程に入ることもないし、商業物品として全面的にそこから出てくるということもない(5)。

（5）一七五二年頃のフランス人の著作を参照。その中では、［一六六〇年］以前にフランスでは穀物が商業物品とはみなされていなかったことが明言されている［A. Goudar, *Les intérêts de la France mal entendus*…, Vol. 1, Amsterdam, 1757］。

それにもかかわらず、ある一定の限界内での商品流通と貨幣流通、したがってまた商業のある一定水準の発展は、資本形成と資本主義的生産様式の前提であり、出発点である。そうした前提としてわれわれは商品を取り扱うのであり、だからこそわれわれは資本主義的生産の最も単純な要素としての商品から出発したのである。しかし他方では、商品は資本主義的生産の産物であり結果である。最初にその要素として表われたものが、後にそれ自身の産物として表われる。資本主義的生産の土台の上ではじめて、商品は生産物の一般的形態となるのであり、資本主義的生産が発展すればするほど、ますますもってすべての生産要素が商品としてその生産の中に入っていくのである。」

〔資本主義的生産の結果としての商品の独自性〕

資本主義的生産から出てくるものとしての商品は、出発点における商品、すなわち資本主義的生産の要素でありその前提である商品とは異なった規定を有している。われわれは独立した物品としての個々の商品から出発したが、そこには一定量の労働時間が対象化されており、したがって所与の大きさの交換価値を有している。

だが今では、商品は次のような二重の規定性を持ったものとして現われる。

（一）商品に対象化されているのは、その使用価値を脇に置くならば、一定量の社会的必要労働であるが、商品としての商品の場合、この対象化された労働が誰に由来するものであるのか等々に関してはまったく不明なままであった（そして実際においてもそれはどうでもよいことだ）。それに対して、資本の生産物としての商品には、支払労働の部分と不払労働の部分とが含まれている。すでに述べたように、このような表現は正確ではない。というのも労働そのものが直接に売買されるのではないからだ。しかし、商品にはある一定量の総労働が対象化されており、この対象化された労働の一部（ただし不変資本は、その等価が支払われているので脇に置いておく）は、賃金の等価と交換されているのに対し、他の一部はいかなる等価もなしに資本家によって領有されている。この両部分が商品に対象化されており、したがってそれぞれ商品価値の一部分として存在している。そして、一方を支払労働と特徴づけ、他方を不払労働と特徴づけることは、簡略化という目的に役立つのである。

［445］（二）個々の商品は、資本の総生産物の一部分として、資本によって生産された総量の一可除部分として物質的に現われているだけではない。今やわれわれの前にあるのは、もはや個々の独立した商品、個々の生産物ではない。過程の結果として現われるのは個々の商品ではなく、大量商品（Warenmasse）であり、この大量商品において前貸資本の価値＋剰余価値（すなわち領有された剰余労働）が再生産されており、その商品の各々が、［前貸］資本の価値および資本によって生産された剰余価値の担い手なのである。個々の商品に実際に費やされた労働がどれぐらいであるのかはもはや計算することができない。というのも、不変資本のうち総生産物の価値に損耗分と

してのみ入っていく部分——共同的に消費される生産諸条件は総じてそうなのだが——は、平均計算に、したがって観念的な評価にもとづいているからであり、さらに、多くの協業する諸個人の直接的に社会的な労働は平均労働として相殺され評価されるからである。個々の商品に費やされた労働は、この商品に投下された総労働の一可除部分としてのみ計算され、観念的に評価される。個々の商品の価格規定においては、それは、資本が再生産される総生産物の、単に観念的な一部分として現われる。

（三）今や商品は、最初われわれの前に独立のものとして現われた商品とは違って、［前貸］資本の総価値＋剰余価値の担い手——つまり資本の生産物——であり、そういうものとして実際、今や価値増殖を果たした資本の転化された形態として現われている。商品は今では、旧来の資本価値とそれによってつくり出された剰余価値をともに実現するのに必要なだけの販売の規模、広がりを持っていなければならない。この実現のためには、個々の商品ないしその一部が価値通りに販売されるだけではけっして十分ではない。

すでに見たように、商品は、流通に乗るためには二重の存在様式を有していなければならない。まずそれは、特定の有用な属性を持った物品として、個人的消費のためであれ生産的消費のためであれ特定の欲求を満たす特定の使用価値として、買い手に相対しなければならない。だがそれだけではなく、商品の交換価値が、商品の使用価値とは異なった、それとは区別され自立した形態を、たとえ観念的なものであっても、取っていなければならない。商品は使用価値と交換価値との統一として現われなければならないのだが、それと同時にこのような二重化されたものとしても現われなければならない。商品の交換価値はこの自立した形態を、その使用価値から完全に独立した形態を、つまり物質化された社会的労働時間の単なる定在としての形態を、その価格において取る。それは、交換価値が交換価値として、すなわち貨幣として表現される形態であり、実際それは、［価格という］計算貨幣のうちに表現されるのである。

たしかに、個々の商品の中には、たとえば鉄道や大建造物などのように、一方では非分離的な性質を有しているために、他方ではその規模があまりに大きいために、前貸資本の生産物全体が一個の単独商品として現われるものも存在する。したがって、この場合には、個々の商品に関して証明された法則が、すなわちその価格は貨幣で表現された価値以外の何ものでもないという法則がそのままあてはまる。［前貸］資本の総価値＋剰余価値がこの単独の商品のうちに含まれ、計算貨幣のうちに表現されるだろう。この種の商品の価格規定は、以前に個々の商品に関して与えられた規定と変わらないだろう。なぜなら、ここでは、資本の総生産物が実際に単独の商品として存在しているからである。それゆえ、これ以上この点にとどまる必要はない。

しかしながら、大多数の商品は分離可能な性質のものであり（そして非分離的なものであっても、観念的に分離可能な大きさとして扱うことができる）、すなわち、何らかの物品のかたまりとして見れば、特定の使用価値に対して習慣的に用いられているそれぞれの尺度に応じて分割可能である。［446］たとえば、aクォーターの小麦、bツェントナーのコーヒー、cエレの布、xダースのナイフ（この最後の場合は、個々の商品そのものが度量単位になる）、等々。

〔総生産物の価値と個々の商品の価格〕

まずもってわれわれは資本の総生産物の方に目を向けなければならない。その規模や、それが分離的であるか非分離的であるかに関わりなく、それを常に一個の単独商品として考察することは可能である。したがって、一個の使用価値としては、その交換価値は、この総生産物の総価値を表現する総価格のうちに現われる。

価値増殖過程を検討した際に次のことが示された。建物や機械などのような前貸不変資本の一部〔固定資本〕は、それが労働手段として労働過程で失う一定量の価値部分のみを生産物に引き渡すのであって、それ自身の使用価値の形態で物質的に生産物に入るのではない。また次のことも示された。この労働手段は一定の長期間にわたって労働過程で役立ちつづけるのであって、それがある一定期間中に生産された生産物に引き渡す価値部分は、この期間の長さと、この労働手段が使い果たされてしまう期間全体（この間にすべての価値が失われて、それが生産物に移転される）との割合に応じて評価される。たとえば、それが一〇年間役立つとすると、平均計算にもとづくなら、一年間に価値の一〇分の一を生産物に引き渡す、つまり一〇分の一の価値が資本の年生産物につけ加わる。

さて、不変資本のこの部分は、一定量の生産物が仕上げられた後にも、労働手段として引き続き役立ちつづけ、先に示した平均的評価にしたがって一定の価値を表わし、仕上げられた生産物量の価値形成には入らない。総じて、この資本部分の総価値が、仕上げられた一定量の生産物――つまりその生産にこの資本部分が役立った生産物量――の価値を規定するのはただ、それが一定期間中に引き渡した価値がその総価値の可除部分として評価されるかぎりにおいてである。それが引き渡す価値の大きさは、それがすでに役立ってその価値の一部を引き渡した期間と、それが役立ちつづけてその総価値を引き渡す期間全体とのあいだの比率によって規定される。残りの部分に関して言うと、それが引き続き有している価値は、すでに仕上げられた商品量の価値が評価される際には考慮に入らない。したがって、それはこの商品量との関係ではゼロとみなされる。あるいは――結局同じことになるが――、当面する目的のために事柄を次のように単純化して考えてもよい。つまり、［前貸］総資本［の価値］が、不変資本のうちより長い生産期間をかけてはじめて生産物に完全に入る部分も含めて、われわれの考察する総資本の生産物の中にすべて含まれる、つまりそこにすべて移行してしまうとみなすことである。

そこで［そうした前提にもとづいた上で］、総生産物が一二〇〇エレの布であると仮定しよう［一エレは五〇〜八〇cm］。前貸資本を一〇〇ポンドとし、そのうちの八〇ポンドが不変資本を表わし、二〇ポンドが可変資本を表わし、剰余価値率が一〇〇％だとする。つまり、労働者は労働日の半分を自分自身のために働き、残り半分を無償で資本家のために働く。この場合、生産された剰余価値は二〇ポンドであり、一二〇〇エレの布の総価値は一二〇ポンドである。そのうちの八〇ポンドは不変資本によってつけ加えられた価値を表わし、四〇ポンドは新たにつけ加えられた労働を表わしている。後者の半分は賃金を補塡し、残り半分は剰余労働を表わしている、［447］あるいは剰余価値をなしている。

資本主義的生産の諸要素は、新たにつけ加えられた労働を別とすれば、それ自体最初から種々の商品として、したがって一定の価格をもったものとして生産過程に入る。それゆえ、不変資本によってつけ加えられた価値は価格としてあらかじめ与えられているのであって、たとえば先の例で言えば亜麻や機械などに八〇ポンドである。しかし、新たにつけ加えられた労働に関して言えば、それは、必要生活手段によって規定された賃金が二〇ポンドで、剰余労働は支払労働と同じ大きさなのだから、合計で四〇ポンドの価格で表わされることになる。なぜなら、つけ加えられた労働を表わしている価値は、その労働の量に依存しているのであって、けっしてその中の支払労働の割合に依存しているのではないからである。したがって、一〇〇ポンドの資本によって生産された一二〇〇エレの［布の］総価格は一二〇ポンドである。

では、個々の商品の価値、この場合には一エレの布の価値はどのように規定されるのだろうか？　明らかに、総生産物の総価格を生産物の総数で割ることによってであり、この総数は、与えられた尺度単位に応じて生産物を可除部分に分割することから得られる。つまり、生産物の総価格が生産物の総数で割られて、生産物が分割される。使用価値がエレという単位で測られるなら、たとえばこの場合だと、$\frac{120ポンド}{1200エレ}$ である。したがって布は一エレあたり二シリングの価格となる［一ポンドは二〇シリング］。布を測る尺度単位となっているエレが、それをより小さな可除部分に再分割することによってより小さな単位になるなら、半エレ等々の価格を規定することもできる。したがって、個々の商品の価格は次のようにして規定される。まずその使用価値を総生産物の一可除部分として計算し、次にそれに応じてその価格を、資本によって生み出された総価値の可除部分として計算することによってである。

〔商品価格が変化しても剰余価値の率と量が変化しない場合〕

すでに見たように、労働の生産性ないし生産力の異なった水準に応じて、同じ労働時間は実にさまざまな量の生産物に表わされる。あるいは、等しい量の交換価値がまったく異なった量の使用価値に表わされる。いま考察している事例で、布を織る労働の生産性が四倍に増大するとしよう。四〇ポンドに表わされている労働によって動かされる亜麻や機械などの不変資本は八〇ポンドだった。織布労働の生産性が四倍に増大したとすると、織布労働によって動かされる亜麻などの不変資本の量も四倍の三二〇ポンドになる。そして、［生産される布の］エレ数も四倍になり、一二〇〇エレから四八〇〇エレに増大するだろう。しかし、新たにつけ加えられた織布労働は引き続き四〇ポンドのうちに表わされる。なぜなら、織布労働の量は変化していないからである。したがって、四八〇〇エレの総価格は今では三六〇ポンドであり［三二〇ポンド＋四〇ポンド］、一エレあたりの価格は $\frac{360\text{ポンド}}{4800\text{エレ}}$ ＝一½シリングである。各一エレの価格は、二シリングすなわち二四ペンス［一シリングは一二ペンス］から一½シリングすなわち一八ペンスへと四分の一だけ下落している。なぜなら、一エレに含まれている不変資本はそれが布に転化されるあいだに、追加の生きた労働を以前の四分の一しか吸収しないからである。あるいは言いかえると、同じ量の織布労働がより多くの量の生産物に配分されるからである。

とはいえ、次のような事例を取り上げた方が、当面する目的にとってはより適切だろう。前貸総資本［の価値額］は同じままだが、労働の生産力が、単なる自然条件の

総収穫高（単位はクォーター）	１クォーターの価格	総生産物の価値ないし価格
5（これだけの収穫がある時）	28シリング（この価格で売る）	7ポンド
$4\frac{1}{2}$	約31	同
4	35	同
$3\frac{1}{2}$	40	同
3	46シリング８ペンス	同
$\frac{1}{2}$	56	同
2	70	同

『現在の食料価格と農場規模との関係の研究』、一農業者［J・アーバスノット］、ロンドン、一七七三年、一〇八ページ。

せいで、たとえばその年の天候の順不順のせいで、同じ［448］使用価値、たとえば小麦のまったく異なった量に表わされる場合である。たとえば小麦を生産するのに一エーカーの土地に支出される労働量が七ポンドに表わされるとしよう。そのうちの四ポンドが新たにつけ加えられた労働を、三ポンドが不変資本にすでに対象化されている労働を表わしているとしよう。さらに、すでに前提されていた、$\frac{剰余労働}{必要労働}=\frac{100}{100}$という割合に従って、四ポンドのうち二ポンドが賃金で、二ポンドが剰余労働だとしよう。しかし、収穫量は各年［の条件］の違いに応じて異なるだろう［上の表参照］。

一エーカーあたりに前貸しされた五ポンドの資本の総生産物の価値ないし価格は、ここではつねに同じ七ポンドである。なぜなら、対象化された労働と新たにつけ加えられた生きた労働との総計が不変なままだからである。しかし、この同じ労働はまったく異なったクォーター数に表わされ、したがって、総生産物の同一の可除部分である各クォーターはまったく異なった価格を持つ。

しかし、同じ資本を使って生産された個々の商品の価格におけるこの違いは、剰余価値率、すなわち可変資本に対する剰余価値の割合、あるいは、総労働日が支払労働と不払労働に分割される割合に、いかなる変化ももたらさない。新たにつけ加えられた労働を表わしている総価値は同じままである。なぜなら、以前と同じ量の生きた労働が不変資本につけ加えられるからである。そして、剰余価値と賃金との割合、あるいは、支払労働と不払労働との割合は、［第一の事例に関して言うと］異なった労働生産性のせいで一エレが二シリングであろうと一½シリングであろうと、同じままである。各一エレに関して変化しているのは、それに対してつけ加えられる織布労働の総量である。しかし、この総量が支払労働と不払労働とに分割される割合は、各一エレに含まれているこの総量の各可除部分においては――この可除部分が大きかろうと小さかろうと――同一のままである。

同様に、与えられた前提のもとでは、労働生産性が下落する第二の事例では、一クォーター［の小麦］の価格は上昇するが、新たにつけ加えられた労働がより少ないクォーターに配分されるという事情、言いかえれば、新たにつけ加えられた労働が各クォーターにより多く帰属するという事情は、［449］各クォーターによって吸収されるこのより多くの量ないしより少ない量の労働が支払労働と不払労働とに分割される割合には何の関係もない。それはまた、資本が生産した総剰余価値にも、あるいは、一般に各クォーターに新たにつけ加えられた価値に比例して各クォーターの価値に含まれる剰余価値の可除部分にも、いかなる変化ももたらさない。与えられた前提のもとでは、より多くの生きた労働が一定量の労働手段▼3につけ加えられるならば、より多くの支払労働とより多くの不払労働が同一の割合でそれにつけ加えられるし、より少ない生きた労働がつけ加えられるならば、より少ない支払労働とより少ない不払労働が再び同じ割合でつけ加えられるが、新たにつけ加えられた労働のこの二つの構成部分の割合は不変のままである。

当面する目的にとっては考察する必要のない種々の攪乱的影響を度外視するなら、資本主義的生産様式には次のような傾向と結果が存在する。絶えず労働生産性を上昇させ、したがって同量の追加労働でもって生産物に転化される生産手段の量を絶えず増大させ、言いかえれば、新たにつけ加えられた労働をますます多くの生産物量に配分し、したがって、個々の商品の価格を引き下げ、あるいは総じて商品価格を安くすることである。しかし、商品価格のこの低下は、同量の可変資本によって生産される剰余価値の量に関しても、個々の商品に含まれている新たにつけ加えられた労働が支払労働と不払労働とに分割される割合に関しても、あるいは、個々の商品のうちに実現される剰余価値率に関しても、それ自体としてはいかなる変化も引き起こさない。亜麻、紡績機などの一定量を一エレの布に転化するあいだに以前よりも少ない量の織布労働が吸収されるとしても、このより多くの量ないしより少ない量の織布労働が支払労働と不払労働とに分割される割合はまったく変わらない。一定量のすでに対象化されている労働に新たに追加される生きた労働の絶対量——それは、個々の商品にとってはより多かったりより少なかったりする——は、それが支払労働と不払労働とに分割される割合には何ら影響を及ぼさない。したがって、労働の生産力における変化からそれに応じて商品価格における変化が起こるにもかかわらず、たとえばこれらの商品価格の下落、すなわち商品の低廉化が起こるにもかかわらず、支払労働と不払労働との割合、一般に資本によって実現される剰余価値率は、不変のままでありうる。

また、労働手段に新たにつけ加えられる労働の生産力には何の変化も起こらないが、労働手段を生産する労働の生産力に変化が生じる場合、労働手段の価格はそれに応じて高くなったり低くなったりするだろうが、やはり明らかなのは、それは商品価格に変化を引き起こすだろうが、そこに含まれている追加の生きた労働が支払労働と不払労働とに分割される割合をやはり変えはしないということである。

〔商品価格が不変でも剰余価値の率と量が変化する場合I——絶対的剰余価値〕

逆に、商品価格における変化が、剰余価値率の不変性、つまり追加労働が支払労働と不払労働とに分割される割合の不変性を排除しないとすれば、商品価格の不変性は、剰余価値率における変化を排除しない。すなわち、新たにつけ加えられた労働が支払労働と不払労働とに分割される割合の変化を排除しない。

事柄を単純化するために、問題となっている労働部門において、そこで充用されているすべての労働の生産力にいかなる変化もないと仮定しよう。たとえば、先の事例で言えば、織布労働の生産性や、亜麻や紡績機などを提供する労働の生産性に、いかなる変化も生じないと仮定しよう。先の仮定によれば、八〇ポンドが不変資本に投下され、二〇ポンドが可変資本に投下される。この二〇ポンドが、二〇人の織布工の［合計］二〇日分（たとえば平日）［の日賃金］を表わすとしよう。先の諸前提によれば、彼らは四〇ポンド［の価値］を生産し、一日の半分を自分自身のために、残り半分を資本家のために働く。

しかしさらに、［450］一労働日が一〇時間で、今ではそれが一二時間に延長され、剰余労働が一人あたり二時間だけ増大すると仮定しよう。総労働日は一〇時間から一二時間へと五分の一だけ増大する。$10:12=16\frac{2}{3}:20$ なので、今では同じ八〇ポンドの不変資本を動かすのに、したがって一二〇〇エレの布を生産するのに、一六⅔人の織布工で足りることになる（というのも、二〇人の労働者が一〇時間働くと合計で二〇〇時間であり、一六⅔人の労働者が一二時間働いてもやはり二〇〇時間だからである）。あるいは、以前と同じく二〇人の労働者を維持するとすれば、彼らは今では以前の二〇〇時間ではなく二四〇時間の労働をつけ加えることになる。そして、平日の一日あたり二〇〇時間の価値が四〇ポンドに表現されるから、平日の一日あたり二四〇時間の価値は四八ポンドに表現される。しかし、労働の生産力などが同じままだとすると、四〇ポンドには八〇ポンドの不変資本が必要なのだから、四八ポンドには九六ポンドの不変資本が必要になるだろう。前貸資本はしたがって一一六ポンド［九六ポンドの不変資本＋二〇ポンドの可変資本］になり、それによって生産される商品価値は一四四ポンドになるだろう。しかし、一二〇ポンドが一二〇〇エレだったのだから、一二八ポンドは一二八〇エレになる。[4]

したがって、一エレの価格は、$\frac{128ポンド}{1280}=\frac{1}{10}$ポンド＝2シリングとなる。[5] 一エレあたりの価格は変化しない。なぜなら、そこには以前と同じく、労働手段に対象化されている労働と新たにつけ加えられた織布労働との同じ総量が費されているからである。しかしながら、一エレあたりに含まれる剰余価値は増大しているだろう。以前は一二〇〇エレに二〇ポンドの剰余価値であり、したがって一エレあたり四ペンスであった（$\frac{20ポンド}{1200}=\frac{2}{120}=\frac{1}{60}=\frac{1}{3}$シリング＝4ペンス）。今では一二八〇エレに二八ポンド［の剰余価値］であり、［一エレあたりの剰余価値は］今では五¼ペンスである。なぜなら、$5\frac{1}{4}$ペンス×1280＝28ポンドだからであり、[6] これが一二八〇エレに含まれている剰余価値の実際の総額だからである。同様に、エレ数が実際に一二〇〇から一二八〇に増大したのだから、八ポンドの追加的剰余価値＝八〇エレ（一エレあたり二シリング）である。[7]

したがって、商品価格は同じままであり、労働の生産力も同じままである。賃金に投じられた資本量も同じままである。それにもかかわらず、剰余価値の総額は二〇から二八へと八（二〇の五分の二）だけ増大した（$8\times\frac{5}{2}=\frac{40}{2}=20$）。つまり四〇％増大した。このパーセンテージだけ総剰余価値が増大した。剰余価値率に関して言えば、当初は一〇〇％だったのが、今では一四〇％になっている。

これらのいまいましい数字については後で訂正すればよい。さしあたっては次のように言っておくだけで十分だ。商品価格が不変のままでも、［451］剰余価値は増大しうるが、それは、同じ量の可変資本がより多くの労働を動かし、したがって同じ価格のより多くの商品を生産するだけでなく、より多くの不払労働を含んだより多くの商品を生産するからである。

正確な計算は以下［次頁］の対照表に示されているが、前もって次のことを言っておく。

二〇v▼8はもともと二〇人の一〇時間労働日（週あたりだと六倍すればよいが、これは事柄を変えはしない）に等しく、一労働日＝一〇時間だから、総労働量は二〇〇時間である。

	c)	v)	m)	総生産物の価値	剰余価値率	総剰余価値	エレ数	1エレの価格	1エレあたりの織布労働量	剰余労働	剰余労働率
I	80ポンド	20ポンド	20ポンド	120ポンド	100%	20	1200	2シリング	8ペンス	4ペンス	4:4 =100%
II	96ポンド	20ポンド	28ポンド	144ポンド	140%	28	1440	2シリング	8ペンス	$4\frac{2}{3}$ペンス	$4\frac{2}{3}$:$3\frac{1}{3}$ =140%

5：7＝〔剰余労働〕時間数が五時間から七時間に増加

一日〔の労働時間〕が一〇時間から一二時間に（したがって剰余労働が五時間から七時間に）延長されるなら、二〇人の総労働は二四〇時間になる。

二〇〇労働時間が四〇ポンドに表わされるのだから、二四〇時間は四八ポンドに表わされる。二〇〇時間が八〇ポンドの不変資本を動かすのだから、二四〇時間は九六ポンド〔の不変資本〕を動かす。二〇〇時間が一二〇〇エレ〔の布〕を生産するのだから、二四〇時間は一四四〇エレを生産する。

したがって、対照表は上のようになる。

絶対的剰余価値の増大の結果として、すなわち労働日の延長の結果として、充用された労働の総量における［支払労働と不払労働との］割合は、五対五から五対七へと、一〇〇％から一四〇％へと増大した。そして、この率は、各一エレにも等しくあてはまる。しかし、剰余価値の総量は、このより高い率で充用される労働者の数によって規定される。労働者の数がより長い労働日の結果として減少する場合には、つまり以前と同じ量の労働しかなされず、一労働日がより長くなった分だけ充用される労働者数が減少する場合には、剰余価値率は先と同じだけ上昇するが、剰余価値の絶対額はそうではないだろう。

〔商品価格が不変でも剰余価値の率と量が変化する場合Ⅱ――相対的剰余価値〕

今度は逆の場合を想定しよう。一労働日は同じ一〇時間のままだが、労働生産性が増大するとしよう。ただし、織布労働を充用する不変資本で起こるのではなく、またこの織布労働そのものに起こるのでもなく、賃金に入る諸生産物を生産している他の産業部門でこの増大が起きて、その結果として、必要労働が五時間から四時間に減るとしよう。その場合、労働者は、資本家のために以前の五時間ではなく六時間働き、自分自身のためには五時間ではなく四時間働くことになる。［452］必要労働に対する剰余労働の割合は、$5:5=\frac{100}{100}=100\%$ではなく、今では$6:4=150:100=150\%$である。

二〇人は引き続き一日一〇時間使用されるので、〔合計で〕二〇〇時間である。彼らは引き続き八〇ポンドの不変資本を動かす。総生産物の価値は引き続き一二〇ポンドで、エレ数は一二〇〇、一エレあたりの価格は二シリングである。なぜなら、生産〔諸要素の〕価格にいかなる変化もないからである。一人あたりの総生産物（価値から見た）は二ポンドで、二〇人で四〇ポンドだった。だが、平日の一日あたり五時間で週二〇ポンド〔の賃金〕だったから、四時間なら一六ポンドであり、今では労働者はこの一六ポンドで以前と同じ量の生活手段を買う。今では四時間の必要労働を行なう二〇人の労働者への支払いは、以前の二〇ポンドではなく一六ポンドである。可変資本は二〇ポンドから一六ポンドに下落したが、以前と同じ絶対量の労働を動かす。しかし、以前は二分の一が支払われ、二分の一が不払いだったが、今では一〇時間のうち四時間だけが支払われ、六時間が支払われない。つまり、五分の二が支払われ、五分の三が支払われない。言いかえれば、比率は五対五から六対四になっており、したがって剰余価値率は一〇〇%から一五〇%になっている。つまり剰余価値率は五〇%

	c)	v)	m)	総生産物の価値	剰余価値率	総剰余価値	エレ数	一エレの価格	一エレあたりの織布労働量	剰余労働	剰余労働率
Ⅲ	80ポンド	16ポンド	24ポンド	120ポンド	150%	24	1200	2シリング	8ペンス	$4\frac{4}{5}$ペンス	$4\frac{4}{5}$: $3\frac{1}{5}$ = 24 : 16 = 150%

も増大した。各一エレあたりだと織布労働のうち三⅓ペンスが支払われ、四⅘ペンスが不払いである。これは、$\frac{24}{5}$：$\frac{16}{5}$、あるいは24：16であり、先と同じである。したがって上のようになる。

　ここで気づくのは、剰余価値の総額が、Ⅱの場合の二八［ポンド］ではなく、二四［ポンド］でしかないことである。しかし、Ⅲにおいて可変資本の同一量（二〇）が投下されるなら、充用される労働の総量は増大するだろう。なぜなら、それが同じままなのは、可変資本に一六ポンドが投下される場合だからである。実際、二〇ポンドは一六ポンドより四分の一だけ多いので、充用される労働量は四分の一だけ増大するだろう。支払労働に対する剰余労働の割合が増大するだけではなく、充用される労働の総量も増大するだろう。この新しい［剰余価値］率において一六人は四〇ポンドを生産するのだから、二〇人は五〇ポンドを生産するだろう。そのうち

	c)	v)	m)	総生産物の価値	剰余価値率	総剰余価値	エレ数	一エレの価格	一エレあたりの織布労働量	剰余労働	剰余労働率
Ⅲa	100ポンド	20ポンド	30ポンド	150ポンド	150%	30	1500	2シリング	8ペンス	$4\frac{4}{5}$ペンス	150%

の三〇ポンドは剰余価値である。四〇ポンド＝二〇〇時間なのだから、五〇ポンド＝二五〇時間である。そして、二〇〇時間が八〇cを動かすのだから、二五〇時間は一〇〇cを動かす。最後に、二〇〇時間が一二〇〇エレを生産するのだから、二五〇時間は一五〇〇エレを生産する。したがって、計算は上のようになるだろう。

　総じて次のことに留意されるべきである。賃金の下落の結果として（この下落はここでは生産力の増大の結果である）、同じ量の労働を充用するのにより少ない可変資本ですむとすれば、この労働量のうちの支払い部分が不払い部分と比べて下落するのだから、この同じ労働量は資本にとってより大きな利益を伴って充用されるだろう。さらに、資本家が引き続き同じ量の可変資本を投下する場合には二重に利益が得られる。なぜなら、同じ総量の労働に対してより高い剰余価値率が適用されるだけでなく、彼の可変資本は量的に増大しなかったにもかかわらず、このより高い率でより多くの量の労働を搾取することができるからである。

〔総括――二つの法則〕

［453］以上で次のことが明らかになった。
（一）商品価格が変化する場合でも、剰余価値の率と量は不変のままでありうる。
（二）商品価格が不変の場合でも、剰余価値の率と量は変化しうる。
そもそも商品価格が剰余価値に影響を及ぼすのは、剰余価値の生産に関するわれわれの考察「相対的剰余価値論」で明らかにしたように、それらが労働能力の再生産費に入り、それゆえ労働能力そのものの価値に影響を及ぼすかぎりのことでしかない。ただしこの影響は短期的には、反対に作用する種々の影響によって相殺されるかもしれない。
（一）から次のことが言える。労働の生産力が発展した結果として、それに応じて商品価格の下落、すなわち商品の低廉化が生じる。このことによってたしかに、より少ない労働が個々の商品に物質化され、あるいは、同じ量の労働がより多くの商品量のうちに表わされ、したがって、労働のより小さな可除部分が個々の商品に割り当てられることになるのだが、この低廉化それ自体は――商品のうちその低廉化を通じて労働能力そのものを低廉化させる部分（逆に、それが高価になれば労働能力もより高価になる）を度外視するなら――、各個の商品に含まれている労働が支払労働と不払労働とに分割される割合に変化を生じさせるものではない。ここで展開された二つの法則は、すべての商品に一般的に妥当するし、したがって、労働能力の再生産に直接的ないし間接的に入っていかない諸商品、したがって、それが安くなろうが高くなろうが労働能力の価値それ自体の規定に関係しない諸商品にもあてはまる。

（二）から言えるのは――（表Ⅲと Ⅲaを参照[9]）――、商品価格が同一のままで、その商品の生産部門に直接充用される生きた労働の生産力が同一のままでも、剰余価値の率と量が増大しうるということである（その逆のことも同じくありうる）。すなわち、総労働日が短くなるか、あるいは労働日が同じままでも他の諸商品が騰貴して必要労働時間が増大するなら、［剰余価値の率と量は］下落しうる）。こういうことになるのは、所与の大きさの可変資本が所与の生産力をもつまったく異なった量の労働を充用することができるからであるか（そして、商品価格は、労働の生産力が変化しないかぎり同一のままである）、あるいは、さまざまな大きさの可変資本が、所与の生産力をもった等しい量の労働を充用することができるからである。要するに、一定の価値量をもった可変資本はけっして常に同じ量の生きた労働を動かすわけではないし、したがって、可変資本をそれが動かす労働量の単なる象徴とみなすかぎりでは、それは可変的大きさの象徴なのである。

この最後の点――（一）［に関する指摘］と法則（二）――が示しているのは次のことである。資本の生産物としての商品、資本の可除部分としての商品は、価値増殖した資本の担い手であって、資本によって生み出された剰余価値の一可除部分を自己のうちに含んでいるのであり、われわれが最初の時点で個々の独立した商品の展開を検討したときとは異なった仕方で考察されなければならないということである。（われわれが商品価格について語るときにつねに前提しているのは、資本によって生産された総商品の総価格＝この総商品の総価値であり、したがってその一可除部分の価格、あるいは個々の商品の価格は、この総価値の一可除部分だということである。ここでの価格は総じて価値の貨幣表現にすぎない。価値と区別されたものとしての価格［生産価格のこと］はわれわれの議論ではまだまったく問題にならない）。

〔補遺――移行規定の挿入〕

▼以下の⌒⌒で囲まれた部分は、「資本の生産物としての商品」に移行する際にその直前に入れるつもりであった文章であると思われる。

［454］ ⌒（この章の2と3から（3）への移行[10]）。ただしここでは［（3）を］1として最初に取り上げた。（四四四ページ参照[11]）

すでに見たように、資本主義的生産は剰余価値の生産であり、そのような剰余価値の生産としては（蓄積においては）同時に資本の生産であり、ますます拡大する規模での資本関係全体の生産と再生産である。しかし、剰余価値は商品価値の一部としてのみ生産され、したがって一定量の商品ないし剰余生産物のうちに表わされる。資本はただ商品の生産者としてのみ剰余価値を生産し、自己自身を再生産するのである。資本それゆえ、われわれが次に再び関心を寄せなければならないのは、資本の直接的生産物としての商品である。

しかし商品は、すでに見たように、その形態（その経済的形態規定性）からして不完全な結果である。それらは、貨幣の形態であろうと使用価値としてであろうと、富として再び機能することができる前に、一連の形態転換を経なければならない。つまり、これらの商品は交換過程に再び入ることで、この形態転換を経なければならない。それゆえ、われわれは今や資本主義的生産過程の直接の結果としての商品をより詳しく検討しなければならず、その後で［「資本の流通過程」の部で］、この商品が通過しなければならないその後の諸過程を考察しなければならない。（商品は資本主義的生産の要素であり、その産物である。商品は、資本が生産過程の最後に再び現われる形態である）。〕

〔資本の総生産物の可除部分としての商品〕

資本の生産物としての個々の商品――厳密には再生産され価値増殖された資本の要素部分としてのそれ――は、われわれが資本形成の前提として出発点にした個々の商品とは、つまり独立したものとして考察された商品とは異なっているのだが、その相違は――先に検討した価格規定に関わる論点を別にしても――次のことにも示されている。すなわち、個々の商品がその価格通りに販売されても、〔全体としては〕その商品の生産に前貸しされた資本の価値が十分には実現されず、その資本によって生み出された剰余価値に関してはなおさら実現されない事態が起こりうることである。しかり、個々の商品を資本の単なる担い手として考察するなら、つまり、資本を構成する使用価値の一部として物質的に考察するのみならず、資本を構成する価値の担い手としても考察するなら、個々の商品がその価値に合致する価格で販売されても、それでもなお、資本の生産物としては、そして価値増殖したばかりの資本の存在形態である総生産物の構成部分としては、その価値以下で販売されることもありうるということである。

先の例で言うと、一〇〇ポンドの資本は、一二〇ポンドの価格をもった一二〇〇エレの布のうちに再生産される。すでに与えた説明にもとづくなら、$\overset{c}{80}\ \overset{v}{20}\ \overset{m}{|20|}$であり、事態は次のように表われる。不変資本の八〇ポンドは八〇〇エレないし総生物の三分の二に表現され、可変資本ないし賃金は二〇〇エレないし総生産物の六分の一に表現され、二〇ポンドの剰余価値は同じく二〇〇エレないし総生産物の六分の一に表わされる。さて、一エレではなく、たとえば八〇〇エレがその価格通りの八〇ポンドで売

られて、［生産物の］残る二つの部分が売れないとすると、当初の一〇〇ポンドの資本価値でさえ、その五分の四しか再生産されないことになる。この八〇〇エレ［の布］は総資本の担い手であり、したがって一〇〇ポンドの総資本の唯一現実の生産物なのだが、その価値以下で、しかもその価値よりも三分の一も低く売られることになる。というのも、総生産物の価値は一二〇ポンドであり、八〇ポンドは総生産物［の価値］の三分の二にすぎないからである。失われた価値量は四〇ポンドであり、これはこの生産物の残りの三分の一に等しい。

この八〇〇エレが、それ自体として見ればその価値以上で売られても、それでもなお総資本の担い手としては価値通りに売られることもありうる。たとえば、それ自体が九〇ポンドで売れ、残りの四〇〇エレが三〇ポンドでしか売れない場合である［合計で一二〇ポンドだから全体として価値通りになる］。

しかし、ここではわれわれは、総商品の個々の部分が価値以上ないし価値以下で販売されることについてはまったく度外視することにする。なぜなら、われわれの前提によるなら、商品は総じてその価値通りに売られることになっているからである。

［455］　ここで重要なのは、独立の商品の場合のように単に商品がその価値で販売さ

れることではなく、その生産のために前貸しされた資本の担い手として販売されること、したがって資本の総生産物の可除部分として、その価値（価格）で販売されることである。一二〇〇エレ＝一二〇ポンドというこの総生産物のうち八〇〇エレしか売れないとすれば、この八〇〇エレは総価値の三分の二の可除部分ではなく総価値の全体を表わしているのであり、したがって、それは一二〇ポンドの価値を代表しているのであって、八〇ポンドを代表しているのではない。したがって、個々の商品［の価格］は、$\frac{80}{800}=\frac{4}{40}=\frac{2}{20}=2$シリングではなく、$\frac{120}{800}=\frac{12}{80}=\frac{3}{20}=3$シリングである。このように個々の商品が二シリングではなく三シリングで売られるとしたら、五〇％も高く売られることになる。個々の商品は、生産された総価値の一可除部分をなす価格で売られなければならず、したがって、販売される総生産物の一可除部分として売られなければならない。独立した商品としてではなく、総生産物のたとえば1／1200として、したがって残りの1199／1200を補完するものとして売られなければならない。重要なのは、個々の商品がその価格×それを割り出した分母の数で販売されることである。[12]

（以上のことからしてまったく明らかなのは、資本主義的生産が発展するとともに、そして、この発展に応じて商品が低廉化するとともに、その量が増大していき、販売されなければならない商品の数が増大するということであり、したがって、絶え間ない市場拡大が必要になり、それが資本主義的生産様式にとっての要件だということである。もっとも、この点は次の部［資本の流通過程］で論じる方がいいだろう。）

（このことはまた、どうして資本家が一二〇〇エレなら一エレあたり二シリングで提供できるのに、一三〇〇エレをこの価格で提供することができないのかを説明する。一〇〇エレを追加するためにはおそらく不変資本等々の追加を必要とするだろう。だが、一二〇〇エレという［大量の］追加生産をする場合にはこの［二シリングという］価格で提供することができるのだが、一〇〇エレ［という小規模の追加生産］ではそうはいかない、ということである。）

以上のことから、資本の生産物としての商品が、独立のものとして扱われた個々の商品とどう異なるのかを理解することができる。この相違は、資本主義的な生産・流通過程の研究が進めば進むほど、ますます明らかになっていくだろうし、商品の現実の価格規定等々にますます大きな影響を及ぼすだろう。

〔生産物を資本価値の比例的諸部分として表わす二つの方法〕

しかし、私がここでとくに注意を向けたいのは次の点である。第一部の第二章三節[13]において、われわれは、一方では資本の生産物のさまざまな価値部分――不変資本の価値、可変資本の価値、剰余価値――がいかに各々の商品においてその比例的諸部分として表わされ、再現されるのかを見た。これら各々の商品は、生産された総使用価値の一可除部分を表わし、また生産された総価値の一可除部分をも表わしている。他方でわれわれは、総生産物が、生産された使用価値ないし物品のいくつかの可除部分に一定の比率で分割しうることを見た。その第一の部分は不変資本の価値のみを表わし、第二の部分は可変資本の価値のみを表わし、最後に第三の部分は剰余価値のみを表わしている、というふうにである。

以上の二つの表わし方は、先に見たように実態的には同一であるとはいえ、表現方法としては矛盾している。というのも、第二の表示にあっては、不変資本の価値を再生産しているにすぎない第一の部分に属している個々の商品が、あたかも生産過程以前に対象化された労働のみを表わしているかのように見えるからである。したがって、たとえば、八〇〇エレ＝八〇ポンド＝前貸不変資本の価値という等式にあっては、消費された綿糸、オイル、石炭、機械、等々のみを表わしていて、新たにつけ加えられた織布労働の価値を一分子も表わしていないように見える。他方で、使用価値として見るなら、布のどの一エレにも、亜麻など〔の不変資本〕に加えて、一定量の織布労働が含まれており、この労働こそが実際のところそれに布という形態を与えたのである。そして、一エレあたり二シリングの価格のうちには、消費された不変資本価値の再生産分としての一六ペンス、賃金分の四ペンス、布に物質化されている不払労働分の四ペンスが含まれているのである。

この外観上の矛盾――その解決に失敗すると、後で見るように、分析上の根本的な失策を招くのだが――は、個々の商品の価格しか視野に入れていない人々にとっては、一見したところまったく混乱したものに見える。そういう人には、つい先ほど提示した命題もおそらく混乱して見えるだろう。その命題とは、個々の商品、ないし総生産物の一可除部分は、その価格〔価値〕通りに売られながら〔全体としては〕それより低い価格で売られることもあるし、その価格〔価値〕よりも高い価格で売られながら〔全体としては〕価格〔価値〕通りに売られることもあるし、さらにはその価格〔価値〕

より高い価格で売られながら〔全体としては〕それより低い価格で売られることさえあるという命題である。プルードンはこの混乱の一例である（Verte）▼14。（先の例での一エレの価格は孤立的に規定されるのではなく、総生産物の一可除部分として規定される）。

〔総生産物の価格と剰余価値との関係、再論〕

［456］（先に私は、価格規定に関して以前に展開した点について、以下のように提示した（ここでのいくつかの議論はおそらく以前の記述に挿入されるべきだろう）。

最初われわれは、個々の商品を一定量の労働の結果でありその直接の産物として独立に考察した。今では、それは資本の結果であり、事態は次のように形式的に変化している（後にこれは生産価格において実質的に変化する）。生産された一定量の使用価値は一定量の労働を表わしており、この労働量は、生産物に含まれている使い果たされた不変資本の価値（不変資本によって生産物に移転された、一定量の物質化された労働）＋可変資本と交換に受け取られた労働量（その一部は可変資本の価値を補塡し、残る一部は剰余価値を形成する）に等しい。［前貸］資本に含まれている労働時間が貨幣表現で一〇〇ポンドで表わされ、そのうちの四〇ポンドが可変資本で、剰余価値率が五〇%だとすると、生産物に含まれている労働の総量は一二〇ポンドで表わされる。商品が流通しうるためには、その交換価値はまずもって価格に転化しなければならない。したがって、総生産物が単独の非分離的な物（Ding）ではなく、それゆえ総資本がたとえば家のような一個の個別商品のうちに再生産されないような場合には、資本はその個々の商品の価格を計算しなければならない。すなわち個々の商品の交換価値を計算貨幣で表わさなければならない。一二〇ポンドの総価値が今では、労働生産性の違いに応じてより少ない生産物かより多い生産物に配分され、個々の商品の価格はそれゆえ、商品の総数に反比例して一個あたり一二〇ポンドのより大きな可除部分かより小さな可除部分を表わすだろう。

　総生産物がたとえば六〇トンの石炭であるとし、その六〇トンが一二〇ポンドだとすると、一トンあたり、$\frac{120\text{ポンド}}{60}=2$ポンドになるだろう。生産物が七五トンだとすると、一トンあたり、$120/75=$一ポンド七五シリングになるだろう。生産物が二四〇トンだとすると、一トンあたりは、$120/240=12/24=1/2$ポンドになる、等々。したがって、個々の商品の価格$=\frac{\text{生産物の総価格}}{\text{生産物の総数}}$。つまり生産物の総価格を生産物の総数で割ることによって得られる。この総数は、生産物の使用価値の性質に応じたさまざまな尺度単位で測られる。

したがって、個々の商品の価格は、一〇〇ポンドの資本によって生産された商品量（重量）の総価格を商品の総数（ここではトン）で割ったものであり、他方では、総生産物の総価格は、個々の商品の価格に、生産された商品の総数を掛けたものである。生産性の上昇とともに商品の量が、あるいはその数が増大すると、個々の商品の価格は下落する。逆に、生産性が下がる場合には、価格という要因が上昇して、数というもう一つの要因が減少する。労働の投下量が同じであるかぎり、それは一二〇ポンドという同じ総価格に表わされるのであって、このことは、労働生産性に比例してその量を変化させる個々の商品にどれだけの労働が配分されるかとは無関係である。

総価格のうち個々の生産物に割り当てられる部分——総価値の可除部分——が、生産物の数がより多いおかげで、つまりはより高い労働生産性のおかげで、より小さい場合、剰余価値のうち個々の商品に割り当てられる部分もより小さくなり、したがって総価格のうち二〇ポンドの剰余価値が表わされている可除部分もそれに応じて小さくなる。しかし、このことは、個々の商品の価格のうち剰余価値を表わしている部分と、賃金ないし支払労働を表わしている部分との割合を変えるものではない。

たしかに、資本主義的生産過程を考察したさいにすでに示したように――労働日の延長を度外視すれば――、労働能力の価値を規定する諸商品、すなわち労働者の必要消費の中に入る諸商品の低廉化は、労働能力そのものを低廉化させる傾向を有しており、したがって、労働日の大きさが同じままであっても、労働〔日〕のうちの支払い部分を短縮し、不払い部分を延長させる傾向を有している。

したがって、先の前提にもとづくなら、個々の商品の価格は、それが総価値の一可除部分をなすのと同じ割合で、そしてそれが総価格の構成部分をなすのと同じ割合で、剰余価値の一部を含んでいるのだが、この価格のうち剰余価値を表わしている部分は、今度は生産物価格が下落する場合でも増大しうる。しかし、こういうことが起こるのは、労働生産性の上昇の結果として、生産物の総価格の中で剰余価値がより大きな比例的部分を占めるようになったからに他ならない。これと同じ原因――つまり、労働生産性が上昇すると（生産性が下がる場合には逆になるが）、同じ労働量、同じ一二〇ポンドの価値がより多くの生産物量のうちに表わされ、したがって個々の商品の価格を引き下げること――が、労働能力の価値をも引き下げるからである。したがって、個々の商品の価格が下落しても、そして、そこに含まれている労働の総量が減っても、したがってまたその価値が下落しても、この価格のうち剰余価値を構成している比例的部分は増大しうるのである。言いかえれば、個々の商品、たとえば一トン［の石炭］には、より少ない総労働量が含まれているのに、以前より多くの量の不払労働が含まれることになる。以前は労働がより不生産的で、生産物の量がより少なく、個々の商品の価格がより高かった。だが今では、より多くの不払労働が一二〇ポンドの総価格のうちに、したがってこの一二〇ポンドの各加除部分のうちに含まれているのである。〟

〔プルードンとフォルカードの混乱〕

［457］プルードンを混乱させているのもこの種の謎《パズル》である［本書の一六〇〜一六二頁参照］。というのも、彼は個々の独立した商品の価格だけを見ており、総資本の生産物としての商品を見ておらず、したがって、総生産物が、それぞれの構成部分の価格によって概念的に分割される割合を検討していないからである。

「商業においては労働者の賃金に資本利子（これは、剰余価値の一部分に対する別名でしかない）をつけ加えることによって商品の価格を構成するので、労働者は、自分自身が生産したものを買い戻すことができない。労働で生活するということは、利子制度のもとでは、矛盾をはらんだ原理である」（『信用の無償性。フレデリック・バスティア氏とプルードン氏の論争』、パリ、一八五〇年、一〇五ページ）。

これはまったく正しい。問題を明確にするために、ここで言う「労働者（l'ourvier）」が総労働者階級であるとしよう。彼らは週賃金を受け取り、それでもって生活手段を買わなければならないのだが、この週賃金が支出される一定量の諸商品の価格には、個別的に見ても全体として見ても、賃金である部分に加えて、剰余価値である部分も含まれており、しかもプルードンが「利子」と呼んでいるものはこの剰余価値の一部にすぎず、おそらくは相対的に小さな割合をなす部分なのである。だとすると、いったいどうして労働者階級は、ただ賃金に等しいその週所得でもって、賃金＋剰余価値に等しい商品量を買うことができるのだろうか？

週賃金は、階級全体の観点から見れば一週間分の生活手段の総額に等しいのだから、彼が受け取った貨幣総額＝週賃金でもって必要生活手段を買うことができないのは火を見るより明らかである。なぜなら、彼が受け取った貨幣総額＝週賃金は、彼の労働の週価格が彼に支払われたのものであるのに対し、一週間分の必要生活手段の価格は、そこに含まれている労働の週価格＋不払いの剰余労働が表わされている価格だからである。ゆえに「労働者は、自分自身が生産したものを買い戻すことができないのであって、労働で生活することは」、これらの与えられた前提にもとづけば、「矛盾」をはらんでいる。

プルードンは外観に関するかぎりではまったく正しい。しかし、彼がもし商品を独立したものとして考察するのではなく資本の生産物として考察していたなら、彼は、週生産物▼15が二つの部分に、すなわち、その価格が賃金＝一週間のうちに投下された可変資本に等しくて剰余価値などをいっさい含んでいない部分と、その価格がもっぱら剰余価値等々に等しい部分とに分かれることがわかったろう。もっとも、商品の価格にはこれらすべての要素が含まれているのだが。しかし、労働者が買い戻すのはまさにこの第一の部分だけなのである（当面する目的においては、彼が買い戻す際に食料雑貨店などにだまし取られるかもしれない、ということはどうでもよい）。

こうしたことは、プルードンの一見したところ深遠で解きがたい経済的逆説ではよく見られることである。つまり彼は、経済現象が彼の脳内に生み出した混乱を、この現象の法則として言い表わしているのである。

（実際には彼の命題はもっとひどい。というのも、そこに含意されている前提によれば、商品の真の価格はそれに含まれている賃金に等しい、つまりそれに含まれている支払労働の量に等しいというものであって、剰余価値、利子、等々は、商品の真の価格に恣意的に上乗せされたものにすぎないからである）。

しかし、それに輪をかけてひどいのは、彼に対して俗流経済学者たちが加えた批判である。たとえば、フォルカード氏だが（ここに該当箇所を引用すること）[1]、彼は次のように指摘している。一方ではプルードンの命題が行きすぎた証明をしていること、というのも、その命題によるなら労働者階級はそもそも生きていけないからであり、他方では、プルードンが逆説を表現する点では行き足りないこと、というのも労働者が買う諸商品の価格には、賃金＋利子などに加えて、原料等々（要するに、不変資本の価格要素）も含まれているからである。まったくその通りだ、フォルカードよ。だが、問題はその先だ。フォルカードは、実際には問題がプルードンの定式よりもはるかに困難であることを示している、そしてこのことは、彼にとって、問題をプルードンによって提示された範囲内でさえ解決しない根拠になっており、その代わり、彼はこの問題を無内容な空文句で片づけてしまっているのである(注(1)参照)。

(1) フォルカード。[16]

[458] 実際には、プルードンのやり方にも良い所があって、彼が経済現象に見られるこの混乱を詭弁的な独善性でもって率直に言い表わしているおかげで、その理論的無価値さを白日のもとにさらけ出していることである。それとは対照的に俗流経済学者たちは取り繕うとするばかりで、問題を理解することさえできない。たとえば、W・トゥキディデス・ロッシャー氏は、プルードンの『所有とは何か』を、「混乱し混乱させるもの」だと呼んでいる。[17]「混乱させる」という言葉は、俗流経済学者たちがこの混乱を前にした時に感じる無力感を吐露するものである。プルードンは資本主義的生産それ自体の諸矛盾を皮相で詭弁的で混乱した形態で理解し、それを俗流経済学者たちに投げつけているのだが、俗流経済学者たちにはこの矛盾を解決することができない。彼らに残されているのはただ、理論的に解決することのできないプルードンの詭弁から逃れて、「ありきたりの」常識に訴え、それでも物事は進行しているの

だと言いつのることだけである。自称「理論家」にとって何と立派な慰めであることか。（注意。プルードンに関するこの章句の全体は第二部第三章[18]か、それより後に置く方がいいだろう。）

〔「資本の流通過程」への移行〕

▼第六章の冒頭にあるように、マルクスはこの（1）を（3）として最後に考察する予定だったのであり、また「資本の生産過程」と「資本の流通過程」とを同じ巻で続いて論じる予定だったので、この項目は、以下のように、「次の部」への移行を直接に示唆する文章で終わっている。

今では、第一章〔「貨幣の資本への転化」〕で提示された難問も同時に解決されている。資本の生産物を構成している諸商品がその価値によって規定された価格で販売されるとすれば、したがって、総資本家階級が諸商品をその価値通りに販売するとすれば、各資本家は剰余価値を実現するだろう。すなわち、資本家は商品の価値のうち自分にとって費用のかからなかった部分、対価を支払わなかった部分をも販売するだろう。資本家たちが相互に取引することで得られる利得は、相互のだまし合いによって達成されるのではないし――このようなだまし合いは、ある資本家が本来他の資本家に属すべき剰余価値の一部をかすめ取ることに関係するだけである――、自分たちの商品をその価値以上に販売することによって達成されるのでもない。そうではなく、資本家が自分たちの商品をその価値通りに販売することで達成されるのである。諸商品がその価値に合致した価格で販売されるというこの前提は、次の部〔流通過程論〕で対象となる研究においても基礎をなす。

直接的な資本主義的生産過程の直近の結果は、その生産物であり、商品である。その価格は、その商品の生産過程で消費された前貸資本の価値を補填するだけでなく、それと同時に、この同じ生産中に支出された剰余労働を剰余価値として物質化し対象化している。資本の生産物は、商品としては、商品の交換過程に入らなければならない。それゆえ、現実の物質代謝に入らなければならないだけでなく、それと同時に、われわれが商品の変態として提示した形態転換を通過しなければならない。これが単なる形式的な転換であるかぎりでは、つまりこれらの商品の貨幣への転化、および商品への再転化であるかぎりでは、この過程はすでにわれわれが「単純流通」と呼んだもの——それ自体としての商品流通——において提示されている。しかし、これらの商品は今では同時に資本の担い手でもある。すなわち、それ自体が、価値増殖して剰余価値をはらむに至った資本である。そして、この連関において、今では資本の再生産過程でもあるこの流通は、商品流通を抽象的に考察したときには疎遠だったより進んだ諸規定を含んでいる。したがって、われわれは今や、商品流通を資本の流通過程として考察しなければならない。これが次の部でなされることである。

［459］

（2）剰余価値の生産としての資本主義的生産

資本が単にその要素形態で、すなわち商品ないし貨幣として登場するかぎりでは、資本家はすでに知られている姿で、つまり商品所持者ないし貨幣所持者という人格形態（Charakterformen）で登場する。しかし、それに対して、商品所持者や貨幣所持者はそれ自体としては資本家ではないのであり、それは、商品と貨幣がそれ自体としては資本ではないのと同じである。商品と貨幣がある一定の諸前提のもとでのみ資本に転化するのと同じく、商品・貨幣所持者もまた同じ諸前提のもとでのみ資本家に転化する。

最初、資本は貨幣として登場したが、それは資本に転化するべきものであり、あるいは資本になる潜在的《デュナミス》可能性にすぎない。

一方では、経済学者たちは、資本のこれらの要素形態――商品と貨幣――それ自体を資本と同一視するという誤りを犯し、他方では、資本が取る使用価値としての存在様式――労働手段▼[19]――それ自体を資本として説明するという誤りを犯す。

資本は、貨幣（資本形成の出発点）というその最初の（いわば）暫定的な形態においては、いまだ単なる貨幣として存在しているにすぎず、したがって、一定額の交換価値として、交換価値の自立した形態である貨幣表現のうちに存在しているにすぎない。しかし、この貨幣は増殖されなければならない。交換価値はより多くの交換価値の創出に役立たなければならない。価値量は増大しなければならず、つまり既存の価値が自己自身を維持するだけでなく、ある増分を、Δ《デルタ》量の価値を、剰余価値を生み出さなければならない。したがって、所与の価値、所与の貨幣額は流量となり、この増分が流率[▼20]として表わされなければならない。資本の流通過程を考察する際に、資本のこの自立した貨幣表現に立ち戻ることになるだろうが、ここではまだ貨幣をただ直接的生産過程の出発点としてのみ扱っており、感知できるのはただ、資本がまだここでは所与の価値額＝G（貨幣）としてのみ存在しており、そこではすべての使用価値が消し去られ、したがって貨幣の形態で存在していることだけである。この価値額の大きさは、資本に転化させるべき貨幣額の大きさないし量によって制限されている。したがって、この一定の価値額が資本になるのは、その大きさが増大することによって、変化する大きさに転化することによってであり、それが最初からある流量であってある流率をもたらすべきものであることによってである。この貨幣額が即自的に（an sich）資本であるのは、すなわちその使命からして資本であるのは、それがただ、この総額を増大させる目的をもって一定の仕方で充用され支出されるからであり、それ自身の増大という目的のために支出されるからである。このことは、既存の価値額ないし貨幣額に対しては、その使命、その内的推進力、傾向として現われるのだが、それと同時に、資本家に対しては、すなわちこの貨幣総額の所持者であってその手中でこの機能を遂行する者に対しては、企図、目的として現われる。

だが、資本（あるいは資本になるべきもの）のこの最初の単純な価値表現ないし貨幣表現においては、使用価値とのいかなる関係も捨象され脱落している。それゆえ、現実の生産過程（商品生産、等々）のいっさいの攪乱的な介在物と後の混乱的な諸要素も消失しており、資本主義的生産過程の特徴的な独自の性質もまだまったく抽象的で単純なものとして現われる。

最初の資本が一定の価値額＝xであるとすれば、資本の目的は、このxを、x＋Δxにすることによって資本に転化することであり、すなわち、それを、「最初の価値額＋それを越える超過額」である一定の貨幣額ないし価値額にすること、つまり「所与の貨幣量＋追加的な貨幣」に、「所与の価値＋剰余価値」にすることである。剰余価値の生産――そこには最初の前貸しされた価値を維持することも含まれる――は、したがって、資本主義的生産過程の規定的目的、推進的利害関心として、その最終結果として現われる。そのことによって、最初の価値は資本に転化するのである。

これがどのように達成されるのか、つまりｘをｘ＋Δｘに転化させる実際の手順は、この過程の目的と結果とをけっして変えるものではない。もちろん、資本主義的生産過程なしでも、ｘをｘ＋Δｘに転化させることはできるのだが、与えられた条件と前提のもとではそうではない。つまり、社会の競争しあう成員たちが［独立した］人格として登場し、お互いに商品所持者としてのみ相対し、そういうものとしてのみ相互に接触する（これは奴隷制などを排除する）という条件のもとではそうではない。また第二に、社会的生産物が商品として生産されるというもう一つの条件のもとではそうではない（このことは、直接的生産者にとって使用価値が主要な目的であってせいぜい生産物の余剰分だけが商品に転化するにすぎないあらゆる形態を排除する）。

［460］過程のこの目的、すなわち、ｘをｘ＋Δｘに転化させることはさらに、研究が進むべき道を指し示すものである。この表現は、それが何らかの可変量の関数でなけ

ればならないこと、あるいはこの過程の中でそういうものに転化しなければならないことを示唆している。所与の貨幣額としてのxは最初の時点では不変量であり、したがってその増分はゼロである。それゆえそれは、過程の中で、可変的な要素を含んだある別の大きさに転化されなければならない。そこで必要なのは、このような要素を発見することであり、それと同時に、どのような媒介を経て当初の不変量が可変量になるのかを解明することである。

　現実の生産過程を考察した際に示したように、xの一部は再びある不変量に、すなわち労働手段[21]に再転化されなければならない。というのも、xという価値の一部は、貨幣形態ではなく特定の使用価値の形態でのみ存在しており、何らかの変化があってもその価値量の不変的性格をいささかも変えるものではなく、また実際に、それが交換価値であるかぎりでは、この部分はいささかも変化しないからである。それゆえ、[生産]過程におけるxは、c(不変量)とv(可変量)の和、=c+vとして表わされる。ところで差額はΔ(c+v)=c+(v+Δv)であり、cの差額=0だから、=(v+Δv)となる。したがって、最初にΔxとして表われたものは実際にはΔvなのである[22]。そして、最初の量xに対するこの増分[Δx]と、xのうち真に増大する部分[v]に対する割合は、$\Delta x = \Delta v$（つまり$\Delta v = \Delta x$）なので、$\frac{\Delta x}{v} = \frac{\Delta v}{v}$でなければならない。これは事実上、剰余価値率の定式に他ならない。

総資本$C = c + v$で、cが不変で、vが可変だから、Cはvの関数と見ることができる。vがΔvだけ増加すれば、CはC'になる。

したがって以下のようになる。

（1）$C = c + v$

（2）$C' = c + (v + \Delta v)$

等式（2）から等式（1）を引くと、差額は$C' - C$だからCの増分はΔC。

（3）$C' - C = c + v + \Delta v - c - v = \Delta v$

したがって

（4）$\Delta C = \Delta v$

つまり、等式（3）から、等式（4）$\Delta C = \Delta v$が得られる。しかし、$C' - C$はCが変化した分の大きさであるから、Cの増分に等しい。つまりΔCに等しい（$= \Delta C$）。つまり等式（4）。あるいは、総資本の増分は資本の可変部分の増分に等しく、したがって、cないし資本の不変部分の変化は0である。このようにΔCないしΔxを研究する上では、不変資本は＝0と仮定されなければならない。すなわち、考慮の外に置かれなければならない。

vの増加を示す率は $\frac{\Delta v}{v}$ である（剰余価値率）。Cの増加を示す率は、$\frac{\Delta v}{C} = \frac{\Delta v}{c+v}$ である（利潤率）。

このように資本としての資本の固有で独自の機能は剰余価値の生産であり、それは――後に示されるように――現実の生産過程における剰余労働の生産、不払労働の領有以外の何ものでもない。そしてこの労働が、対象化されて剰余価値として表わされるのである。

さらに明らかになったのは、xを資本に転化するためには、すなわちx＋Δxに転化するためには、価値ないし貨幣額xが生産過程の諸要因に、何よりも現実の労働過程の諸要因に転化しなければならないということである。ある種の産業部門においては、生産手段の一部――労働対象――が、使用価値ではあるが価値をもたず、商品でないこともありうる［たとえば採取産業］。この場合には、xの一部はもっぱら生産手▼23段にのみ転化し、xの転化が考察されるかぎりでは、すなわち、労働過程に入る諸商品をxによって購入することが問題になるかぎりでは、労働対象は［計算に入らず、］

生産手段の購入に限定される。労働過程の一要因である労働対象は、その価値に関するかぎりここでは0に等しい。しかし、われわれは事柄を十全な形態で考察しており、そこでは労働対象もまた商品である。だが、そうではない場合、この要因は、価値に関するかぎりでは、計算を修正するために、＝0と想定される。

〔直接的生産過程のより進んだ規定Ⅰ――労働過程〕

商品が使用価値と交換価値との直接的な統一であるのと同じく、生産過程もそうであって、商品の生産過程は労働過程と価値増殖過程との直接的な統一である。商品、すなわち使用価値と交換価値との直接的な統一が、この過程から結果として、その産物として出てくるのと同じく、商品は生産過程の中に構成部分として入っていく。そもそも、最初に生産諸条件の形態で生産過程に入っていかなかったものが、生産過程から出てくることはない。

前貸しされた一定額の貨幣、すなわち価値増殖して資本に転化するべき貨幣額が生産過程の諸要因に転化することは、商品流通の、交換過程の一行為であって、一連の購買に解消される。したがってこの行為はまだ直接的生産過程の外部に属する。それは、直接的生産過程を準備するものでしかないが、それの必然的な前提である。そして、われわれが直接的生産過程ではなく資本主義的生産の全体をその連続性において考察する場合には、生産過程の諸要因への貨幣のこの転化、すなわち生産手段と労働能力の買い入れは、それ自身、過程全体の内在的契機をなす。

〔461〕　次に直接的生産過程の内部で資本が取る姿を考察するなら、資本は、単純商品と同じく使用価値と交換価値という二重の姿（Doppelgestalt）を取っている。しかし、より進んだ規定がこの両形態に入り込んでくるのであり、それは、独立に考察された単純商品の諸規定とは異なるいっそう展開された規定性である。

まず使用価値に関して言うと、〔単純〕商品を概念規定するさいには、その特殊な内容、そのより進んだ規定性はまったくどうでもいいことであった。何らかの物品が商品であるためには、したがって交換価値の担い手であるためには、何らかの社会的欲求を満たさなければならず、したがって何らかの有用な属性を持っていなければならないのだが、それで十分だった。だが、生産過程で機能する諸商品の使用価値に関しては事情が違う。労働過程の性質から、まずもって生産手段は労働対象と労働手段とに区分され、あるいはより詳しく規定すると、一方では原料と、他方では道具、補助材料等々に区分される。それは、労働過程の性質そのものから出てくる使用価値の形態規定性である。使用価値は——生産手段との関係では——このようなより進んだ形態規定を受けるわけである。使用価値のこうした形態規定性は、ここではそれ自体、経済的諸関係、経済的範疇を展開する上で本質的なものである。

だが、労働過程に入る使用価値はさらに、概念的に厳格に区別されるべき二つの契機と対立的規定に分かれる（先に述べた対象的な生産手段がそうであったのとまったく同じく）。一方では、対象的な生産手段、客体的な生産条件であり、他方では、活動する労働能力、合目的的に発現される労働力（Arbeitskraft）、すなわち主体的な生産条件である。これは、直接的生産過程の内部における使用価値の亜種として現われるかぎりでの、資本のより進んだ形態規定性である。

　単純商品においては、特定の合目的的な労働である紡績や織布などは、紡がれた糸や織物のうちに具体化され対象化されている。生産物の合目的的な形態は、合目的的な労働が後に残した唯一の痕跡であり、この痕跡でさえも、生産物が家畜や小麦などのように天然の産物という形態をとっている場合には、消えてなくなっている。商品においては、使用価値は眼前にある既存のものとして現われるのだが、労働過程では生産されたものとしてのみ現われる。個々の商品は実際すでに出来上がった生産物であり、それを生み出した過程は背後に過ぎ去っている。この過程を通じて特殊な有用労働が生産物に具体化され対象化されるのだが、実のところこの過程そのものは生産物の中で止揚《アウフヘーベン》されている。商品は生産過程の中で生成する。商品は絶えず生産物として生産過程から突き離され、そのようにして、生産物そのものが過程の一契機としてのみ現われる。資本が生産過程の内部で現われる使用価値の一つは生きた労働能力そのものであるが、この労働能力は、生産手段の特定の使用価値に対応して特殊なものになっており、活動する労働能力、合目的的に発現される労働力（Arbeitskraft）である。それは生産手段を自己の活動の対象的契機にし、したがって生産手段を、その使用価値が当初有していた形態から生産物の新しい形態へと転換する。それゆえ、種々の使用価値そのものが、労働過程の内部で現実の転換過程――それが機械的な性質であろうと、化学的ないし物理的な性質であろうと――を経るのである。商品における使用価値は特定の属性をもった一個の所与の物（Ding）であるのに対し、今では、原料や労働手段として機能する諸物（Dinge）である諸使用価値は、それらを通じて活動する生きた労働に媒介されて、つまり、労働能力の現実化であるこの生きた労働に媒介されて、その姿を変えた別の使用価値に、つまり生産物に転換されるのである。

こうして、労働過程においての使用価値としての資本が取る姿は、今では第一に、概念的に区別されながらも相互に連関している種々の生産手段に区分され、第二に、［462］労働過程の性質から生じる概念的な区別、すなわち客体的な労働条件（生産手段）と主体的な労働条件とに区分される。後者は、合目的的に活動する労働能力、すなわち労働そのものである。しかし第三に、過程を全体として考察するならば、資本の使用価値はここでは使用価値を生産する過程として現われる、その中では生産手段はこの独自の規定性にしたがって機能する。つまり、その特定の性質に照応して合目的的に活動する特殊な労働能力の生産手段として機能する。言いかえれば、全体としての労働過程そのものが、その客体的契機と主体的契機との生きた相互作用を通じて、種々の使用価値の総体（Gesamtgestalt）として、すなわち生産過程における資本の現実の姿として現われるのである。

資本の生産過程をその現実面から見るなら、あるいは、有用労働が使用価値に働きかけて新しい使用価値を生産する過程として見るなら、それはまずもって現実の労働過程である。このようなものとしては、その諸契機、その概念的に規定された諸構成部分は、労働過程一般のそれであって、どの労働過程にあっても、どのような経済的発展段階であれ、どのような生産様式が土台をなしているのであれ、つねに変わらず同じままである。したがって、資本の現実の姿、すなわち資本を構成する客体的な使用価値の姿、その物質的な実体は必然的に、新しい生産物を生産するのに役立つ生産手段――労働手段と労働対象――という姿を取る。また、これらの使用価値は、その特殊な目的に応じて労働過程で機能する以前に、流通過程においては商品の形態で、したがって商品所持者としての資本家の所持物として、あらかじめ（市場に）存在している。さらに、資本は――客体的な労働諸条件に表わされているかぎりで――、その使用価値からすると、生産手段、すなわち原料や補助材料および労働手段（道具、建物、機械、等々）からなっている。以上のことからして、次のような結論が引き出されてしまう。すべての生産手段は潜在的に資本であり、生産手段として機能するかぎりでは現実にも資本である、と。こうして資本は、人間の労働過程一般の必然的な契機であるとされ、どの歴史的形態とも関わりなく同一で、それゆえ何か永遠なもの、人間労働の性質によって条件づけられたものとみなされてしまうのである。

同様に、資本の生産過程は総じて労働過程でもあるので、労働過程それ自体、すなわちあらゆる社会的諸形態における労働過程が、必然的に資本の労働過程であるとされてしまう。資本はこうして一個の物（Ding）とみなされ、生産過程においてある一定の物的な（dinglich）役割を、物（Ding）としてのそれに属する役割を果たすものとされる。この論理はあの、貨幣は金《きん》なので金《きん》はそれ自体として貨幣であるとか、賃労働は労働であるからすべての労働は賃労働であると結論づけるのと同じ論理である。

こうして、種々の生産過程におけるさまざまな独自の差異が無視されて、あらゆる生産過程において同一であるものに固執することで、同一性が証明される。つまり、差異をなすものが捨象されることによって同一性が証明されるのである。われわれは、この項目が進行する中で、決定的に重要なこの点に立ち戻って、より詳細に論じることにする[24]。ここではさしあたり次のことだけを言っておこう。

〔生きた労働との対比で生産手段そのものが資本として現われる〕

第一。生産過程ないし労働過程で生産手段として消費するために資本家が購入した諸商品は、彼の所有物（Eigentum）である。それらは実際、彼の貨幣が商品に転化したものにすぎず、この貨幣がそうであったのと同じく、彼の資本の定在である。それどころか、より強い意味でそうだ。というのも、それらは資本として実際に機能する姿で存在しているからである。すなわち価値創造の手段として、価値増殖のための、つまり価値を増加させるための手段として存在しているからである。これらの生産手段はしたがって資本である。

　他方で、資本家は、前貸しされた貨幣額のもう一方の部分を用いて労働者の労働能力を買った。あるいは、第四章[25]で明らかにしたように、それは生きた労働を買ったものとして現われる。したがって、これも、労働過程の客体的諸条件が資本家に属するのとまったく同じく資本家に属する。しかしながら、ここでは次のような独自の相違が存在する。労働者が現実の労働を資本家に与えたのは、資本のうち賃金に転化した部分の等価としてであり、［463］労働の購買価格の等価としてである。労働は彼の生命力の支出であり、労働者の生産的能力の現実化であり、それは彼の運動であって、資本家の運動ではない。個人的［人格的］機能として見るなら、労働は実際のところ労働者の機能であって資本家の機能ではない。交換の観点から見ても、労働は、労働過程において資本家が労働者から受け取るものであって、労働過程で資本家が労働者に対置するものではない。したがってそれは客体的な労働諸条件に対する対立物をなす。この客体的諸条件は、労働過程そのものの内部では、資本として、そしてそのかぎりで資本家の定在として、主体的な労働条件である労働そのものに、あるいはむしろ労働する労働者に対立している。それゆえ、資本家の観点からしても労働者の観点からしても、生産手段は、資本の定在として、本来的に資本であるものとして、労働に、したがって前貸資本が転化される他方の要素に対立しており、こうして生産手段は、生産過程の外部でも潜在的に資本の独自の存在様式として現われるのである。

この事態は、後で明らかになるように、次のことからいっそう発展を遂げる。一部には資本主義的な価値増殖過程の一般的性質（すなわち、その中で生産手段が生きた労働の吸収者としての役割を果たすこと）を通じて、また一部には独自に資本主義的な生産様式の発展（そこでは機械などが生きた労働に対する現実の支配者になる）を通じて、である。こうして、資本主義的生産過程の基礎上では、生産手段の形態で存在している資本の使用価値と、これらの生産手段、これらの物（Dinge）を資本として規定する特定の社会的生産関係とが、不可分に融合してしまうのである。それはちょうど、この生産様式の内部では、それに囚われている人々によって生産物それ自体が商品とみなされるのと同じである。これは、経済学者たちの物神崇拝（Fetischismus）にとって一つの土台をなす。

〔生活手段との対比で生産手段そのものが資本として現われる〕

第二。生産手段は、特定の諸商品として、たとえば綿花や石炭や紡錘等々として流通から労働過程へと入っていく。それらは、商品として流通していたときと同じ使用価値の姿で労働過程に入っていく。この過程に入ったなら、それらは今度はその使用価値に応じた形で、諸物（Dinge）として、それらに物的に（dinglich）含まれている諸属性にしたがって機能する。たとえば綿花なら綿花として機能する。しかし、われわれが可変資本と呼んでいる部分、すなわち、労働能力との交換によってはじめて資本の可変部分に実際に転化する部分に関しては事情が異なる。資本家が労働能力を買うために支出する貨幣――この資本部分――は、その現実の姿から見るなら、市場に存在している（あるいは一定期間の後に市場に投入される）生活手段以外の何ものでもなく、その生活手段は労働者の個人的消費に入っていくべきものである。貨幣はただこれらの生活手段の転化された形態にすぎず、労働者はこの貨幣を受け取るやいなやそれを生活手段に再転化する。この転化も、これらの諸商品の使用価値としての消費も、直接的生産過程とは、より正確には労働過程とは直接的には何の関係も持たない一過程であり、それはむしろ生産過程の外部に属する。

資本の一部分が、そしてそれを通じて資本全体がある可変量へと転化するのはまさに、不変の価値量である貨幣との交換で、あるいはその貨幣が表わしている同じ不変の価値量である生活手段との交換で、それとは反対の一要素、すなわち価値を創造する生きた労働能力が得られるからである。そしてそれは、価値創造要素としてより大きくもより小さくもなりえ、自らを可変的な大きさとして表わしうる。それゆえそれは総じてどんな事情のもとでも、すでに生成された大きさとしてではなく、流動的で、生成途上の——それゆえさまざまな限度内で変化する——大きさをもった要因として生産過程に入るのである。

たしかに現実においては、労働者による生活手段の消費それ自体が労働過程に包含される（含まれる）とみなすこともできるかもしれない。たとえば機械による補助材料の消費が労働過程に含まれるようにである。その場合、労働者はただ資本に買われた道具としてのみ現われ、労働過程で労働者としての機能を果たすために、自己の補助材料として生活手段のある一定分量の消費を、その補給を必要とするだけだということになるだろう。このようなことは実際、労働者に対する搾取の程度と残虐さに応じて多少なりとも生じることである。

とはいえ、概念的には、生活手段はこのような狭い意味で資本関係に含まれるのではない（この問題については後で、関係全体の再生産について論じる（3）の所で検討する）。通常、労働者は、直接的労働過程が中断しているあいだに自己の生活手段を消費する。それに対して、機械はそれが機能している最中に［補助材料を］消費する（動物はどうか？）。だがさらに、労働者階級全体を見れば、これらの生活手段の一部は、［労働者］家族のうちまだ働いていない成員、あるいはもう働いていない成員によっても消費される。だから事実上、補助材料とその消費に関しては、労働者と機械との相違はこの場合には動物と機械との相違に還元しうるのである。とはいえ、このことは必然的なものではなく、したがって資本の概念規定には属さない。

いずれにせよ、資本のうち賃金に投下された部分は、それがその現実の姿、すなわち労働者の消費に入る生活手段という姿を取っているかぎりでは、形式的にはもはや資本家にではなく労働者に属するものとして現われる。したがって、この部分が生産過程に入る前に商品として取っていた――生活手段という――使用価値の姿は、それがこの過程の内部で取る姿である活動的に発現される労働力（Arbeitskraft）とは、したがってまた生きた労働そのものとは、まったく異なるのである。それゆえ、この点は、資本のこの部分を、［464］生産手段の姿で存在している部分から独自に区別するのであって、このことはまたしても、なぜ資本主義的生産様式の基礎上では、生産手段が、本来的な意味で、そして生活手段とは区別されそれとは対立的な形で、それ自体として資本であるものとして現われるのかを説明する一つの理由なのである。だが、このような外観は――後で展開される点を脇に置くなら――、次の事実によって簡単に解消する。生産過程の最後に資本が取る使用価値の形態は生産物という形態であって、この生産物は、生産手段と生活手段という二つの形態で存在しているのだが、どちらも等しく資本として存在しており、したがって生きた労働能力に対立しているという事実によってである。

〔直接的生産過程のより進んだ規定Ⅱ――価値増殖過程〕

次に価値増殖過程に進もう。

ここでは、交換価値との関係で、［単なる］商品と、価値増殖過程に従事している資本との相違が再び露わになってくる。

生産過程に入る資本の交換価値は、市場に投入ないし前貸しされた資本の交換価値よりも小さい。なぜなら、価値として生産過程に入るのは、生産手段として過程に入る諸商品の価値――すなわち資本の不変部分の価値――だけだからである。資本の可変部分の価値［はどうかと言うと、それ］に代わって過程としての価値増殖が、すなわち現実に価値増殖を行なう労働が登場するのであり、そこでは労働が、絶えず自己を価値として実現するだけでなく、既存の価値を越えて流動し、新しい価値創造へと突き進んでいく。

さて、まずもって旧価値を維持すること、すなわち不変部分の価値を維持することに関して言うと、これは次のことにかかっている。過程に入る生産手段の価値が必要以上に大きくないこと、したがって、それを構成する諸商品、たとえば建物や機械などが生産目的に応じて対象化された社会的必要労働時間だけを含んでいることである。そしてこれらの生産手段を購入する際、次の点に配慮することは資本家の仕事である。これらの生産手段が、原料であれ機械であれ、使用価値として生産物の形成に適した平均的な質を有していて、したがって平均的水準で機能し、［生産過程における］生きた要因である労働に対する何か特別の障害にならないようにすることである。たとえば原料の品質がそうであるし、また次のような場合もここに含まれる。使用された機械などが、平均的な損耗分以上の価値を商品に引き渡さないようにすること、等々である。こうしたことはすべて資本家の仕事である。

だが、不変資本の価値を維持することはさらに、生産手段ができるだけ生産的にのみ消費されて、無駄使いされないことにもかかっている。なぜなら、そうしないと、［生産手段に］対象化されている労働のより大きな部分が、つまり社会的に必要であるよりも大きな部分が生産物に含まれることになるからである。このことは一部は労働者自身にもかかっており、資本家による監督が始まるのもこの点からである（資本家は、出来高制や賃金カットを通じて、この点を保障する）。さらに必要なのは、労働が整然と合目的的に行なわれ、生産手段の生産物への転化がとどこおりなく進行することであり、生産の目的として想定された使用価値が結果として、実際にきちんとした形で出現することである。ここでまたしても資本家による監督と規律が登場してくる。

最後に、生産過程は攪乱されたり中断されてはならず、労働過程の性質とその対象的諸条件によって課せられた期間（時間）内に実際に生産物を生産するまで継続されなければならない。このことは一部は労働の連続性にかかっているが、このような連続性は資本主義的生産とともに実現されていく。しかし一部は、外的で制御不能な種々の不慮の事態にも左右されるのであり、そのかぎりでは、どの生産過程であっても、そこに入っていく価値にとって一定のリスクが伴う。だが、（一）価値は生産過程の外部でもそうしたリスクにさらされているし、（二）その種のリスクはどの生産過程にもつきものであって、資本の生産過程に特有のものではない（むしろ資本は結合（Associirung）を通じてそうしたリスクから身を守る。自分自身の生産手段をもって労働する直接生産者も同じリスクにさらされている。これは資本主義的生産過程に特有のものではない。資本主義的生産においてこのリスクが資本家の身に降りかかるのは、資本家が生産手段の所有を奪い取ったからにすぎない）。

だが次に、価値増殖過程の生きた要因に関して言うと、（一）可変資本の価値が維持されるのは、それが補塡され再生産されることによってであり、したがって可変資本ないし賃金の価値に含まれていたより多くの量の労働が生産手段につけ加えられることによってである。（二）可変資本の価値の増分である剰余価値は、賃金に含まれている労働量を越える超過分、つまりある追加的労働量が生産物の中に対象化されることによって創造される。

したがって、前貸資本――あるいはそれを表わしている諸商品――の使用価値と、労働過程における資本の使用価値の姿との相違は、〔465〕前貸資本の交換価値と、価値増殖過程における資本の交換価値の現われ方との相違に照応している。まず前者［使用価値における相違］だが、生産手段、すなわち不変資本は、それを構成する諸商品が最初に持っていたのと同じ使用価値形態で過程の中に入るが、それに対して、可変資本を構成する既存の使用価値［生活手段］の場合、それの代わりに、新しい使用価値の中で自らを価値増殖させる労働力（Arbeitskraft）という生きた要因が、現実の労働が登場する。次に後者［交換価値における相違］だが、生産手段の価値、不変資本の価値はそのまま価値増殖過程に入るが、それに対して可変資本の価値はそもそもその中には入らないのであって、それは、［労働という］生きた要因の価値創造活動、すなわち価値増殖過程として存在している活動に置きかわるのである。

労働者の労働時間がその継続時間に比例して価値を生むためには、それは、社会的必要労働時間でなければならない。すなわち、労働者は、一定の与えられた時間内に社会的に標準的な量の合目的的労働を行なわなければならず、したがって資本家は、労働者の労働が少なくとも社会的に標準的な平均水準の強度を持つよう労働者に強要する。資本家は強度をできるだけこの最低限よりも引き上げようとするだろうし、与えられた時間内にできるだけ多くの労働を労働者から抽出しようとするだろう。なぜなら、労働強度が平均水準を越えた分はそれだけ、資本家に剰余価値を創造してくれるからである。さらに資本家は、可変資本の価値、すなわち賃金を補塡するのに労働させなければならない制限を越えて、できるだけ長く労働過程を延長しようとするだろう。資本家は、労働過程の強度が与えられていればその継続時間をできるだけ延長しようとし、継続時間が与えられていればその強度をできるだけ高めようとする。資本家は労働者を強制して、その労働に標準的強度を与えようとし、可能ならばそれよりも高い強度を与えようとするし、賃金の補塡に必要な継続時間を越えてできるだけ労働過程を延長するよう労働者を強制する。

資本主義的価値増殖過程のこの特有の性格は、生産過程における資本の現実の姿に、使用価値としてのその姿にさらなる修正を引き起こす。第一に、生産手段は、必要労働を吸収するだけでなく剰余労働を吸収するのにも十分な量が手元に存在していなければならない。第二に、現実《レアール》の労働過程の強度と長さに変化が生じる。

〔主体と客体の転倒〕

労働者が現実の労働過程で使用する生産手段はたしかに資本家の所有であり、先に説明したように、それらの生産手段は、労働者自身の生命の発現である労働に対して資本として相対する。しかし他方では、生産手段を自分の労働で実際に使用するのは労働者である。現実の労働過程において、労働者は労働手段を自己の労働の導体として用い、労働対象を自己の労働を実現する材料として用いる。まさにこのことを通じて労働者は、生産手段を合目的的な形態をもった生産物へと転換するのである。

だが、価値増殖過程の面から見ると、事態は違ったように現われる。そこでは、労働者が生産手段を使用するのではなく、生産手段が労働者を使用する。生きた労働がその客体的器官としての対象化された労働のうちに自己を現実化するのではなく、対象化された労働が生きた労働を吸収することによって自己を維持し増大させ、そうすることで自己増殖する価値に、すなわち資本になり、そういうものとして機能するのである。生産手段は今では、できるだけ大量の生きた労働を吸収するものとしてのみ現われる。生きた労働は今では、既存の価値を増殖させるための手段としてのみ現われ、したがってそれを資本化する（Capitalisirung）ための手段としてのみ現われる。そして、われわれが先に展開した分析▼26を脇に置いたとしても、まさにこのことから生産手段はまたしても、生きた労働に対立してすぐれて資本の定在として現われ、しかも今では、生きた労働に対する過去の死んだ労働の支配として現われる。生きた労働は、まさに価値形成者としては、対象化された労働の価値増殖過程に絶えず合体されているのである。

労働は、力の発揮としては、生命力の支出としては、労働者の人格的活動である。しかし、価値形成者としての、自己自身の対象化過程に従事するものとしての労働者の労働は、彼がいったん生産過程に入ってしまうと、それ自身、資本価値の存在様式となり、そこに合体されてしまう。それゆえ、この、価値を維持し新価値（Neuwert）を創造するこの力（Kraft）は資本の力なのであり、それゆえこの過程は資本にとっては自己増殖の過程として現われるのである。しかし、自ら価値を創造しながらそれを自分自身にとって疎遠な価値として創造する労働者にとっては、それはむしろ労働者の貧困化（Verarmung）の過程として現われる。

［466］　資本主義的生産の基礎上では、自己を資本に転化するというこの対象化され

た労働の能力（Fähigkeit）、すなわち生産手段を生きた労働に対する指揮と搾取の手段に転化するこの能力は、それ自体として生産手段に内在するものとして現われ（そして実際、この基礎上では潜在的に生産手段と結びついている）、生産手段と不可分なものとして、したがって、物（Dinge）としての、使用価値としての生産手段に、つまり生産手段としての生産手段に内在する属性として現われる。こうして生産手段はそれ自体として資本であるものとして現われる。資本は本来、一定の生産関係を表現するものであり、生産の内部において生産諸条件の所持者が生きた労働能力に相対する一定の社会関係を表現するものなのだが、その資本が一個の物（Ding）として現われるのである。それはちょうど、価値が単なる物（Ding）の属性として現われ、その物の商品としての経済規定性がそれの物的な（dinglich）性質として現われるのと同じであり、労働が貨幣において受け取る社会的形態が物（Ding）の属性として現われるのと同じである。

　実際、労働者に対する資本家の支配は、労働者に対して自立化するようになった労働諸条件の、労働者自身に対する支配でしかない（この労働諸条件には、生産過程の客体的諸条件――生産手段――だけでなく、労働力（Arbeitskraft）の維持と有効性にとっての客体的諸条件も、したがって生活手段も含まれる）。そしてこの関係は現実の生産過程においてはじめて現実化する。この過程はすでに見たように、本質的に剰余価値の生産過程であり（ただしそこには旧価値の維持も含まれる）、つまりは前貸資本の自己増殖過程なのである。

流通においては、資本家と労働者は相互に商品の売り手として相対するだけである。しかし、彼らが相互に売りあう商品の種類は独自に対極的な性格を持っており、そのことによって労働者は必然的に、資本の現実的定在である使用価値の構成部分として、および資本の価値定在の構成部分として、生産過程に入る。だがこの関係は生産過程の内部ではじめて現実化する。資本家は労働の買い手としては潜在的にのみ資本家として存在するのであり、彼がはじめて現実の資本家になるのは、労働者が自己の労働能力を売ることで形式的に賃労働者に転化し、この生産過程の中ではじめて現実に資本の指揮下に置かれるときである。

資本家によって遂行される諸機能は、意識と意志を持って遂行される資本そのものの諸機能、つまり生きた労働を吸収することを通じて自己を増殖させる価値の諸機能に他ならない。資本家はただ人格化された資本として機能する。それは人格としての資本である。それはちょうど、労働者が人格化された労働としてのみ機能するのと同じである。労働は、労働者にとっては責め苦であり刻苦であるのに対して、資本家にとっては富を創造し増大させる実体であり、そういうものとして資本家に帰属する。そしてかかるものとしての労働は実際に、生産過程の中で資本に合体される要素として現われ、資本の生きた可変的要因として現われるのである。

労働者に対する資本家の支配はしたがって、人間に対する物（Sache）の支配であり、生きた労働に対する死んだ労働の、生産者に対する生産物の支配である。というのも、実際のところ、労働者を支配する手段となる諸商品（だがそれはただ資本それ自体による支配の手段としてのみそうなるのだが）は、もっぱら生産過程の結果であり、その生産過程の産物に他ならないからである。これはまさに、宗教においてイデオロギーの領域で生じているのと同じ関係が物質的生産の領域で、現実の社会的生活過程――というのもこれこそが生産過程だから――で生じているということである。すなわち、主体の客体への転倒、およびその逆の転倒がそれである。

歴史的に見れば、この転倒は、大多数の者を犠牲にして富そのものを創造し社会的労働の生産力を容赦なく生み出すことを強制するための、必然的な通過点として現われる。そしてこのような生産力だけが、自由な人間社会にとっての物質的土台を形成しうるのである。このような対立的な形態を通過しなければならないのは、ちょうど人間がその精神的諸力（Geisteskräfte）をまずもって、自分から独立した権力《マハト》として宗教的形態で形成しなければならなかったのと同じである。それは自分自身の労働の疎外過程である。この過程にあっては労働者は最初から資本家よりも高いところに立っている。というのも、資本家はこの疎外過程に根を下ろし、そこに自らの絶対的な充足を見出すのに対して、労働者はこの過程の犠牲者として、最初からそれに対する反逆的な関係に立っており、それを隷従の過程として感じとるからである。

　生産過程が同時に現実の労働過程であって、資本家がこの労働過程の監視者や監督者という機能を現実の生産で遂行しなければならないかぎりで、彼の活動は［467］実際、独自の多様な内容を帯びる。しかし、労働過程そのものは価値増殖過程にとっての単なる手段としてのみ現れるのであって、それはちょうど生産物の使用価値がその交換価値の単なる担い手としてのみ現れるのと同じである。それゆえ、資本の自己増殖——剰余価値の創造——は、資本家の規定的で支配的で決定的な目的であり、彼の活動の絶対的な推進力にしてその内容である。実際それは、貨幣蓄蔵者の動機と目的を合理化したものにすぎない。それは徹頭徹尾貧弱で抽象的な内容である。この点からすると、資本家も、他方の面からとはいえ、労働者とまったく同じく資本関係の隷属下にあるものとして現われる。だが、あくまでも他方の面から、労働者とは対立する極において、そうなのである。

〔直接的生産過程の独自の規定、再論〕

▼ここから続く文章は、本書の一八一頁で「直接的生産過程のより進んだ規定」という小見出しをつけた段落から始まる議論の別バージョンであると考えられる。冒頭部分がほぼ同じであるし（順番は多少違うが）、展開しようとしている内容も、直接的生産過程が剰余価値の生産過程であることによって生じる「より進んだ規定」ないし「独自の規定」を解明することである。またマルクスはここでの議論の最後に、「第二章　絶対的剰余価値の生産」の「（6）直接的生産過程」を挿入するよう指示している（本書、二一四頁）。この「（6）」の内容は、一八一頁以下で議論されている内容とかなり共通しており、それゆえマルクスは、挿入を指示した文章で「ここより前の箇所と合体さ

せ」るよう指示しているのであろう。

最初の関係、すなわち資本家になろうとする人が労働を買って（第四章以降は、「労働能力」の代わりに「労働」と言うことができる）、ある貨幣価値を資本化し、また労働者が自己の労働能力の処分権を、つまり自分の労働を売って自分の生活を成り立たせるという関係は、今や現実の生産過程において展開されている関係の必然的な導入であり条件であって（それは即自的に後者の関係を含んでいる）、この生産過程においてはじめて商品所持者は資本家に、人格化された資本になり、労働者は資本のための単なる労働の人格化になる。第一の関係においては、両者は外観上、商品所持者として相対する。この関係は資本主義的生産過程の前提なのだが、それはまた、後で見るように、この過程の結果であり所産でもある。とはいえ、この二つの行為は引き続き区別されなければならない。第一の行為は流通に属し、第二の行為は、第一の行為にもとづいて現実の生産過程においてはじめて展開される。

生産過程は労働過程と価値増殖過程との直接的な統一である。それは、その直接の結果である商品が使用価値と交換価値との直接的な統一であるのと同じである。しかし、労働過程は価値増殖過程の手段でしかなく、価値増殖過程それ自体は本質的に剰余価値の生産であり、すなわち不払労働の対象化過程である。そのことによって、生産過程の全体としての性格は独自の規定を受ける。

生産過程を二つの異なった視点から、つまり（一）労働過程として、（二）価値増殖過程として考察するとき、それが実際には単一不可分の労働過程であるということは最初から前提されている。労働が二回なされるわけではない。すなわち、一度目は一定の合目的的な生産物たる使用価値をつくり出して生産手段を生産物に転化するためになされ、二度目に、価値と剰余価値を生み出して価値を増殖させるためになされる、というのではない。労働はつねにただ特定の具体的で特殊な形態・方法・存在様式でつけ加えられる。そこでは労働は一定の目的を定められた活動であり、生産手段を特定の生産物に転化し、たとえば紡錘や綿花を糸に転化する。それは紡績労働、等々でしかなく、この労働がつけ加えられ、そのつけ加えが継続されることによってますます多くの糸が生産される。価値を生むのはこの現実《レアール》の労働である。だが、そうであるのは、この労働が標準的な一定水準の強度を持っているかぎりにおいてであり（あるいは、そうである場合にのみ計算に入る）、与えられた強度を持つこの現実《レアール》の労働が、時間で測られた一定の量だけ、生産物に物質化されるかぎりにおいてである。紡績等々の形態でつけ加えられる労働の量が、賃金に含まれている労働の量と等しくなった時点で労働過程が停止したとすれば、いかなる剰余価値も生産されないだろう。剰余価値は剰余生産物にも表わされるから、剰余価値は、賃金の価値に等しい価値を越える分量の糸のうちに表現される。したがって労働過程が価値増殖過程として現われるのは、その中でつけ加えられる具体的労働が一定量の社会的必要労働であって（その強度を考慮した上で）、社会的平均労働のある一定量に等しいことによってであり、さらにまた、この量が、賃金に含まれている量を越えるある追加量を表わしているからである。このようにして、特定の具体的労働が必要な社会的平均労働として量的に計算されるのである。だがこの計算には次の現実的《レアール》契機が関与している。第一に、労働が標準強度を持っていること（したがって社会的必要労働時間だけが一定量の生産物の生産に費やされていること）と、［第二に］可変資本の価値を補塡するのに必要な継続時間を超えて労働過程が延長されることである。

〔「対象化された労働」という表現をめぐる混乱〕

［468］これまで展開してきたことからすると、「対象化された労働」という表現や、対象化された労働としての資本と生きた労働との対立という表現は、大きな誤解をまねく可能性がある。

私がすでに示したように、(3) これまでのすべての経済学者たちによる、「労働」にもとづく商品分析は、曖昧で不完全であった。「労働」に還元するだけでは不十分であって、二重の形態での労働に還元されなければならない。一方では、それは具体的労働として商品の使用価値に表わされ、他方では、社会的必要労働として交換価値のうちに数えられる。第一の観点から見ると、いっさいは労働の特定の使用価値、その特殊な性格にかかっており、まさにそれこそが、この労働によってつくり出された使用価値に特殊な刻印を押すのであり、こうしてそれを、他の使用価値とは区別される具体的な使用価値に、この特定の物品にするのである。それに対して、労働が価値形成要素として考察される場合には、あるいは商品が労働の対象化として考察される場合には、その特殊な有用性、その特定の性質や種類はまったく捨象される。そういうものとしての労働は、無差別的で社会的に必要な一般的労働であり、あらゆる特殊な内容にはまったく無関心である。だからこそ、それは、貨幣というその自立した表現において、価格としての商品において、あらゆる商品に共通で量的にのみ区別される表現を受け取るのである。

（3）労働以外に自然も生産物に寄与するのではないかという論争は、このような混乱なしにはそもそもありえなかったろう。この論点はもっぱら具体的労働に関わるのである。

したがって、第一の面から見ると、このことは、商品の一定の使用価値のうちに、その一定の物的（dinglich）存在のうちに表わされ、第二の面から見れば、貨幣のうちに――それが現実の貨幣として存在していようと、単なる計算貨幣として商品の価格のうちに存在していようと――表わされるのである。第一の面から見ると、もっぱら労働の質が問題になっており、第二の面から見ると、もっぱら労働の量が問題になっている。第一の面から見ると、具体的労働のさまざまな相違が分業のうちに表わされ、第二の面から見ると、労働の無差別性が貨幣表現のうちに表わされる。ところで、生産過程の内部ではこの区別が能動的にわれわれの前に現われ出てくる。それはもはやわれわれが行なう区別ではなく、生産過程それ自身の中でなされる区別である。

対象化された労働と生きた労働との区別は、現実《レアール》の労働過程の中で表われてくる。綿花や紡錘等々の生産手段は、特定の有用で具体的な労働である機械製造労働や綿花栽培労働などが具体化されている生産物であり、使用価値である。他方、紡績労働は生産過程の中では、生産手段に含まれている種々の［具体的］労働とは異なった特殊な労働として現われるだけでなく、生きた労働としては、過程の中ではじめて現実化され絶えず生産物を自己自身から突き離している労働であって、すでにその固有の生産物の中に対象化されている労働とは対立的なものとして現われる。この観点からしても、資本の既存の定在である一方の面と、労働者の生命力の直接的な支出である生きた労働との対立が表われてくる。さらに、労働過程では、対象化された労働は生きた労働を現実化するための対象的契機・要素として登場する。

だが、価値増殖過程を、新価値（Neuwert）の形成と創造を考察するなら、事態はまったく異なった様相で現われる。

この場合、生産手段に含まれている労働は一定量の一般的社会的労働であり、したがってそれはある一定の価値量ないし貨幣額に表わされ、実際にはこれらの生産手段の価格に表わされる。そこにつけ加えられる労働は一般的社会的労働のある一定の追加量であり、追加的な価値量と貨幣額として表わされる。生産手段にすでに含まれている労働は、［一般的社会的労働としては］新たにつけ加えられる労働と同じである。両者が異なるのは次の点においてのみである。一方は［既存の］使用価値に対象化されてしまっているが、他方はこの対象化を遂行する過程にあること、一方は過去のものであるが、他方は現在のものであること、一方は死んでいるが、他方は生きていること、一方は対象化されてしまったという完了形にあるが、他方は対象化されつつあるという現在進行形にあることである。過去の労働が生きた労働を動かすかぎりでは、過去の労働それ自身が一個の過程となり、自己を増殖させ、ある流率をもたらす流量となる。追加的な生きた労働をこのように吸収することは、過去の労働の自己増殖過程であり、過去の労働が資本へと、［469］自己増殖する価値へと現実に転化することであり、不変の価値量から可変的で過程を進行する価値量へと転化することである。

もちろん、この追加的労働はただ具体的労働の姿でのみつけ加えうるのであり、したがってただ特定の使用価値としての特殊な姿を取った生産手段につけ加えられる。

さらに、これらの生産手段に含まれている価値は、具体的労働によって労働手段として消費されることによってのみ維持される。だからといってこのことは次のことを排除しない。既存の価値、生産手段に対象化された労働が、それ自身の量を越えて増大するだけでなく、実際に、可変資本に対象化されている労働の量も越えて増大するのはただ、それが生きた労働を吸収するからであり、その度合いに応じてだということ、そして、この労働それ自身が貨幣として、一般的社会的労働として対象化されるからだということである。したがって、まさにこの意味において、すなわち資本主義的生産の固有の目的である価値増殖過程との関係において、資本は、対象化された労働（蓄積された労働、既存の労働、等々）として、生きた労働（直接的労働、等々）に相対するのであり、経済学者たちによってそのように対置されるのである。しかし、この点では彼らは――リカードでさえ――絶えず矛盾と曖昧さに陥っている。というのも、彼らは二重の形態での労働という観点から商品の分析を明快に行なわなかったからである。

資本家と労働者との――商品所持者としての――最初の交換過程から生じるのは、生きた要因である労働能力が、現実の姿における資本の一契機として生産過程に入るということである。しかし、この生産過程そのものにおいてはじめて、対象化された労働は生きた労働を吸収することによって資本に転化し、したがって労働が資本に転化するのである。

（注）「直接的生産過程」と題された［原稿の］九六ページから一〇七ページまでの箇所はここに属する。それは、ここより前の箇所［本書、一八一頁以下］と合体させた上で、それぞれ他方と照合して修正するべきである。本巻の二六二〜二六四ページもここに入れられるべきである。

▼この著者注で第六章への挿入を指示された二つの箇所は、それぞれ原稿の元のページの順にすでに翻訳されている（本書の三三頁以下と九三頁以下）。

〔特定部門の平均労働と社会的平均労働〕

一般的な社会的平均労働の対象化としての価値ないし貨幣についてはさらに次のことを述べておきたい。たとえば、紡績労働はそれ自体としては、社会的平均労働の水準より上であったり下であったりするかもしれない。すなわち、ある一定量の紡績労働は社会的平均労働の同じ量、たとえばある一定量の貨幣に対象化されている同じ量（長さ）の労働時間と等しいかもしれないし、より多いかもしれないし、より少ないかもしれない。しかし、紡績労働がその部門で標準的な水準の強度で行なわれているならば、たとえば、一時間のうちに紡がれる糸に費やされた労働が、所与の社会的諸条件のもとで一時間の紡績労働によって平均的に供給される標準的分量の糸に等しいとすれば、この糸に対象化されている労働は社会的必要労働であろう。そういうものとしてそれは、尺度として妥当する社会的平均労働一般に対して量的に一定の関係を有しており、それゆえ社会的平均労働の同じ量かより多い量かより少ない量を表わしている。したがって、紡績労働はそれ自体、社会的平均労働の一定量を表現しているのである。

資本のもとへの労働の形式的包摂

労働過程は価値増殖過程の、資本の自己増殖過程の手段となる。つまり、剰余価値をつくり出す過程の手段となる。労働過程は資本のもとに包摂され（労働過程は資本自身の過程となる）、資本家は管理者、監督者としてこの過程に入る。資本家にとって、それは同時に他人《フレムト》の労働を直接搾取する過程でもある。私はこれを、資本のもとへの労働の形式的包摂と呼ぶ。それは、あらゆる資本主義的生産過程の一般的形態である。だが同時にそれは、より発達した独自に資本主義的な生産様式（spezifisch-capitalistischen Productionsweise）と並ぶ特殊な一形態でもある。なぜなら後者は前者を含んでいるが、前者は必ずしも後者を含んでいないからである。

［470］　生産過程は資本それ自体の過程となっている。それは、資本家の貨幣が労働過程の諸要因へと転化され、その諸要因でもって遂行される過程であり、資本家の監督のもとで、貨幣をより多くの貨幣にするという目的のために遂行される過程である。以前は自分自身のために独立して生産していた農民が、借地農業者のために働く日雇い労働者になるとか、あるいは、同業組合的《ツンフト》生産様式に適合した階層的身分編成［親方―職人―徒弟］が消え去って、資本家と手工業労働者（今では彼は資本家のために働く賃労働者である）とのあいだの単純な対立関係が登場するとか、さらには、かつて奴隷所有者であった者が、自分のかつての奴隷を今度は賃労働者として雇う等々と

いう場合、別の社会的規定性を持っていた種々の生産過程が資本の生産過程へと転化するのである。

それとともに、先に論じた変化［形式的包摂］が生じる。かつて独立農民であった者は生産過程の一要因となり、この過程を自ら監督する資本家に従属するようになる。そして、この元農民の就業そのものが、商品所持者（労働力（Arbeitskraft）の所持者）としての彼が、貨幣所持者としての資本家と事前に結んだ契約に依存する。奴隷はその使用者に属する生産用具ではなくなる。親方《マイスター》と職人との関係は消えてなくなる。親方はかつては職人に対してその技能の師匠《マイスター》としての関係に立っていた。今では、親方は単なる資本の所持者として職人に対するだけであり、職人もまた今では労働の売り手として親方に対するだけである。生産過程が始まるまでは、両者はそれぞれ商品所持者として相対し、共通の貨幣関係を有しているだけであったが、生産過程の内部では、両者はこの過程の諸要因の人格化された機能者として相対するのであり、資本家は「資本」として、直接的生産者は「労働」として相対する。そして彼らの関係を規定しているのは、この労働が、自己自身を価値増殖させる資本の単なる一要因になっていることである。

さらに、資本家は、労働がその質と強度の標準的な水準を満たすよう注意を払い、労働過程をできるだけ長くしようとする。なぜなら、そのことによって、生産される剰余価値は増大するからである。それはまた労働の連続性を高める。というのも、生産者は、以前のように個々の客に依存する代わりに、もはや売るべき商品を持たず、資本家という恒常的な支払い主を持つようになるからである。

それとともに、資本関係に内在する神秘化（Mystification）も生じる。労働の価値維持力は資本の自己維持力として現われ、労働の価値創造力は資本の自己増殖力として現われる。こうして全体として、その概念にしたがって、対象化された労働が生きた労働の使用者として現われるのである。

だが、以上述べたような変化が起こるからといって、現実の生産過程である労働過程の実際《レアール》の仕方と様式に最初から本質的な変化が起こるわけではない。反対に、事の性質上、資本のもとへの労働過程の包摂は、この包摂以前から存在していた既存の労働過程を基礎にして生じる。この労働過程はもともと、それ以前のさまざまな生産過程や別の生産諸条件にもとづいて形成されたものであり、資本は、この与えられた既存の労働過程を包摂するのである。したがって、たとえば手工業的な労働や、小規模な独立農民経営に照応した農業様式を包摂するのである。これらの伝来的な労働過程が資本の指揮のもとに置かれることで変化が生じるとしても、このような変容は、すでに生じた包摂――所与の伝来の労働過程の資本のもとへの包摂――から徐々に生じてくる結果でしかない。

労働の強度がより増すとか、労働過程の継続時間がより長くなること、労働がより連続したものになり、利にさとい資本家の監視のもとでより秩序だったものになるといったこと、これらはいずれもそれ自体としては現実《レアール》の労働過程そのもの、実際《レアール》の労働様式の性格を変えはしない。したがって、このことは、すでに示したように資本主義的生産の進行とともに発展してくる独自に資本主義的な生産様式（労働の大規模化など）とは著しい対照をなす。なぜなら後者は、種々の生産当事者間の関係だけでなく、それと同時にこの労働がなされる仕方と全労働過程の実際《レアール》の様式にも革命を引き起こすからである。

この後者と対照させて、われわれは、これまで考察してきた、資本のもとへの労働過程の包摂（すなわち資本関係が発生する以前にすでに発展していた労働様式を資本のもとに包摂すること）を、資本のもとへの労働の形式的包摂と呼ぶのである。資本関係は、労働時間を延長することによって剰余労働を強要するための強制関係であり、この強制関係は何らかの人格的な支配・従属関係にもとづくのではなく、単に異なった経済的諸機能から生じる。この強制関係としての資本関係は、どちらの様式においても共通しているが、独自に資本主義的な生産様式ではさらに、剰余価値を強要する別のやり方も可能である。それに対して、既存の労働様式にもとづくかぎり、したがって労働生産力の所与の発展水準とこの生産力に照応する労働の様式にもとづくかぎり、剰余価値は労働時間の延長によってのみ創造しうるのであり、したがって絶対的剰余価値というやり方でのみ創造しうる。それゆえ、これが剰余価値を生産する唯一の形態であるかぎりで、資本のもとへの労働の形式的包摂がそれに照応するのである。

［471］　第二章［「絶対的剰余価値の生産」］で明らかにしたように、労働過程の一般的な諸契機、たとえば、労働の対象的諸条件が材料と手段とに区分され、労働者自身の生きた活動に相対していることなどは、生産過程の歴史的に特殊な社会的性格から独立した規定であり、生産過程のあらゆる可能な発展形態に等しくあてはまる規定である。この規定は実のところ人間労働の不変的な自然条件なのである。このことをはっきりと直接に示しているのは、独立に労働していて、社会との交換のためではなく、

自然との交換のためにのみ生産する人間、たとえばロビンソン［・クルーソー］のような人間にとってさえ、この規定があてはまることである。したがってそれは実際、人間がその純粋に動物的な性格から抜け出してきたかぎりでの、人間労働一般の絶対的規定なのである。

労働過程が資本のもとに形式的に包摂されるだけであっても、したがって古い伝来的な労働様式にもとづいている場合であっても、最初からこれまでとは違っている点、そしてますます違ってくる点は何かというと、それは、この労働過程が遂行される規模である。つまり、一方では前貸しされる生産手段の規模、他方では同じ使用者によって指揮される労働者の数である。たとえば同業組合的生産様式の基礎上では最大限として現われるもの（たとえば職人の数に関して）が、資本関係にとってはかろうじて最小限をなすものでしかない。というのも、実のところ、資本関係が何とか名目的に成立しうるためだけであっても、資本家は少なくとも、自分の私的消費のための収入としても蓄積元本としても用いることのできる剰余価値を生産するのに十分な数の労働者を雇い入れなければならないからである。それによって、自分自身は直接的労働から解放され、今ではもっぱら資本家として働くのであり、過程の監視者および監督者として、いわば意志と意識とを事実上付与されて自己の価値増殖過程に従事する資本としての機能を果たすことになる。［生産］規模のこのような拡大は、独自に資本主義的な生産様式が出現するための現実の土台をなすものでもある。ただし、その他にも有利な歴史的諸関係が存在していなければならず、たとえば一六世紀にそれが起こったときのようにである。もっとも、当時にあってはもちろん部分的なもので、古い社会形態の内部で個々の分散した地点に現われただけで、社会を支配するものではなかったのだが。

資本のもとへの労働の形式的包摂の特徴を最もわかりやすく示すことができるのは、次のような状況と比べた場合である。すなわち、資本がすでに存在していて一定の従属的機能を果たしているが、労働の直接的な買い手にして生産過程の直接の領有者として、全般的な社会形態を規定するような支配的機能をまだ果たしていない状況と比べた場合である。

たとえばインドに見られるように、高利貸資本が直接的生産者に原料や労働手段を貸与するか、あるいはその両方を貨幣の形態で貸し付ける場合である。高利貸資本が課す法外な利子、あるいはその大きさに関わらず直接的生産者から巻き上げる利子は一般に、剰余価値の別名にすぎない。実際、高利貸資本は、直接的生産者から不払労働を、つまり剰余労働を巻き上げることによって、その貨幣を事実上資本に転化させるのである。しかしそれは生産過程そのものには関与せず、生産過程は高利貸資本と並んでそのまま旧来の様式で営まれている。高利貸資本は、一方ではこの生産様式がすでに衰退しつつあることから発生するのだが、他方ではそれを衰退させつつ、最も不利な状況下でそれを細々と生き長らえさせ続ける手段でもある。この場合、資本のもとへの労働の形式的包摂はまだ生じていない。

もう一つの事例は商人資本である。商人資本は多数の直接的生産者に注文を出し、その後その生産物を回収して販売する。それと関連して、商人資本が原料などを前貸ししたり、貨幣を前貸ししたりする場合もある。まさにこの形態から近代の資本関係が部分的に発展してきたのであり、今なおそこかしこで本来の資本関係への移行がここから生じている。しかしこの場合も資本のもとへの労働の形式的包摂はまだ起こっていない。直接的生産者は依然として商品の売り手であると同時に自分自身の労働の使用者である。しかし、ここでは、この過渡的性格はすでに高利貸資本の関係におけるよりも大きい。この二つの形態には後でも折りに触れて立ち返るが、それらは資本主義的生産様式の内部で付随的・過渡的形態として再生産されている。

［472］ 資本のもとへの労働の実質的包摂、あるいは独自に資本主義的な生産様式

第三章［「相対的剰余価値の生産」］において、われわれは以下のことを詳細に展開した。相対的剰余価値の生産とともに——（個々の資本家の場合には、次のことに駆り立てられてイニシアチブを発揮するかぎりで生じる。すなわち、価値は生産物に対象化された社会的必要労働時間に等しいのだから、自分の生産物の個別的価値がその社会的価値よりも低ければ、生産物をその個別的価値よりも高く売ることができ、それによってその資本家に剰余価値が発生する）[▼27]——、生産様式の現実《レアール》の姿全体が変化し、独自に資本主義的な生産様式が（技術的にも）発生してくること、そしてそれにもとづいて、またそれとともに、資本主義的生産過程に照応する生産諸関係——生産当事者間の関係、とりわけ資本家と賃労働者との関係——もはじめて発展することである。

労働の社会的生産力、あるいは直接的に社会的で社会化された（共同的な）労働の生産力が発展してくるのは、協業や工場内分業、機械の使用によってであり、また総

じて生産過程を、一定の目的のために自然科学、力学、科学などを適用する過程（技術学など）に転化することによってであり、さらにまた、これらのすべてに照応した大規模な労働などによってである（この社会化された労働のみが、人間の発展の一般的成果、たとえば数学などを直接的生産過程に適用することを可能にするのだが、他方ではこれらの科学の発展は、物質的生産過程が一定の水準に達していることを前提としている）。だが、個々人の多かれ少なかれ孤立した労働などとは対照的なこのような社会化された労働の生産力の発展も、また、それとともに生じる、社会的発展の一般的成果である科学を直接的生産過程に適用することも、これらはすべて、［資本主義においては］労働の生産力としてではなく、資本の生産力として現われ、あるいは、労働が資本と同一視されている場合のみ労働の生産力として現われる。いずれにせよ、個々の労働者の生産力としても、生産過程において結合された（combinirten）労働者の生産力としても現われない。資本関係一般に内在する神秘化は今では、資本のもとへの労働の単なる形式的包摂の場合に起こったよりも、あるいは起こりえたよりも、はるかに発展している。他方で、資本主義的生産の歴史的意義もまた、まさに直接的生産過程そのものが変容し労働の社会的生産力が発展することによってはじめて、はっきりと

(独特な形で) 現われるのである。

すでに明らかにしたように (第三章)、労働者の労働の「社会的性格」等々は、「観念」においてだけでなく「事実」においても、単に疎遠《フレムト》であるだけでなく敵対的かつ対立的な形で労働者に相対しており、資本のうちに対象化され「資本家のうちに」人格化されたものとして相対している。

絶対的剰余価値の生産が資本のもとへの労働の形式的包摂の物質的表現であるとみなしうるように、相対的剰余価値の生産は、資本のもとへの労働の実質的包摂の物質的表現であるとみなすことができる。

いずれにせよ、剰余価値のこの二つの形態――絶対的と相対的――をそれぞれ区別された存在として考察するならば――そして絶対的剰余価値はつねに相対的剰余価値に先行する――、資本のもとへの労働の包摂の二つの区別された形態、あるいは資本主義的生産の二つの区別された形態は、剰余価値のこの二つの形態にそれぞれ対応している。生産の第一の形態はつねに第二の形態の先行者をなすのだが、他方では、より発展した形態である第二の形態は新しい生産部門に第一の形態を導入するための土台をなす場合もある。[▼28]

〔473〕

〔資本のもとへの労働の形式的包摂の捕遺

資本のもとへの労働の実質的包摂についてさらに進んだ考察をする前に、私のノートから次の部分を捕遺としてとっておこう。

▼ここで言う「私のノート」とは一八六一～六三年に書かれたノート21のことで、邦訳では以下の部分に該当する。『マルクス資本論草稿集』第九巻、大月書店、一九九四年、三六九～三八三頁。ただし文章は所々違っており、順番が入れ替わっている部分もある。

絶対的剰余価値にもとづく［包摂の］形態を、私は資本のもとへの労働の形式的包摂と呼ぶ。というのも、それがただそれ以前の生産様式——それを基礎にして形式的包摂が直接に発生する（導入される）——から形式的に区別されるだけだからである。それ以前の生産様式にあっては、生産者は自営であったり、他人のために剰余労働を提供しなければならない直接的生産者であったりする。そこにおいて加えられる強制は違った種類のものであって、すなわち剰余労働を強制する方法が異なっている。形式的包摂の本質的特徴は以下の点にある。

(一) 剰余労働を領有する者とそれを提供する者とが純粋な貨幣関係にあること。ここでも従属が生じているのだが、それは販売の特定の内容から生じているのであって、あらかじめ販売に前提されている従属から生じるのではない。後者の場合、政治的等々の関係の結果として、生産者とその労働の搾取者との関係は貨幣関係(ある商品所持者と別の商品所持者との関係)とは別ものであろう。だが前者の場合、売り手を買い手への経済的従属に陥らせるのは、買い手が単に労働諸条件の所持者だからであって、けっして政治的・社会的に固定された支配・従属関係のゆえではない。

(二) この第一の関係に含まれていることだが——というのも、そうでないとすれば労働者は自分の労働能力を売る必要はなかっただろうから——、客体的な労働諸条件(生産手段)と主体的な労働諸条件(生活手段)とが、労働者に対して資本として、彼の労働能力の買い手に独占されたものとして対立していることである。これらの労働諸条件が労働者に対して他人《フレムト》の所有として対立する度合いが完全なものになればなるほど、資本と賃労働との関係は形式的にますます完全なものになり、したがって、実質的包摂の条件であり前提である資本のもとへの労働の形式的包摂もますます完全なものになる。

だがこれまでのところ、生産様式そのものにはまだいかなる違いも生じていない。技術的に見た労働過程は以前とまったく同じように行なわれていて、今では資本に従属した労働過程として行なわれているだけである。それにもかかわらず、以前に説明したように、生産過程それ自体において、(一) 労働能力の消費が資本家によって行なわれ、したがって資本家によって監視され管理されることで、経済的な支配・従属関係が発展する。(二) 生産物がただ社会的必要労働時間だけを（いやむしろそれよりも少ない労働時間を）表わすよう全力が尽くされることで、労働の大きな連続性と強度とが生じ、労働諸条件の充用上の節約がいっそう進展する。このことは、生産物の生産に用いられる生きた労働にもあてはまるし、また、使用された生産手段の価値として生産物の価値の一部に入る対象化された労働にもあてはまる。

資本のもとへの労働の形式的包摂の場合、剰余労働の強制――そしてそれとともに、一方では、さまざまな欲求とそれらを充足する諸手段とを創出することの強制、他方では、労働者の伝統的諸欲求の限度を越える生産物量を生産することへの強制——と、物質的生産から独立した、発達のための自由な時間を創出することの強制は、それ以前の生産様式とは別の形態を取るだけである。だがこの形態は、労働の連続性と強度を高め、生産を増進させ、労働能力の可変性を発展させるのにより有効であり、それとともに労働・稼得様式を［古い諸関係から］分化させ、最終的に労働諸条件の所持者と労働者自身との関係を純粋な売買関係ないし貨幣関係に解消し、搾取関係からあらゆる家父長的、政治的、あるいは宗教的でさえある混ぜものを一掃する。その代わり、生産関係それ自体が新たな支配・従属関係を生み出す（そして、それ自身の政治的表現等々をもつくり出す）。資本主義的生産が形式的関係を越える度合いが少なければ少ないほど、あの［新たな支配・従属］関係も発展していないことになる。というのも、その形成や就業の仕方の点で労働者自身からかろうじて区別される小規模な資本家が前提されているだけだからである。

［474］ 生産様式それ自体がまだ影響を受けることなく支配・従属関係のあり方だけが異なっていること、このことが最もはっきりと現われるのは、家族の必要のためだけに営まれていた農村の家内副業が独立した資本主義的労働部門に転化する場合で

ある。

資本によって形式的に包摂された労働とそれ以前の労働充用形態との違いは、個々の資本家が充用する資本の大きさが増大するのと同じ程度で、したがってまたその資本家によって同時に就業させられる労働者の数が増大するのと同じ程度で、現われ出てくる。資本の一定の最小限があってはじめて資本家は、自分自身が労働者であることをやめて、完全に労働過程の指揮監督と生産された諸商品の商いに専念することができる。また、ある一定の規模になった資本家が――商人が産業資本家になるのであれ、大規模な産業資本家が形式的包摂を土台にして形成されるのであれ――生産を直接支配する場合にはじめて、資本のもとへの労働の実質的包摂、本来の資本主義的生産様式が登場するのである。(a)

この［経済的な］支配・従属関係が奴隷制、農奴制、封建的主従関係、家父長制、等々の［古い］従属形態に取って代わるならば、その形態が変化するだけである。形態はより自由なものになる。というのも、従属は今ではもっぱら物的な（sachlich）性質を帯び、形式的に自発的で、純粋に経済的なものになっているからである（Verte）。▼29 （a）この注(a)は最後の章句に関係しているのではなく、その前の箇所に関係している。▼30

「自由な労働者は一般に自分の主人を代える自由を持っている。この自由が奴隷から自由な労働者を区別するのであり、ちょうどイギリスの水兵がイギリス商船の船員から区別されるのと同じである。……労働者の境遇が奴隷の境遇に優っているのは、労働者が自分のことを自由だと思っているからである。そしてこのような確信こそが、いかにそれが思い違いであろうと、住民の性格にけっして小さくはない影響を与えている」（T・R・エドモンズ『実践的・道徳的・政治的経済』、ロンドン、一八二八年、［五六～］五七ページ）。「自由な人間を労働に駆り立てる動機は奴隷を労働に駆り立てる動機よりもはるかに暴力的である。自由な人間は激しい労働と餓死（この箇所を後で確認）のどちらかを選ばなければならないが、奴隷は……［激しい労働］と適度な鞭打ちのどちらかを選ばなければならない」（同前、五六ページ）。「奴隷の境遇と貨幣制度下の労働者の境遇との違いは、ごくわずかなものである。……奴隷の主人は、自分自身の利益をよく心得ているので、奴隷の食事を切り詰めて奴隷を弱めるようなことはしない。しかし、自由な人間の主人は、彼らに与える食事をできるだけ少なくしようとする。なぜなら、労働者に与えられる損害はその主人にのみ降りかかるのではなく、主人の階級全体に降りかかるからである」（同前）[31]。

「古代では、人々にその欲求を越えて労働させること、国の一部の者を無償で働かせて他の一部を養うというようなことは、奴隷制によってのみ達成できたのであり、だからこそ奴隷制が広く導入されたのである。奴隷制は、今では繁殖に有害だろうが、当時はそのために必要だったのである。その理由は単純明快だ。労働を強制されないのなら、人間は自分のためにしか労働しないだろう。そしてもし彼らにわずかな欲求しかなければ、労働もわずかしかなされないだろう。しかし、国家が形成され、外敵の攻撃から国を守るために、手の空いている人々が必要になれば、とりあえず、労働をしないこれらの人々のための食料が調達されなければならない。そして、想定によれば、労働者の欲求は小さいので、彼らの労働をその欲求に比例する分以上に増大させる方法が見出されなければならない。

この目的のために奴隷制が考案されたのである。……奴隷たちは、スパルタにおいてそうだったように、自分たちだけでなく労働しない自由民の両方を食べさせるために土地を耕すことを強いられた。あるいは、奴隷は、今では自由民が占めているあらゆる卑しい地位を占めていて、ギリシャやローマにおいてそうであったように、国家に必要な役務を果たす人々に手工業品を供給するためにも使用されていた。

ここでは当時、食料生産のために人々に労働をさせる暴力的な方法が用いられた。……当時、人が労働を強制されたのは他人の奴隷だったからである。今日では自分自身の欲求の奴隷だから労働を強制されている」（J・ステュアート［『経済学原理』］第一巻、ダブリン版、一七七〇年、三八〜四〇ページ［ジェームズ・ステュアート『経済の原理』上、名古屋大学出版会、一九九八年、三六〜三七頁］）。

同じステュアートはこうも述べている。一六世紀に領主は自分の家臣たちに暇を出し、他方で借地農業者が産業資本家に転身して、徒食者たちを解雇した。農業は生計手段から営業となった。その結果はこうだ。「小規模農業から多くの人手が引き上げられると、ある意味、農夫はこれまで以上に激しく労働を強いられるのであり、狭い土地での激しい労働によってようやく、広大な土地での楽な労働で生み出されるのと同じ成果が生み出されるのである」（同前、一〇五ページ［同前、九六〜九七頁］）。

［475］　あるいはまた、生産過程におけるこの支配・従属関係が生産過程におけるそれ以前の自立性に取って代わる場合もある。たとえば、独立自営農民、国家や地主に

現物地代を払っていただけの借地農業者、農村の家内副業や独立手工業、などである。したがって、この場合、生産過程における以前の自立性が失われるのであって、それは支配・従属関係それ自体が、資本主義的生産様式が導入されたことの所産なのである。

最後に、資本家と賃労働者との関係が、同業組合の親方とその職人・徒弟の関係――これは部分的に、都市マニュファクチュアがその成立期に通過する過渡をなしている――に取って代わる場合もある。中世の同業組合関係は、アテネやローマでもごく限定された範囲では類似の形態が発達していたし、一方ではヨーロッパにおける資本家の形成にとって、他方では自由な労働者層の形成にとって決定的に重要なものだったのだが、これはまだ資本・賃労働関係の制限された不十分な形態である。ここではすでに一方では、買い手と売り手との関係が存在する。賃金が支払われており、親方・職人・徒弟はそれぞれが自由な人格として相対している。だが、この関係の技術的土台は手工業的経営であり、そこにあっては、労働用具を多少なりとも熟達した腕前で扱うことが生産の決定的な要因である。そこにおいて労働の成果を決定づけるのは、自立した個人的［人格的］労働と、したがって長短さまざまな徒弟期間を必要とするその職業的発達である。

親方はたしかに生産諸条件、すなわち道具と労働材料とを所持しているし（もっとも、道具が職人のものである場合もある）、生産物も親方のものである。そのかぎりでは彼は資本家である。だが彼は資本家だから親方なのではない。彼自身何よりも手工業労働者なのであって、その腕前のおかげで親方だとみなされているのである。生産過程そのものの内部では、彼はその職人と同じく手工業労働者として振るまい、またその徒弟に対してはまずもって職能の秘訣を教え込む。彼は徒弟に対しては、教師とその生徒との関係とまったく同じ関係に立っている。だから、徒弟と職人に対する親方の関係は、資本家そのものとしての関係ではなく、職能の熟達者《マイスター》としての関係である。彼は、そういうものとして、同業組合（Corporation）の中で、したがって徒弟や職人に対して、高い階層的地位を占めている。この地位は、同業組合における彼自身の親方資格《マイスターシャフト》にもとづいているとみなされている。したがって彼の資本は、その素材的な姿の点でも、その価値の大きさの点でも、けっしてまだ資本の自由な姿をもつに至っていない制約された資本である。それは、労働諸条件のあれこれの形態を取りうるし実際に状況に応じて任意に取っている一定量の対象化された労働ではなく、価値一般ではない。すなわち、剰余労働を領有するために、生きた労働のあれこれの形態と任意に交換されるものではない。徒弟や職人というあらかじめ定められた諸段階を経た後ではじめて、そして、彼自身が親方資格認定作品をつくり上げた後ではじめて、彼は自分の貨幣をこの特殊な労働部門に、自分自身の職種に投じることができるのであり、一部をこの職種の客体的諸条件に転化し、一部を職人を雇い徒弟を抱えることに用いることができるのである。

彼は自分自身の職種においてのみ貨幣を資本に転化することができる。すなわち、貨幣を自分自身の労働の手段としてだけでなく、他人《フレムト》の労働を搾取する手段としても用いることができる。彼の資本は使用価値の特定の形態に拘束されており、したがってそれと同じだけ自分の労働者に対して資本として相対する度合いが少ない。彼が採用している労働の方法は経験的に習得されたものであるだけでなく、同業組合の規則によって定められたものでもある。そしてそうした方法が必要不可欠なものであるとみなされており、したがって、この面からしても、労働の交換価値ではなく労働の使用価値がその究極目標として現われる。どのような質の労働を提供するかは彼自身の意向にもとづいているのではなく、同業組合制度の全体が一定の質の労働を提供するよう指示するのである。労働の価格も、労働の方法と同じく彼の意向に委ねられてはいない。彼の資産が資本として機能するのを妨げているこの制限された形態にさらに、彼の資本の価値の大きさの最大限が事実上あらかじめ定められているという事実がつけ加わる。彼は、一定数以上の職人を抱えることを許されていない。なぜなら、同業組合は、例外なくすべての親方に対して、その職種から得られる利益に比例した分け前を保証するものとされているからである。

最後に、同じ同業組合の構成員である親方同士の関係が存在する。親方たちが構成員として属している特定の同業組合には、一定の共通の生産諸条件（同業組合規則など）、政治的諸権利、都市行政への参加権などが設定されている。彼は——商人のために働く場合を例外として——直接の使用価値のために注文に応じて働き、それゆえ親方の数も規制されている。親方は自分の使用する労働者に対して単なる商人として相対するのではない。かといって商人が自分の貨幣を生産資本に転化させることはなおさらできない。商人にできるのは［問屋として］商品の「代金を前貸《フレムト》する」ことだけであり、自ら商品を生産することはできない。ここでは、他人の労働を搾取することの目的および結果として現われるのは、［親方としての］身分にふさわしい生活なのであって、交換価値そのものではないし、致富《ちふ》そのものでもない。ここで決定的なものは道具である。多くの労働部門（たとえば服の仕立て）では原料は客から親方自身に提供される。生産が既存の消費の範囲に制限されており、それがここでの一法則である。したがって生産はけっして資本それ自体の諸制限によって規制されているのではない。資本主義的関係においては、政治的・社会的束縛に伴う諸制限は消え去っていくが、ここではまだ資本はこの古い束縛の内部で運動しており、したがってまだ［本来の］資本としては現われてはいない。

［476］手工業的経営が資本主義的経営に形式的に転化するだけであっても、したがって技術的過程がさしあたり以前と同じままであっても、これらすべての制限は取り除かれるのであり、それとともに支配・従属関係も変化を遂げる。親方は今ではもはや、親方であるから資本家なのではなく、資本家であるから親方《マイスター》＝主人なのである。彼の生産に対する制限はもはや彼の資本に対する［外的な］制限によって条件づけられてはいない。資本（貨幣）はどんな種類の労働とも任意に交換され、したがってどんな労働諸条件とも交換されうる。資本家は自ら手工業労働者であることをやめることができる。取引の突然の拡張とともに、そしてその結果として商人たちからの商品需要

の突然の拡張とともに、同業組合的な経営は自らそれ自身の制限を乗りこえて、形式的に資本主義的経営に転換することへと駆りたてられる。

断続的に現われる客のために働く独立手工業者と比べて、資本家のために働く労働者［の労働］の連続性は当然ながら増大する。というのも彼の労働は、個々の客の偶然的な欲求によって限界づけられているのではなく、彼を使用する資本家の搾取欲求によってのみ限界づけられているからである。

奴隷と比べて、このような労働はより生産的である。なぜならそれはより強度の高いものだからである。というのも、奴隷が働くのは、外的な恐怖に駆り立てられてでしかなく、自分自身の生存のためではないからである。この生存は奴隷のものではないが、それでも保証されてはいる。それに対して、自由な労働者は自らの欲求に駆り立てられる。自由な自己決定、自由といった意識（あるいはむしろそういう思い込み）は、自由な労働者を奴隷よりもはるかに良質な労働者にする。そして、それと結びついて責任の自覚（意識）が生じる。商品のあらゆる売り手と同じく、労働者は自分の提供する商品に責任を負っており、同じ種類の商品を売る他の売り手たちによって駆逐されたくなければ、それを一定の品質で提供しなければならない。奴隷と奴隷主との関係というのは、奴隷に対して行使される直接的な強制によってその継続性が維持される関係である。それに対して自由な労働者は、その継続性を自分自身で維持しなければならない。なぜなら、彼の生存とその家族の生存とは、自分の労働能力が絶えず繰り返し資本家に売られることにもとづいているからである。

奴隷の場合、賃金の最低限は彼自身の労働から独立した不変の大きさとして現われる。自由な労働者の場合、彼の労働能力の価値とそれに照応する平均賃金は、このようなあらかじめ定められた限界内に、すなわち彼自身の労働から独立していて彼の純粋に肉体的な欲求によって規定された限界内にあるのではない。たしかに階級にとっての平均は、あらゆる商品の価値と同じく、ここでも多少なりとも不変である。しかし、この平均値は、個々の労働者にとってはこのような直接の現実性のうちに存在するのではない。個々の労働者の賃金はこの最低限よりも低いこともあれば高いこともある。労働の価格は、時に労働能力の価値よりも下がり、時に価値よりも上がる。さらに、労働者の個性が発揮される余地が（狭い限界内でだが）存在しており、そのおかげで、異なった労働部門間で、あるいは同じ労働部門内でも、労働者の勤勉さや熟練や能力（Kraft）等々に応じて賃金差が存在する。そして、この差は部分的には、彼自身の個人的働きぶりの程度に応じて決定されるのである。したがって、賃金の大きさは、労働者自身の労働とその個別的な質の結果として変化するように見える。これがとりわけ発展するのは出来高賃金が支払われる場合である。この賃金形態は、すでに見たように、けっして資本と労働との一般的関係を、剰余労働と必要労働との一般的関係をいささかも変えるものではないとはいえ、この関係を、個々の労働者にとっては異なった形で、しかも彼ら自身の個人的働きぶりの程度に応じて表現する。奴隷の場合は、特殊な能力（Kraft）や熟練は、この奴隷個人の購入価値を増大させるかもしれないが、これは奴隷自身にとっては関係のないことである。だが、自分が労働能力の持ち主である自由な労働者の場合は事情が違う。

［477］この労働能力がより高い価値を持っている場合には、その価値は労働者自身に支払われなければならないし、それはより高い賃金に表現される。それゆえ、特殊な労働が、より多くの生産費を要するより高度に発達した労働能力を必要とするかどうかにしたがって、大きな賃金差が広く見られることになる。このことによって、一方では個人差が大いに働く余地が開かれるとともに、他方では自分自身の労働能力を発達させることへの刺激が与えられる。たしかに、労働の大部分は多かれ少なかれ不

熟練労働（unskilled labour）からなっているだろうし、したがって、賃金の大部分も単純な労働能力の価値によって規定されているに相違ない。しかし、それでも依然として、個々人にとっては、特別の活力や才能等々によってより高度な労働部門へと上昇することは可能なのであり、それはちょうど、あれこれの労働者が資本家に、すなわち他人の労働の搾取者に成り上がる抽象的可能性が依然として存在するのと同じである。また、奴隷は特定の主人に属しているが、労働者は、たしかに自分を資本に売らなければならないとはいえ、特定の資本家に売らなければならないわけではない。したがって、彼は、ある一定の範囲内では、自分を誰に売るかの選択肢を有しており、自分の主人を変えることができる。以上のような変化した諸関係は、労働者自身にまったく別の歴史的行動を担う能力を授けるものでもあるのだが、それとは別に、この同じ諸関係は自由な労働者の仕事を奴隷のそれと比べて、より強度が高く、より連続的で、より動きが敏速で、より熟達したものにするのである。

奴隷は自己の維持に必要な生活手段を、その種類も範囲も固定された現物形態で、つまり種々の使用価値で受け取る。自由な労働者はそれを貨幣の形態で、つまり交換価値の形態で、富の抽象的な社会的形態で受け取る。しかしながら、賃金はここでは事実上、必要生活手段が銀や金や銅や紙といった形態を取ったものに他ならないのであって、これらの生活手段へと不断に解消されなければならない。貨幣はここでは、単に交換価値の瞬過的形態として、純然たる流通手段として機能しているにすぎない。それでもやはり、労働者にとって自分の労働の目的および結果として念頭に置かれているのは抽象的な富である交換価値であって、一定の伝統的・地方的に限定された使用価値なのではない。貨幣を自分の欲する何らかの使用価値に転換し、その貨幣でもって自分の欲する諸商品を買うのは、労働者自身である。そして、貨幣所持者として、商品の買い手として、彼は商品の売り手に対して、他のすべての買い手とまったく同じ関係に立っている。

もちろん労働者は、その生存条件からして――労働者の獲得する貨幣の価値額がごく限られたものであることからしてもそうなのだが――、賃金を生活手段のかなり限定された範囲に使い果たさざるをえない。とはいえ、ここでもある程度のバリエーションは可能であって、たとえば、新聞はイギリスの都市労働者の必要生活手段の一部に入っている。労働者はいくらかの節約をして貯金することもできる。逆に賃金をウォッカなどに浪費することもできる。しかし、このように行動するとき、労働者は自由な行為者（Agent）としてふるまっているのであって、そのつけは自分で払わなければならない。賃金をどう使うかに責任を負っているのは労働者自身である。主人を必要とする奴隷とは対照的に、労働者は自分で自分を制御することを学ぶ。

もっとも、以上のようなことが言えるのは、農奴ないし奴隷が自由な賃労働者に転化する事態を考察する場合のみであって、その場合にはたしかに、資本主義的関係は社会の階段を一段上に上がることとして現われる。しかし、独立自営農民や独立手工業者が賃労働者に転化する場合には、これとは逆である。シェイクスピアが描いているイギリスの誇り高いヨーマンリー［独立自営農民］とイギリスの日雇い農業労働者とは、何と違うことだろう！　賃労働者にとって労働の目的はただ賃金、貨幣、一定量の交換価値であって、そこでは使用価値のいかなる特殊性も消し去られている。彼は自分の労働の内容にはまったく無関心であり、したがって自分の仕事の特殊な種類にも無関心である。それに対して、同業組合制度や世襲的身分制においては、この仕事はその人に与えられた天職とみなされ、奴隷の場合には、役畜の場合と同じく、その労働能力は彼に押しつけられた伝来の特定種類の仕事にのみ用いられる。

したがって、分業が労働能力を完全に一面的なものにしてしまうのでないかぎり、原理的には自由な労働者は、よりよい賃金が保障されているかぎり、自分の労働能力と自分の仕事のさまざまな変化に適応しようとするし、それを進んで受け入れようとする（農村の過剰人口が絶えず都市に移動する場合に現にそうであるように）。成熟した労働者は多かれ少なかれこのような変化に適応できないとしても、新たな後続者たちなら常にそうした変化に開かれているとみなすことができる。そして新たに登場する労働者世代はつねに、新しい労働部門やとくに繁栄している労働部門に配置されるし、いつでもそうした部門にとって利用可能なのである。

北アメリカは、賃労働が古い同業組合制度などの遺物から最も自由な形で発展した国であり、事実また、こうした可変性、労働の特定の内容に対する完全なる無関心さ、ある部門から別の部門への移動性が、とりわけはっきりと見られる。このような可変性は、奴隷労働の画一的で伝統的な性格と好対照をなしている。後者の場合、生産の必要に応じて労働が変化するのではなく、その逆に、最初に導入され伝統的に継承されてきた労働様式に生産の方が適応しなければならない。それゆえ、この対照性はアメリカ合衆国のすべての著作家たちによって、南部の奴隷労働と対比しての北部の自由な賃労働の大きな特徴として強調されるのである（ケアンズ［『奴隷労働力』］を見よ）。

新しい労働種類の絶え間ない形成、その不断の変化――それは使用価値の多様性に照応しており、したがって交換価値の現実の発展でもある――、したがって社会全体で持続的に進行する分業、これらは資本主義的生産様式とともにはじめて可能になる。それらは、固定化された何らかの特定の事業部門そのものに制限を見出すことのない自由な手工業的・同業組合的経営から始まるのである。〕

［478］　以上で資本のもとへの労働の形式的包摂に関する補足が終わったので、次に進むことにしよう。

資本のもとへの労働の実質的包摂

形式的包摂の一般的特徴は実質的包摂にもあてはまる。すなわち、資本のもとへの労働過程の直接的従属――その労働過程が技術的にどのような様式で営まれているのであれ――がそれである。しかし、こうした土台にもとづいて、技術的およびその他の点で独自に資本主義的な生産様式が、すなわち労働過程の現実《レアール》の性質とその現実《レアール》の諸条件とが変容を遂げた生産様式が発生する。こうした生産様式が登場してはじめて、資本のもとへの労働の実質的包摂が生じるのである。「生活のための農業……は、商業のための農業に変わった。……国土の改良が……この変化に対応して行なわれた」（A・ヤング『政治算術……』、ロンドン、一七七四年、四九ページの注）。

資本のもとへの労働の実質的包摂は、絶対的剰余価値ではなくて相対的剰余価値を発展させるさまざまな形態を通じて発展する。

資本のもとへの労働の実質的包摂とともに、生産様式そのものに、労働の生産性に、そして資本家と労働者との関係に、完全な（そして絶えず進行し、何度も繰り返される）革命が起こる。[a]

（a）『共産党宣言』（一八四八年）[32]。

資本のもとへの労働の実質的包摂の場合、先ほど説明したあらゆる変化が労働過程そのものに生じてくる。労働の社会的生産力が発展し、労働が大規模化し、それとともに科学と機械が直接的生産に適用される。一方では、資本主義的生産様式は今では独自の（sui generis）生産様式として形成されており、物質的生産の姿を変化させている。他方では、物質的姿のこのような変化は資本関係が発展していくための土台をなし、こうして、資本関係のこの十全な姿が労働の生産力のある一定の発展水準に照応するようになるのである。

すでに見たように、個々の資本家の手中には、一定の、そしてますます増大する最小限の資本が存在するのだが、それは一方では独自に資本主義的な生産様式の必然的な前提であるとともに、他方ではその絶えざる結果である。資本家は、自分個人ないしその家族に可能な生産をはるかに越えた水準の社会的規模と価値量を持った生産手段の所有者ないし所持者でなければならない。この最小限の資本は、何らかの事業部門が資本主義的に経営されればされるほど、その部門での労働の社会的生産性が高くなればなるほど、ますます大きくなる。それと同じ程度で、資本は価値の大きさを増大させて社会的次元を獲得しなければならず、したがってあらゆる個人的性格を脱ぎ捨てなければならない。この生産様式は労働の生産性を高め、生産量を増やし、人口を増大させ、過剰人口を増やしていくのだが、それとともに、この自由になった資本と労働とを用いて、新たな事業部門を絶えまなく生み出していく。これらの部門においては、資本は再び小さな規模で活動することができ、先に略述した種々の発展段階を通過していき、ついにはこの新しい事業部門も社会的規模で経営されるようになる。この過程は不断に進行する。

それと同時に、資本主義的生産は、いまだ〔479〕その支配下に置いておらずせいぜい形式的にしか包摂していないあらゆる産業部門を征服しようとする傾向にある。いったん農業や鉱業、主な衣料材料製造部門などを支配下に収めたなら、資本は今度は、形式的にしか包摂していないか今なお独立手工業者が支配的な他の諸部門を捉える。機械を考察した時にすでに述べたように、機械がある部門で導入されると別の部門への導入を引き起こし、さらに、同じ部門内の他の亜種への導入をもたらす。たとえば、機械紡績は機械織布をもたらし、綿業における機械紡績は羊毛、亜麻《リネン》、絹、等々における機械紡績を引き起こす。石炭業や綿業などにおける機械の広範な使用は、大規模な生産様式を機械製造業そのものに導入することを必然的にする。この大規模な生産様式は交通手段の発達を必要とするのだが、他方では、機械製造業それ自体に――とりわけタービンの製造に――機械を導入することによってはじめて、蒸気船や鉄道の導入が可能になり、造船業全体が変革を遂げるのである。大工業は、まだ征服していない諸部門に大量の人間を投げ入れるか、あるいはこれらの部門で相対的過剰人口をつくり出し、そうすることによって、手工業や形式的に資本主義的な小経営を大工業へと転化するのに必要な数の人間を確保する。この点に関しては、以下のトーリー的[▼33]慨嘆を見よ。

「古きよき時代には、『生きよ、生かせよ』が全般的なモットーだった。誰もが一つの天職で満足していた。綿業では、織工、綿紡ぎ工、漂白工、染め工、その他いくつかの独立した諸部門が存在していて、誰もが、そのそれぞれの職業から得られる利益で生計を立てていて、そして予想されるとおり、誰もが満足し幸せだった。しかしやがてこの業種の衰退が起こり、それがある程度まで進むと、まずある一部門が資本家に乗っ取られ、次にまた別の部門が乗っ取られ、ついにはすべての人々が駆逐されて、労働市場に投げ入れられた。彼らは、何としてでも生活の糧を見出さなくてはならなくなった！　こうして、資本家たちは、綿紡績業者や製造業者や印刷業者になる権利をいかなる免許状《チャーター》によっても保証されていないにもかかわらず、事の成り行きが彼らにこれらいっさいの独占権を与えたのである。彼らは何でも屋になったのだが、事業に対する国の利害からすると恐るべきことに、彼らはいかなるものの専門家でもないのだ」(『公衆経済学概論……』、カーライル、一八三三年、五六ページ)。

資本主義的生産の物質的結果は、労働の社会的生産力の発展に加えて、生産量を増大させること、生産部門とその下位部門とを増加させ多様化させることである。このことが起きてはじめて、生産物の交換価値が——したがって諸生産物が交換価値として作用し実現される諸領域が——、それに応じて発展するのである。

たしかに、「生産のための生産」——自己目的としての生産——というのは、資本のもとへの労働の形式的包摂とともにすでに生じている。すなわち、できるだけ多くの、できるだけ大量の剰余価値を生産することが総じて生産の直接的目的となるやいなや、一般に生産物の交換価値が決定的な目的になるやいなや、そうなる。しかし、資本関係に内在するこの傾向がはじめて十全な形で実現されるのは、そしてそれ自身が技術的にも必要条件になるのは、独自に資本主義的な生産様式が発展してからのことであり、それとともに資本のもとへの労働の実質的包摂が発展してからのことである。

[480] この最後の点についてはすでに事柄に即してかなり詳しく説明しておいたの

で、ここではごく手短に済ませよう。この生産は、諸欲求によってあらかじめ規定された制限には拘束されない（ただし、両者の対立した性格は生産に対する制限を含んでおり、生産はこの制限を絶えず乗り越えようとする。このことから恐慌、過剰生産、等々が起こる）。これは、それ以前の生産様式から区別される一側面であり、そう言いたければ肯定的側面である。だが他方では否定的側面ないし対立的性格もある。生産が生産者に対立し、彼らによそよそしいものになっていることである。現実の生産者は単なる生産手段になっており、物的な（sachlich）富が自己目的となっている。したがって、この物的な（sachlich）富が人間諸個人に対立し、彼らを犠牲にして発展する。

労働の生産性は一般に、最小の労働で最大の生産物を生産すること、したがって諸商品をできるだけ安く生産することである。このことは、資本主義的生産様式においては、個々の資本家の意志から独立した法則になる。そして、この法則が現実化するのは、それがもう一つの法則を含んでいる場合のみである。すなわち、生産の規模が所与の欲求によってあらかじめ定められているのではなく、むしろその逆に生産物の量が、生産様式そのものによって定められた絶え間なく拡大する生産規模によって規定されていることである。この生産様式の目的は、個々の生産物ができるだけ多くの不払労働を含むことであって、これが達成されるのはただ生産のための生産を追求することによってのみなのである。

一方ではこれは、より小さな規模で生産する資本家が社会的に必要な量以上の労働をその生産物に具体化することになるかぎりで、法則として現われる。したがってそれは価値法則を十分に実現するものとして現われる。価値法則は、資本主義的生産様式の基礎上ではじめて十全な発展を遂げる。しかし他方では、それは個々の資本家の衝動として現われる。資本家は、自分の商品の個別的価値をその社会的に規定された価値より引き下げることで、この法則を侵害する、あるいはそれを出し抜いて独自の利益を得ようとする。

これらすべての（相対的剰余価値の）生産形態に共通しているのは、生産に必要な資本の最小限が増大する点を別とすれば、次のような点である。直接に協業する多数の労働者にとって共同的な労働諸条件そのものが、小規模生産に見られるような分散的な労働諸条件と比べて節約を可能にすることである。というのも、この共同の生産諸条件がもたらす効果は、この諸条件の分量と価値がそれに比例して増大することを必ずしも必要としてはいないからである。これらの生産諸条件を共同で同時的に使用することは、その絶対的な価値量を増大させるとしても、（［より増大した］生産物との関係では）その相対的価値を低下させるのである。

生産的労働と不生産的労働

ここでは、資本主義的生産様式の結果として生じる資本の姿の変化についてこれ以上考察する前に、あらかじめこの問題［生産的労働と不生産的労働］について簡単に見ておこう。

▼以下の部分は、一八六一～六三年草稿のノート21における「k、資本の生産性、生産的および不生産的労働」と大部分重なっている。『マルクス資本論草稿集』第九巻、四〇九頁以下参照。

〔生産的労働とは何か〕

資本主義的生産の直接的目的でありその固有の生産物であるのは剰余価値である。

それゆえ、直接に剰余価値を生産する労働だけが生産的であり、［自己の］労働能力をそのように行使する者だけが生産的労働者である。したがって、資本を価値増殖させるために生産過程で直接消費される労働だけが生産的である。

労働過程一般の単純な観点からは、生産的労働として現われるのは、ある生産物に、もっと言えばある商品に実現される労働である。しかし、資本主義的生産過程の観点からは、次のようなより進んだ規定が追加されなければならない。すなわち、生産的であるのは、資本を直接に増殖させる労働、つまりは剰余価値を生産する労働である。したがってそれは、労働の遂行者である労働者への対価なしに剰余価値に実現され、剰余生産物に表わされる労働であり、労働手段[34]（means of labor）の独占者である資本家のために商品のある超過的な増分を生産する労働である。ただ可変資本を、したがってまた総資本を、C＋ΔCに、つまりはC＋Δvにする労働だけが生産的である。したがって、資本のためにその自己増殖の作用因（agency）として直接に役立つ労働、剰余価値の生産のための手段として役立つ労働、これだけが生産的なのである。

資本主義的労働過程は労働過程の一般的な規定性を廃棄《アウフヘーベン》しない。それが生産するのは生産物と商品である。そのかぎりで、使用価値と交換価値との統一としての商品に対象化される労働は依然として生産的である。しかし、労働過程は資本の価値増殖過程にとっての手段でしかない。したがって、商品に表わされる労働は生産的なのだが、個々の商品を考察する場合には、その商品の一可除部分に表わされる不払労働が生産的なのであり、総生産物を考察する場合には、総商品量のうち不払労働をもっぱら表わしている一可除部分、したがって資本家にとって何の費用もかかっていない生産物を表わしている労働が生産的なのである。

生産的である労働者とは、生産的労働を行なう労働者のことであり、生産的である労働とは、直接に剰余価値を生み出す労働、すなわち資本を増殖させる労働のことである。

［481］　生産の資本主義的形態を生産の絶対的形態とみなし、したがって生産の唯一の自然形態とみなすブルジョア的偏狭さだけが、資本の観点からして何が生産的労働で誰が生産的労働者であるのかという問題と、一般に生産的労働とは何であるのかという問題とを混同することができるのであり、したがって、一般に生産を行ない、何らかの生産物ないし何らかの使用価値をつくり、そもそも何らかの結果を伴う労働はすべて生産的であるというような同義反復的回答で満足するのである。

だが労働者が生産的であるのは、その労働過程が、資本ないし資本家による労働能力の――この労働の担い手の――生産的消費過程である場合だけである。

このことからただちに次の二つのことが出てくる。

第一。資本のもとへの労働の実質的包摂、あるいは独自に資本主義的な生産様式の発展とともに、個々の労働者ではなしに、社会的に結合された労働能力がますます全体としての労働過程の現実的機能者になる。そして、相互に結びつきあって全体としての生産機構を形成しているさまざまな労働能力は、商品が――ここではより適切には生産物が――形成される直接的過程に非常に異なった仕方で寄与する。ある者は主として手でもって働き、他の者は主として頭脳でもって働く。ある者は管理者（manager）、エンジニア、技術者、等々として働き、他の者は監督者（overlooker）として働き、第三の者は直接的な肉体労働者として働き、あるいは単なる補助者として働く。こうして、労働能力の種々の機能はますますもって、生産的労働の概念のもとに直接組み込まれ、それらの担い手たちは生産的労働者の概念のもとに、すなわち、資本によって直接に搾取され資本の価値増殖過程と生産過程一般に従属する労働者という概念のもとに組み込まれるようになる。

作業場を構成する総労働者を考察するなら、彼らの結合された諸活動は直接的には、総生産物――それは同時に商品総量でもある――のうちに物質的に実現されるのであって、そこにおいては、この総労働者の一分肢でしかない個々の労働者の機能が直接の肉体労働により近いのか遠いのかということは、まったくどうでもよいことである。とはいえ、この総労働能力の活動は資本による労働能力の直接的な生産的消費であり、すなわち資本の自己増殖過程であり、剰余価値の直接的生産であり、したがって――この点については後でいっそう詳しく展開するが――剰余価値の資本への直接的転化なのである。

第二。生産的労働のより進んだ規定は、すでに述べた資本主義的生産過程の種々の特徴的な指標からおのずと出てくる。まず第一に、労働能力の所持者はこの労働能力の売り手として、あるいは、すでに見たように非合理的に表現すれば、商品ではなく生きた労働の直接の売り手として、資本ないし資本家に相対する。彼は賃労働者である。これが最初の前提である。しかし第二に、流通に属するこの先行的過程を経ることによって、彼の労働能力とその労働とが生きた要因として資本の生産過程に直接合体され、それ自身が資本の一構成部分に、しかも変化する構成部分になる。それは、前貸しされた資本価値部分を維持し再生産するだけでなく、それと同時にそれを増大させ、したがってはじめてそれを自己増殖する価値に、すなわち資本に転化させる。この労働は生産過程の中で、流動する価値量として直接に自己を対象化する。

〔サービス労働と生産的労働〕

一方では、この第一の条件〔労働者が労働能力の売り手として資本家と相対すること〕は第二の条件〔生産過程で剰余価値が生産されること〕が生じなくても生じうる。ある労働者は賃労働者、たとえば日雇い労働者、等々であるかもしれないが、このことは第二の契機が存在しなくても常に生じうることである。どの生産的労働者も賃労働者だが、だからといってすべての賃労働者が生産的労働者であるわけではない。たとえば、労働はしばしば使用価値として、サービス（Dienst）として消費されるために買われることがある。つまり労働が、生きた要因として可変資本の価値の代わりに登場して資本主義的生産過程に合体されるために買われるのではないことがある。その場合、この労働はけっして生産的労働ではないし、この賃労働者はけっして生産的労働者ではない。その場合、彼の労働は、その使用価値ゆえに買われるのであって、交換価値を生み出すものとしてではない。それは不生産的に消費されるのであって、生産的に消費されるのではない。したがって資本家は、労働に対して資本家として、資本の代表者として相対するのではない。彼は自分の貨幣を収入として労働と交換するのであって、資本として交換するのではない。労働の消費は、G—W—G′を構成するのではなく、W—G—W（第二のWは労働ないしサービスそのものを表わしている）を構成する。貨幣はここでは単なる流通手段として機能するのであって、資本として機能するのではない。

［482］ 資本家が自分の私的消費のために買う諸商品は生産的に消費されず、資本の諸要因にはならないのと同じく、資本家がサービスをその使用価値ゆえに自分で消費するために買う場合も——自発的に買う場合であれ強制的に買わされる場合であれ（国家によるサービスなど）——そうである。それはけっして資本の要因にはならない。したがってそれは生産的労働ではなく、その担い手も生産的労働者ではない。

生産一般が商品生産として発展すればするほど、誰もがますます商品取引者にならざるをえないし、なろうとする。自分の生産物から稼ぐか、あるいは、生産物がその自然的性状からしてサービスの形態でしか存在しない場合には、サービスから稼ごうとする。この貨殖はあらゆる種類の活動の最終目的として現われる（参照、アリストテレス）[a]。資本主義的生産においては、一方では生産物を商品として生産すること、他方では労働が賃労働という形態を取ることが今や絶対的なものとなる。かつてはさまざまな機能や活動のかなりの部分が後光に包まれていたり、自己目的とみなされたり、無償でなされたり、間接的な仕方で支払われていたのだが（イギリスではすべての専門職従事者、医者や弁護士などがそうで、弁護士や医者は支払い請求訴訟を起こすことができなかったし、今もできない）、一方では、それらの内容や支払い額がいかに異なっていようとも、これらの活動［の担い手たち］は直接に賃労働者に転化する[b]。他方では、それら――それらの価値評価、娼婦から国王に至るまでのこれらさまざまな活動の価格――が、賃労働の価格を規制する諸法則に規制されるようになる。この後者の点について展開することは、ここではなくて賃労働と賃金に関する特殊研究に属する。

（a）アリストテレス。▼35

（b）『共産党宣言』▼36。

〔生産的労働と不生産的労働とが混同される諸要因〕

ところで、この現象、すなわち、資本主義的生産の発展とともにすべてのサービスが賃労働に転化し、それを遂行する者たちがみな賃労働者に転化すること、したがって生産的労働者と共通する特徴を帯びるようになるという現象は、今やこの両者を混同するさらなる根拠を与える。というのも、どちらも資本主義的生産を特徴づけるものであり、この資本主義的生産そのものによって生み出される現象だからである。他方でこの現象は、生産的労働者を今度は、それが賃労働者であるという理由で、単に自分のサービス（すなわち使用価値としての労働）を貨幣と交換する一労働者にしてしまう口実を弁護論者たちに与える。それとともに、今度はこの「生産的労働者」や資本主義的生産の種差をなすもの――それが剰余価値の生産であり、資本の自己増殖過程であって、生きた労働は資本の単なる作用因として資本に合体されること――が都合よく看過されてしまう。傭兵としての兵士は賃労働者であるが、だからといって生産的労働者なのではない。

さらなる誤りが二つの源泉から生まれる。

第一。資本主義的生産の内部にあっても、商品を生産する労働の一部は常に、過去の生産様式に属する仕方で行なわれている。その生産様式にあっては資本・賃労働関係は実際にはまだ存在しておらず、したがって資本主義的観点に照応するような生産的労働と不生産的労働というカテゴリーはまったく適用できない。しかし、支配的な生産様式に照応して、現実にはまだそこに包摂されていない諸関係も観念的には包摂されてしまう。たとえば自営労働者は彼自身の賃労働者であり、彼の生産手段は観念の中では資本として自分に相対する。彼は、自分自身の資本家として自分を賃労働者として使用する。この種の変則事例が、生産的労働と不生産的労働に関するたわごとを振りまく絶好の余地を与える。

〔483〕　第二。ある種の不生産的労働がたまたま〔資本主義的〕生産過程と結びついている場合があり、それの価格が商品の価格に入ることさえある。それに投下された貨幣はそのかぎりで前貸資本の一部をなし、したがって彼らの労働は、収入とではなく直接に資本と交換される労働として現われる。

先に後者のケースから取り上げよう。税金、政府サービスの価格、等々がそれだ。しかし、これは生産の空費に属し、資本主義的生産過程にとってそれ自体は偶然的なものであり、けっしてこの生産過程によって条件づけられた——そしてそれにとって必然的な——内在的形態ではない。たとえばすべての間接税が直接税に転換されれば、引き続き税金は支払われるだろうが、それはもはや資本の前貸しを構成しないのであり、それはむしろ収入からの支出である。このような形態転換が可能であるということは、それが資本主義的生産過程にとって外在的でどちらでもよい偶然的なものであることを示している。それに対して、生産的労働が形態転換を起こせば、資本の収入も資本そのものも存在しなくなるだろう。

さらなる事例として、訴訟手続きや金銭上の書類作成などがある。これらはみな、商品の売り手および買い手としての商品所持者間の契約にのみ関わっており、資本と労働との関係にはまったく関わっていない。こうした機能を遂行する者たち［弁護士や司法書士など］は、そのことによって資本の賃労働者になるかもしれないが、だからといって生産的労働者になるわけではない。

生産的労働とは、労働能力と労働とが資本主義的生産過程において役割を果たすその関係の全体およびそのあり方を要約的に表現するものでしかない。したがって、われわれが生産的労働について語るなら、われわれは社会的に規定された労働のことを語っているのであり、労働の売り手と買い手とのある一定の関係全体を包括する労働のことを語っているのである。生産的労働は直接に資本としての貨幣と交換される。すなわち、即自的に資本である貨幣、資本として機能するという規定性を持った貨幣、資本として労働能力と相対する貨幣と交換される。生産的労働とはしたがって、労働者にとっては彼の労働能力の前もって規定されている価値を再生産するにすぎないにもかかわらず、価値創造活動としては資本を価値増殖させ、しかも労働者によって創造された価値を労働者自身に資本として対立させるという、そういう労働のことである。対象化された労働と生きた労働とのこの独自の関係こそが、前者を資本にし、後者を生産的労働にするのである。

資本主義的生産過程の独自の産物である剰余価値は、生産的労働との交換を通じてのみ生み出される。資本にとって生産的労働の独自の使用価値をなすのは、その特定の有用な性格ではなく、またそれが対象化される生産物の特殊に有用な属性でもないのであって、交換価値（剰余価値）を創造する要素としてのその性格である。

資本主義的生産過程は単に商品を生産する過程ではない。それは不払労働を吸収する過程であり、生産手段をこの不払労働を吸収する手段とする過程なのである。

これまで述べてきたことから明らかなのは、生産的労働というのは、それ自体としてはこの労働の特定の内容にも、その特殊な有用性にも、あるいはそれが表わされている固有の使用価値にもまったく関係のない労働の規定だということである。

[484]　それゆえ、同じ内容の労働が生産的労働にも不生産的労働にもなりうる。

たとえば、『失楽園』を書いたミルトン▼37は不生産的労働者であった。それに対して、自分の出版社に工場労働を提供する著述家は生産的労働者である。ミルトンは、蚕が絹の糸を生み出すように、その天性の発露として『失楽園』を生み出した。彼は後にその作品を五ポンドで売り、そのかぎりで彼は商品取引者となった。しかし、出版社の指令にもとづいて書物を、たとえば経済学概説を生産するライプツィヒの文筆プロレタリアは、概して生産的労働者である。なぜなら、彼の生産は資本のもとに包摂され、資本の価値増殖を目的として行なわれるにすぎないからである。鳥のように歌う歌手は不生産的労働者である。彼女が自分の歌声を貨幣と引き換えに売るならば、そのかぎりで彼女は賃労働者か商品取引者である。しかしその同じ歌手が、お金を稼ぐために彼女に歌を歌わせる企業家に雇われるならば、生産的労働者である。なぜなら彼女は直接に資本を生産するからである。人にものを教える教師は生産的労働者ではない。しかし、教師が賃労働者として他の人々とともに学校に雇われて、その労働を通じて知識商い機関の経営者の貨幣を価値増殖させるならば、生産的労働者である。だが、これらの労働の大部分は、その形態から見れば、かろうじて形式的に資本に包摂されているだけであり、むしろ過渡的形態に属している。

サービスとしてのみ享受される労働、すなわち、労働者自身から分離可能な生産物に、したがって独立した商品として労働者の外部に存在する生産物に転化するのではないが、それでも資本主義的に直接搾取されうる労働は、資本主義的生産の大部分と比べれば、総じて微々たる大きさをなすにすぎない。それゆえ、それらは完全に考察の外に置いてもいいのであって、賃労働論において、必ずしも生産的労働ではない賃労働というカテゴリーのもとで取り扱うだけでよい。

同一の労働（たとえば庭師の仕事や服の仕立て）が同一の職人によってなされていても、産業資本家のためになされることもあれば、直接的消費者のためになされることもある。どちらの場合も労働者は賃労働者ないし日雇い労働者であるが、前者は生産的労働者であり、後者は不生産的労働者である。なぜなら、前者の場合、彼は資本を生産するが、後者の場合はそうではないからである。また前者の場合、彼の労働は資本の自己増殖過程の一契機をなすが、後者の場合はそうではないからである。

〔奢侈品と不生産的消費〕

収入として消費されてもはや生産手段として再び生産に入ってはいかない年生産物のうち、その一大部分はきわめて不快な生産物（使用価値）からなっており、最もくだらない欲望や嗜好等々を満たしている。しかし、そうした内容は、生産的労働の規定とは何の関係もない（ただし、言うまでもなく富の不釣り合いに大きな部分がこのようなものの再生産に向けられてしまい、商品の再生産や労働能力そのものの再生産に再び入っていく――要するに生産的に消費される――生産手段および生活手段に再転化されないならば、当然ながら富の発展は阻害されるだろう）。この種の生産的労働は使用価値を生産し、生産物に対象化されるのだが、これらの生産物は不生産的消費にのみ向けられているので、その実態からすると、物品としては再生産過程にとっていかなる使用価値も有していないのである。

〔この種の生産物がこのような性格〔再生産的意義〕を獲得することができるのは、

素材転換を通じてのみ、つまり再生産的な使用価値との交換を通じてのみである。だが、その場合でも置き換えがなされるにすぎない。それらはいずれどこかで非再生産的に（un-reproductiv）消費されなければならない。不生産的消費過程に入るこの種の物品のうち別の一部は、必要とあらば、再び資本として機能するかもしれない［たとえば奢侈品としての金製品が生産手段として利用される場合］。

この点に関するより詳しい説明は、再生産過程を論じる第二部第三章▼38に属する。ここではやや先取り的に次のことを述べておくだけでよい。奢侈品生産の制限に関して、資本主義的生産そのものの立場から何か理にかなったことを言うことは、通俗的な経済学にはどだい無理な話である。しかし、再生産過程の諸契機をきちんと分析するならば、事はまったく単純になる。生産的労働の不釣り合いに大きな部分が不生産的物品の生産に充用されることで、再生産過程が阻害されたり、あるいは、再生産過程の拡大がすでに人口の自然増によって必然的になっている場合には、その拡大が阻止されたりするならば、つまり、あまりにも少ない必要生活手段ないしあまりに少ない生産手段しか再生産されない等々ということになるならば、奢侈は資本主義的生産の立場からしても非難されるべきものだろう。だが、その点を別にすれば、奢侈というのは、非生産者のために富を生産する生産様式にとっては絶対に必要なものなのであり、したがって、非生産者によって取得される富の一部はつねに、彼らだけが享受できる形で生産されなければならないのである。〕

労働者自身にとっては、この生産的労働は、他のどの労働とも同じく、自分の必要生活手段を再生産するための手段にすぎない。資本家にとってはどうかというと、使用価値の性質や使用される具体的労働の性格それ自体は彼らにとってまったくどうでもよいことであり、生産的労働は単にお金を稼ぎ剰余価値を生産するための手段でしかない。

〔生産的労働と不生産的労働に関する総括と補遺〕

［485］　生産的労働と不生産的労働とをその素材的内容によって規定しようとする傾向は、次の三つの源泉から生じている。

（一）資本主義的生産様式に特有のものであってその本質から発生する物神崇拝的な観念。すなわち、何が商品で何が生産的労働なのかという経済的形態規定性に属する事柄が、これらの形態規定性ないしカテゴリーの素材的担い手そのものの属性とされてしまうこと。

（二）労働過程をそれ自体として考察して、生産物（物質的生産物、というのもここではただ物資的富だけが問題になっているから）に結果する労働だけが生産的であるとする観念。

（三）現実の再生産過程――その現実の諸契機から考察されたそれ――においては、再生産的物品に表わされる労働と、単なる奢侈品に表わされる労働とのあいだには、富の形成等に関して大きな違いが存在するという事実。

一例。私がズボンを買うのか、それとも布地を買って仕立て職人を家に呼んで彼のサービス（すなわち彼の仕立て労働）に支払うのかは、私にとってまったくどうでもよいことである。私が仕立て業者からズボンを買うとすれば、その方が安いからである。どちらの場合も、私は自分が支出する貨幣を、私の個人的消費の一部に入り私の個人的欲求を満たす使用価値に転化するのであって、資本に転化するのではない。仕立て職人は、私の家で私のために働こうが仕立て業者のもとで働こうが、私のために同じサービスをしているのである。だが、この同じ仕立て職人が仕立て業者に雇われてこの資本家のために使われる場合には、彼によってなされるサービスの本質は、彼が一二時間労働して、六時間等々しか支払われないという点にある。したがって、彼が資本家のために行なうサービスは、彼が六時間分を無償で労働するという点にこそある。これはズボンの製作という形で生じているのだが、このことは真の取引を覆い隠すだけである。だから仕立て業者はできるだけすみやかにズボンを貨幣に、すなわち仕立て労働の特定の性格がすっかり消え去っている形態に、再び転化しようとするのである。そしてここでなされたサービスは、一ターレルが二ターレルになったという点に表現されているのである。

サービスとは一般に、それが物（Sache）としてではなく活動として有用であるかぎりでの、労働の特殊な使用価値を表現するものでしかない。「汝なすがゆえに我与え、なすがゆえに我なす。汝与えるがゆえに我なし、与えるがゆえに我与える」［ローマ法における双務契約の文言］。これは、同じ関係を表わす諸形態であり、どっちがどっちでもまったく関係ない。だが、資本主義的生産においては、「汝なすがゆえに我与える」が表わしているのは、対象的な富と生きた労働とのまったく独自の関係なのである。それゆえ、サービスの購入という言い方には労働と資本とのこの独自の関係がまったく含まれていないがゆえに、つまりそれが完全に消し去られてしまっているか、そもそも存在しないがゆえに、セーやバスティアやそのお仲間たちが、資本と労働との関係を表現するのにこのような言い回しを好むのはまったく当然のことなのだ。

労働者もまた自分の貨幣でサービスを買う。それは支出の一形態ではあるが、けっして貨幣を資本に転化するものではない。医療上ないし法律上の「サービス業務」を、そこに投じられた貨幣を資本に転化するために買う者はいない。サービスの大きな部分は、料理人などの場合のように、商品の消費費用に属する。

生産的労働と不生産的労働との違いはもっぱら、労働が貨幣としての貨幣と交換されるのか、資本としての貨幣と交換されるのかという点にある。たとえば自営の労働者や職人などから商品を買うときには、このカテゴリーはそもそも問題にならない。なぜなら、ここでは貨幣と労働――それがどんな種類であれ――との直接的交換がそもそも存在しておらず、貨幣と商品とが直接に交換されるからである。

［486］〔非物質的生産の場合、たとえ純粋に交換を目的としてなされ、商品を生産するのであっても、次の二つの場合がありうる。

（一）生産者から分離して存在する商品に結果し、したがって生産と消費とのあいだで商品として流通することができるもの。これは、書物、絵画、およびあらゆる芸術作品（ただし実演する芸術家自身の実技を別として）にあてはまる。ここでは、資本主義的生産は非常に限定された程度でしか適用されえない。これらの人々が助手などを——たとえば彫刻家の場合のように——雇うのでないかぎり、ほとんどの場合、独立しているのでなければ、商人資本のために、たとえば出版業者のために働く。この関係は、単に形式的に資本主義的な生産様式への過渡的形態でしかない。労働の搾取がその最高度に達するのがまさにこのような過渡的形態においてなのだが、このことは事態をいささかも変えるものではない。

（二）生産物がそれを生産する行為から分離できない場合。この場合においても、資本主義的生産様式は制限された形でしか生じず、事の本質上、わずかな領域でしか起こらない（私に必要なのは医者本人であって、彼の雇われ助手ではない）。たとえば、教育機関においては、教師は教育工場の経営者にとっては単なる賃労働者であるかもしれない。しかし、この種のものは、全体としての資本主義的生産を問題にする場合には考慮するに及ばない。}

「直接に雇い主の富を増大させる生産的労働者」（マルサス『経済学原理』第二版、ロンドン、一八三六年）[39]。

生産的労働と不生産的労働との相違は蓄積との関係では重要である。というのも、生産的労働と交換されることだけが剰余価値の資本への再転化にとっての一条件だからである。

価値増殖過程に従事している資本——生産資本——の代表者としての資本家は、まさに生産的労働を管理し搾取するという一つの生産的機能を果たしている。この階級は剰余価値の共同寄食者たち——彼らは生産に対してこのような直接的な関係にはない——と対照させれば、すぐれた意味で生産的階級である。(b)（労働過程の指揮者として、資本家は、彼の労働が、生産物に具体化される総労働過程のうちに包括されているという意味で、生産的労働を遂行することができる）。

（b）リカードを参照[40]。

ところで、今のところわれわれが知っているのは、直接的生産過程の内部における資本だけである。資本のその他の諸機能――およびこれらの機能の内部で資本によって使用される代理人たち――に関しては、もっと後になってようやく展開することができる。

このように、生産的労働の規定は（したがってまたその対立物としての不生産的労働の規定も）、資本による生産が剰余価値の生産であって、資本によって使用される労働が剰余価値を生産する労働であるということにもとづいているのである。

［487］　**総生産物**（Brutto Product）**と純生産物**（Netto Product）

（これはおそらく第三部第三章[41]に入れる方がいいだろう）

資本主義的生産の（したがって生産的労働の）目的は、生産者の生存ではなく、剰余価値の生産なのだから、剰余労働を行なわないすべての必要労働は、資本主義的生産にとっては余分で無価値である。それは一国全体の資本家（Nation von Capitalisten）にとっても同じである。労働者を再生産するだけで純生産物（剰余生産物）をいっさい生産しないあらゆる総生産物は、先の労働者自身と同じく余分なのである。あるいは、ある労働者たちが生産のある一定の発展段階では純生産物を生産するのに必要だったとしても、生産のより高度な発展段階ではもはや必要としなくなれば、彼らは余分な存在になってしまう。言いかえれば、資本に利潤をもたらすだけの人数が必要なのである。それは一国全体の資本家にとっても同じである。一人の私的資本家にとっては、彼の資本が「一〇〇人を動かすのか一〇〇〇人を動かすのか」は、二万［ポンド］の資本に対する利潤が「けっして二〇〇〇ポンドを下回らないならば」、まったくどうでもいい問題であり、「一国民の現実の利益もそれと同じではないか？」［とリカードは言う］。つまり、「ある一国民の現実の純収入が、すなわちその地代と利潤とが同じであるならば、その国が一〇〇〇万人の住民で構成されているのか、一二〇〇万人の住民で構成されているのかは、何ら重要ではない。……もし五〇〇万人が一〇〇〇万人にとって必要な食料や衣服を生産することができるならば、差し引き五〇〇万人分の食料と衣服が純収入になるだろう。もし、これと同じ純収入［つまり五〇〇万人分の食料と衣服］を生産するのに七〇〇万人が必要だとすれば、つまり、一二〇〇万人分の食料と衣服が生産するのに七〇〇万人が仕事に従事するとすれば、それはその国にとって何か利益になるだろうか？　依然として純収入は五〇〇万人分の食料と衣服のままなのだから」[42]。

博愛主義者といえども、リカードのこの命題に異議を差しはさむことはできないだろう。なぜなら、一〇〇〇万人のうち五〇％だけが残る五〇〇万人のために純粋な生産機械として生きていくほうが、一二〇〇万人のうち七〇〇万人が、すなわち五八⅓％もの人がそうするよりも、まだしもましだからである。

「現在の王国において、一地方全体がこのように（つまり、古代ローマの初期におけるように自営小農民たちのあいだに）分割されていると すれば、どれほどきちんと耕作されていようと、ただ人間を養うという目的以外でいったい何の役に立つだろうか？これはそれ自体として見ればまったく無用な目的である」（アーサー・ヤング『政治算術』、ロンドン、一七七四年、四七ページ）。

資本主義的生産の目的が純生産物――これは実際にはただ、剰余価値が表わされている剰余生産物のことなのだが――であるということは、資本主義的生産が本質的に剰余価値の生産だということである。

これは、たとえば、それ以前の生産様式に照応した古くさい見地と実に対照的である。このような古くさい見地にもとづいて、たとえば、都市の行政官などは、労働者から生活の糧を奪わないよう新しい発明を禁じたのである。なぜなら労働者それ自身が自己目的として扱われ、彼の身分相応の稼ぎは彼の特権として認められ、それを維持することが古い秩序全体の関心事だったからである。同じく、保護貿易主義といういまだ愛国的色合いを帯びた観念（自由貿易とは対立するそれ）とも対照的である。この観念は、〔国内〕産業などが膨大な数の人々の生活にとって欠かせないものであるとして、それらを外国との競争から国家的に保護されるべきだとする。それはまた、A・スミスの次のような見解とも対照的である。たとえば農業に資本を投じることは、同じ量の資本でより多くの働き手を養うことができるから、「より生産的である」という見解である。▼43 発達した資本主義的生産様式にとっては、こうした見解はみな時代遅れで誤った偽りの観念である。小さな純生産物に比して、総生産物（ただし資本の可変部分に関わるかぎりでのそれ）が大きいことは、労働の生産力、したがって資本の生産力がより小さいことと等しいからである。

［488］しかしながら、雑多で混乱した諸観念が、この総生産物と純生産物との区別と伝統的に結びついている。その一部は重農学派から来ており（第四部［『剰余価値学説史』］を見よ）、一部はA・スミスから来ている。彼はまだそこかしこで資本主義的生産を直接的生産者のための生産と混同している。

個々の資本家が、国内で［投資すれば］多くの過剰人口を仕事に就かせることができるのに、貨幣を外国に送ってそこで一〇％の利子を獲得するとしたら、彼は資本主義的観点からすればよき市民としての栄誉に値する。なぜなら、この高潔な市民は次なる法則を実行に移したからである。すなわち、ある一社会の壁の内部だけでなく、世界市場の内部でも、特殊な生産諸部門がもたらす利潤率［の相違］にしたがって資本を配分し、まさにそうすることで利潤率を均等化し生産を均衡させるという法則である（その貨幣が、たとえば対トルコ戦争［クリミア戦争］のためにロシアの皇帝に渡るかどうかといったことはどうでもよい）。このように行動することで、個々の資本家は、できるだけ多くの剰余価値を生産するという資本の内的法則に従っているだけであり、それゆえ資本の道徳に従っているだけなのである。しかし、こうしたことは、直接的生産過程を考察する際にはまったく関係がない。

その上さらに、しばしば資本主義的生産に非資本主義的生産が対置される。たとえば、何人かの人手を雇い入れている生計向け農業が商業向け農業に対置される。後者は、はるかに多くの生産物を市場に供給し、それによって、以前は［生計向け］農業に従事していた人々から製造業において純生産物を取り出すことを可能にしている。しかし、このような対置は、資本主義的生産様式そのものの内部における規定ではない。[44]

すでに見たように、全体として資本主義的生産の法則は、［第一に］可変資本と、剰余価値すなわち純生産物とに対して不変資本を増大させることであり、第二に、生産物のうち可変資本[45]を補填する部分、すなわち賃金に対して純生産物を増大させることである。ところがこの二つのことが取り違えられる。生産物全体を総生産物と呼ぶとすれば、資本主義的生産においては純生産物に対して総生産物が増大する。生産物のうち賃金＋純生産物に分解しうる部分を総生産物[46]と呼ぶとすれば、今度は総生産物に対して純生産物が増大するのである。農業においてのみ（耕作地を牧羊地に転用することなどを通じて）、純生産物がしばしば、総生産物（全生産物量）を犠牲にして増大する。それは、地代に特有のある規定性の結果なのだが、それについてはここは論じる場所ではない。

この点を別とすれば、純生産物こそが生産の究極かつ最高の目的だとする学説は、労働者のことを顧みることのない資本の価値増殖こそが、したがって剰余価値の創出こそが、資本主義的生産を推進する魂であるということを、ただ粗野に（だが正しく）表現したものにすぎないのである。

資本主義的生産の最高の理想――純生産物の相対的増大［相対的剰余価値の生産のこと］に照応した理想――は、賃金で生活する者の数をできるだけ減少させつつ、純生産物で生活する者の数をできるだけ増大させることである。

［489］資本の神秘化、その他

生きた労働は――生産過程の内部では――最初から資本に合体されており、それゆえ労働の社会的生産力はすべて［資本の］生産力として、資本に内在する属性として表わされる。これはちょうど貨幣において、価値を創造するかぎりでの労働の一般的性格が物（Ding）の属性として現われるのと同じである。そして、このことは次の事情からいっそう進展する。

（一）労働は生産物に対象化されているかぎりでは資本家に属するのだが、労働能力の発現としては、その行使としては、個々の労働者に属する（実際、労働者はその労働でもって資本家に支払いをしているのであり、それは労働者が資本家に与えるものである）。それに対して、［資本のもとで］個々の労働能力が結合されると、個々の労働能力は作業場全体を構成する総労働能力の特殊な諸器官としてのみ機能するのであり、したがってこの社会的結合は労働者に属するのではなく、むしろ資本家によって編成されたもの（capitalistische Arrangement）として労働者に対立し、労働者にのしかかる。

（二）労働のこの社会的生産力ないし社会的労働の生産力は歴史的には独自に資本主義的な生産様式とともにはじめて発展するのであり、それゆえ資本関係に内在するもの、それと不可分なものとして現われる。

（三）客体的な労働諸条件は資本主義的生産様式の発展とともにその姿を変化させるが、それは――機械などの形態をまったく度外視しても――これらの諸条件が充用される規模が大きくなり、それとともに節約も進むからである。それは、集積された生産手段として発展を遂げ、社会的な富として表われ、社会的に結合された労働の生産諸条件としてその規模と効果とを高めていく。これは本来、発展の全体を総括したものに他ならない。しかし、労働の結合そのものは別にしても、労働諸条件——そこには何よりも機械やその他の形態の固定資本が含まれている——のこの社会的性格は、労働者から独立して存在するまったく自立的なものとして、資本の存在様式として現われ、したがってまた、労働者から独立して資本家によって編成されたものとして現われる。労働者自身の労働の社会的性格と同じく、いやそれ以上に、生産諸条件の社会的性格——それは結合労働の共同的な生産諸条件としてそういう性格を受け取るのだが——は、労働者から独立してこの生産諸条件そのものに属する資本主義的性格として現われるのである。

〔労働諸条件の節約とその転倒的現われ〕

この（三）については、ここで次のことをつけ加えておこう。これは、もっと後で述べることを部分的に先取りするものである。▼47

〔剰余価値と区別されるところの利潤は、共同の労働諸条件の節約的使用のおかげで増大することがある。たとえば、建物、暖房、照明、等々の出費を節約することによってである。原動機の価値はその出力の増大と同じ割合で増大するわけではない。原料価格の節約、廃棄物の再利用、生産の大量化にともなう商品の管理費や倉庫代の〔相対的〕減少、等々。これらはすべて、不変資本の価値を絶対的には増大させつつも相対的には低廉化させる。この低廉化は、これらの生産手段――労働手段と労働材料――が共同で使用されることにもとづいており、この共同使用は、集合的労働者の共同作業を絶対的な前提条件としている。したがってこれは、労働の社会的性格が、したがってその帰結である社会的生産力が対象的な形で表現されたものでしかない。実際、これらの諸条件が取る特殊な姿、たとえば機械は大部分、結合労働によってしか用いることができないのである。

だがこれらの諸条件は、そのもとで働く労働者に対しては、彼らから独立した所与の条件として、資本の姿として現われる。それゆえ、たとえば、これらの諸条件の節約的使用（およびその結果としての利潤の増大と商品の低廉化）もまた、労働者の剰余労働とはまったく無縁なものとして現われるのであり、資本家による直接的な行為、資本家の企図の実現として現われる。なぜなら資本家はここでは総じて労働の社会的性格の、全作業場それ自体の人格化（Personnification）として機能しているからである。同じく、社会的発展の一般的な知的産物である科学もまた、ここでは資本に直接合体されたものとして現われる（つまり、個々の労働者の知識と能力（Können）から切り離されたそれ自体としての科学を、生産の物質的生産過程に適用したものとして現われる）。そして、社会の全般的発展は、それが労働に対立する形で資本によって利用［搾取］され、労働に対立する形で資本の生産力として作用するがゆえに、資本の発展として現われる。そして、それと同じ度合いで労働能力の空疎化が大多数［の労働者］にとって進行するがゆえに、なおいっそうそうなるのである。〕

〔資本の神秘化の進展――物の人格化と人格の物化〕

［490］　資本家自身は資本の人格化（Personnificirung）としてのみ権力《ゲバルト》の保有者である（それゆえ、資本家はイタリア式二重帳簿では二重の姿で登場する。たとえば、彼は自分自身の資本に対する債務者でもある）。

資本の生産性はさしあたり、形式的包摂を考察するなら、ただ剰余労働を強制する、ことのうちにある。この強制に関しては、資本主義的生産様式とそれ以前の生産様式とは共通しているのだが、前者にあってはより有利な形で強制を遂行するのである。

単なる形式的［包摂］関係——資本主義的生産のより低い発展様式にもより高い発展様式にも共通するその一般的形態——を考察する場合でさえ、生産手段、すなわち物的な（sachlich）労働諸条件は、労働者に包摂されたものとしてではなく、労働者の方がそれに包摂されたものとして現われる。資本が労働を使用する（Capital *employs* labour）。この関係はすでにして、その単純性における、物の人格化と人格の物化（Personnficirung der Sachen und Versachlichung der Personen）なのである。

しかしこの関係は、独自に資本主義的な生産様式の発展とともにますます複雑で、外見上ますます神秘的なものになる。なぜなら、独自に資本主義的な生産様式が発展するにつれて、これらの物（Dinge）が——使用価値および交換価値としてのこれらの労働生産物が——、労働者に対して自立化し、「資本」として相対するだけでなく、労働の社会的形態が資本の発展形態として表われ、したがって、社会的労働の発達した生産力が資本の生産力として表われるからである。それは、このような社会的な力（Kräft）として労働に対立した形で「資本化」される。

実際、協業における共同的な統一、分業における結合、自然力と科学の適用、労働生産物である機械の利用、これらはみな個々の労働者に対して、疎遠で（fremd）、物的で（sachlich）、あらかじめ与えられたものとして相対する。つまり労働者の関与なしに、それどころかしばしばそれに対立する形で自立的に相対する。また、それらが物的な（sachlich）ものであるかぎりでは、労働者に従属するのではなくむしろ彼らを支配する労働手段▼48の単なる定在形態として労働者に相対する。さらに、作業場が彼ら自身の結合によって形成されているかぎりでは、作業場全体の知性と意志とは、資本家ないしその手代（代理人）のうちに体現され、資本家として生命を持った資本の諸機能として相対する。労働者自身の労働の社会的諸形態――主体的・客体的な諸形態――、あるいは彼ら自身の社会的労働という形態は、個々の労働者から完全に独立して構築されている諸関係である。資本のもとに包摂されている労働者はこれらの社会的構築物の要素になっているのだが、これらの社会的構築物は労働者には属さない。したがってそれは、資本そのものの姿として労働者に相対する。つまり、労働者の個別化された労働能力に属するのではなくて資本に属するものとして、資本に由来し資本に合体された結合体（Combination）として、労働者に相対するのである。

そして、このことは次のことによってますます現実的な形態を取るようになる。一方では、労働者の労働能力そのものがこれらの形態によって変容させられ、そのせいで、それが自立した状態では、したがって資本主義的連関の外部では無力なものとなり、その自立した生産能力が打ち砕かれてしまうことによってである。他方では、機械が発展するにつれて、労働の諸条件が技術的にも労働を支配するものとして現われ、それと同時に、この諸条件が労働に取って代わり、それを抑圧し、自立した形態での労働を余分なものにすることによってである。この過程において、労働者の労働の社会的性格がいわば資本化したものとして労働者に相対するのだが――たとえば機械の場合には、目に見える労働生産物が労働の支配者として現われるまでになる――、同じことが、もちろんのこと自然力や科学に関しても、すなわち全般的な歴史的発展の所産をその抽象的エッセンスにおいて総括したものに関しても生じる。つまり、これらのものが資本の権力《マハト》として労働者に相対するのである。これらのものは、実際、個々の労働者の熟練や知識から分離されるようになる。たしかに、それらをその源泉にまでさかのぼって見るならば、それらもまた労働の産物なのだが、労働過程に入る時には総じて資本に合体されたものとして現われる。機械を使用する資本家は、その機械を理解している必要はない（ユアを見よ）▼49。しかし、資本として実現された科学は、機械において労働者に対立する形で現われる。そして実際、社会的労働にもとづいて科学や自然力や労働の産物をこのように大規模に用いることはみな、労働を搾取する手段としてのみ、剰余労働を領有する手段としてのみ現われ、したがってまた資本に属する力（Kräfte）として労働に対立する形で現われるのである。資本は当然ながらこれらすべての手段を労働を搾取するためにのみ用いるのだが、しかし労働を搾取するためにはそれらを生産で使用しなければならない。したがって、労働の社会的生産力の発展とこの発展のための諸条件は資本の行為として現われ、個々の労働者はそれに対して受動的にふるまうだけでなく、この行為の方が労働者に対立的にふるまうのである。

資本は諸商品からなっているので、資本それ自体が二重である。

交換価値（貨幣）。だが、それは自己を増殖させる価値、すなわち、自らが価値であることによって価値を創出し価値として増大しある増分を獲得する価値である。このことは、ある与えられた量の対象化された労働とより大きな量の生きた労働との交換に帰着させることができる。

使用価値。そして、ここでは資本は労働過程におけるその特定の諸関係に即して現われる。しかし、まさにここにおいては資本は単なる労働材料と労働手段ではなく、労働はそこに属しており、労働を自己に合体させるのだが、それだけでなく、労働ともどもその社会的結合をも自己に合体させ、そしてこの社会的結合に照応した形で労働手段を発展させる。資本主義的生産は何よりも労働過程の諸条件を、その対象的条件も主体的条件も、大規模に——そしてはじめて個々の自立した労働者から解放された形で——発展させるのだが、それらを個々の労働者を支配し彼らに疎遠な権力《マハト》として発展させるのである。

こうして、資本はきわめて神秘的な存在になる。

〔資本の生産性の秘密〕

［491］労働諸条件は、労働者に対立する社会的権力として高くそびえ立ち、かかる形態で資本化されている。

したがって、資本が生産的であるのは、

（一）剰余労働を強制するものとしてである。労働が生産的であるのはまさに、この剰余労働を遂行させるものとしてであり、労働能力の価値とその価値増殖との差額を生み出すことによってである。

（二）「労働の社会的生産力」ないし社会的労働の生産力の、人格化（Personnification）およびその代表者、この生産力の物化された（verdinglichte）姿としてである。資本主義的生産の法則――剰余価値の創出など――がどのようにこのことを強制するのかについてはすでに説明した。この法則は一個の強制として、すなわち資本家同士がお互いに加えあうとともに労働者に加える強制として現われ、したがって実際に両者に対する資本の法則として現われる。労働の社会的な自然力は、価値増殖過程そのものにおいてではなく現実の労働過程において発展する。したがってそれらは、物（Ding）としての資本に備わる属性として現われ、資本の使用価値として現われる。生産的労働――価値を生産する労働としてのそれ――は資本に対して常に個別化された労働者の労働として相対する。これらの労働者が生産過程においてどれほど社会的に結合されていてもである。かくして、資本は労働者に対して労働の社会的生産力を代表するのに対して、生産的労働の方は常に資本に対しては個別化された労働者の労働しか代表していないのである。

蓄積過程を扱った際に見たように、すでに過去のものとなっている労働——それは既成の生産力および生産諸条件という形態を取っている——は再生産を使用価値の点からも交換価値の点からも拡大するのだが、つまり、一定量の生きた労働によって維持される価値量を増大させるだけでなく、生きた労働によって新たに生産される使用価値量も増大させるのだが、それを可能とする契機は資本に内在する力（Kraft）として現われる。なぜなら、対象化された労働は絶えず資本化されて、労働者に対立して機能するからである。

「資本はすぐれて民主的で博愛的で平等主義的な権力（puissance）である」（F・バスティア『信用の無償性』、パリ、一八五〇年、二九ページ）。

「資本《ストック》が土地を耕作し、資本《ストック》が労働を使用する」（A・スミス、前掲書〔『国富論』〕第五編、第二章、ブキャナン版、第三巻、エディンバラ、ロンドン、一八一四年、三〇九ページ）〔アダム・スミス『国富論』第四巻、岩波文庫、二〇〇一年、一七六頁〕。

「資本は……集合的力である」（ジョン・ウェード『中産階級と労働者階級の歴史』第三版、ロンドン、一八三五年、一六二ページ）、「資本は文明の別名にすぎない」（同前、一六四ページ）。

「全体として見た資本家階級は、その物質的充足が社会進歩と足並みを揃えている時にこそ正常な状態にある」（シュルビュリエ『富か貧困か』、七五ページ）、「資本家はすぐれて社会的な人間である。なぜなら彼は文明を代表しているからである」（同前、七六ページ）。

「資本の生産力とは……資本家がその資本によって支配することのできる現実の生産力［労働の生産力］の分量を意味するにすぎない」（J・S・ミル『経済学の未解決問題に関する試論』、ロンドン、一八四四年、九一ページ［ミル『経済学試論集』岩波文庫、一九三九年、一二一頁］）。

「資本の蓄積、すなわち労働を充用する手段の蓄積は、……いかなる場合であれ、労働の生産力に依拠するにちがいない」（リカード『経済学と課税の原理』第三版、ロンドン、一八二一年、九二ページ［リカード『経済学および課税の原理』上、一四〇頁］）。リカードのある注釈者はこれについて次のように述べている。「労働の生産力が、何らかの生産物のうちそれを生産した肉体労働者のものになる可除部分が小さいということを意味するとすれば、先の一文はほとんど同義反復であろう」（『経済学におけるある用語論争に関する考察』、ロンドン、一八二一年、七一ページ）。

労働［の力］が絶えず資本［の力］へと転移（Transposition）されていることは、デュステュット・ド・トラシの次のような無邪気な議論に見事に表現されている。「利潤で生活している人々（つまり産業資本家）は、他のすべての人を養っているのであり、ただ彼らだけが公共の富を増大させ、われわれのすべての享楽手段を生み出しているのである。それも当然である。というのも、労働がすべての富の源泉であるからであり、彼らだけが、蓄積された労働を有効に利用することによって、現実の労働を有益な形で指揮監督しているからである」（デュステュット・ド・トラシ前掲書［『イデオロギー論』、パリ、一八二六年］、二四二ページ）。つまり、労働がすべての富の源泉だから、資本はすべての富を増大させるというわけである。「われわれの能力はわれわれの唯一の本源的富である。われわれの労働は他のすべての富を生産するのであり、すべての適切に管理された労働は生産的である」（同前、二四三ページ）。「われわれの能力はわれわれの唯一の本源的富である」、したがって、労働能力は富ではない、というわけだ。「労働は他のすべての富を生産する」とは、つまり、労働は自分自身以外のすべての人のための富を生産するということ、そして労働自身は富ではなく、その生産物だけが富だということである。「すべての適切に管理された労働は生産的である」とは、つまり、生産的労働とは資本家に利潤を生み出すべく適切に管理された労働だということである。

このように労働の社会的生産力は資本の物的な（dinglich）属性へと転移されており、人々の観念の中ではこの転移があまりにも確固として定着しているため、機械の有効性、科学の利用、発明等々がこのような疎外された形態において必然的な形態とみなされ、したがって、これらすべてのものが資本の属性とみなされてしまう。この点で基礎として役立っているのは、（一）資本主義的生産様式という土台の上では、したがってまた、この生産様式に囚われている人々の意識の中では、事態がまさにこのような形態で表われることであり、（二）このような発展は資本主義的生産様式においてはじめて起こり、それ以前の生産様式ではそうでなかったという歴史的事実であり、したがってこの発展の対立的性格がこの生産様式に内在するものに見えることである。

［492］（3）［資本関係そのものの生産と再生産］

資本主義的生産の産物は剰余価値だけではなく、資本もである。すでに見たように、資本はG—W—G′であり、自己を増殖させる価値、価値を生む価値である。

前貸しされた貨幣ないし価値額は、それが労働過程の諸要因——生産手段すなわち不変資本と、労働能力すなわち可変資本が転換したもの——に転化した後でさえ、さしあたりはただ即自的にのみ、潜在的にのみ資本であり、それが現実の生産過程の諸要因に転換される前にはなおさらそうだ。この現実の生産過程の内部ではじめて、すなわち、生きた労働が資本の対象的な定在形態に現実に合体され、追加的労働が現実に吸収されてはじめて、この労働は資本に転化されるのだが、それだけでなく、前貸しされた価値額が、可能的な資本、予定上の資本から、実際に活動する現実の資本に転化するのである。ではこの過程全体で何が起こるのか？　労働者は、必要生活手段を獲得するために、自分の労働能力の価値によって規定されている所与の価値額と交換に、自分の労働能力の処分権を売った。さて、労働者から見るとその結果は何であろうか？　自己の労働能力の純然たる再生産である。では彼は何を手放したのか？価値を維持する活動、価値を創出し増大させる活動を、つまりは自己の労働を手放した。したがって労働者は、その労働力（Arbeitskraft）の消耗を別とすれば、過程に入ったときと同じ姿で、つまり単なる主体的な労働力として過程から出てくる。それゆえ、自己を維持するためには改めて同じ過程を通過しなければならない。

それに対して、資本は過程に入ったときと同じ姿で過程から出てくるのではない。資本はこの過程においてはじめて現実の資本に、自己を増殖させる価値に転化している。総生産物は今では現実化された資本の存在形態であり、そういうものとして総生産物は、資本家の所有物として、労働そのものによってつくり出された自立的な権力《マハト》として、再び労働に相対する。したがって、生産過程は単に総生産物を再生産する過程であっただけでなく、総生産物を資本として生産する過程でもあった。先に生産諸条件が資本として相対したのは、それが労働者に対して自立化してその現前に見出されたかぎりにおいてであった。今では資本は労働者自身の労働の産物であって、彼はそれが資本にすでに転化した生産諸条件として自分に相対しているのを見出す。生産過程の前提として出発したものが今では生産過程の結果となっている。

そのかぎりでは、生産過程が資本をつくり出したというのは、それが剰余価値をつくり出したということの別表現にすぎない。

しかし、問題はこれで終わりではない。剰余価値は追加資本に再転化され、新たな資本ないしより大きな資本を形成する。こうして資本は資本をつくり出す。それは単に資本として自己を実現しただけではない。蓄積過程はそれ自体が資本主義的生産過程の一つの内在的契機なのである。この蓄積過程には、既存の資本を現実化し増大させる手段である賃労働者の新たな創出が含まれている。たとえば、以前は資本主義的生産にまだ捉えられていなかった住民層、たとえば女性や子供が資本によって包摂される場合や、人口の自然増の結果としてより多くの労働者群が資本に従属する場合である。［蓄積過程論で］詳しく検討したことから明らかなように、資本自身が労働力（Arbeitskraft）のこの生産を、すなわち資本によって搾取される人間集団の生産を、自らの搾取欲にもとづいて規制する。したがって資本は資本を生産するだけではなく、増大する労働者群を、すなわち資本が追加資本として機能するのを唯一可能にする素材をも生産する。それゆえ、労働が労働諸条件を資本として、自己に対立させる形で、そしてますます拡大する規模で生産するだけでなく、資本の方もまた、それが必要とする生産的な賃労働者をますます拡大する規模で生産するのである。労働は自己の生産条件を資本として生産し、資本は労働を、自己を資本として現実化させる手段として、つまりは賃労働として生産する。資本主義的生産はこの関係の再生産であるだけでなく、ますます拡大する規模での再生産である。そして、資本主義的生産様式とともに労働の社会的生産力が発展するのと同じ度合いで、労働者に対立して積み上げられた富が、労働者を支配する富として、資本として増大するのであり、富の世界が労働者に対して彼に疎遠《フレムト》で彼を支配する世界として拡大されていく。そしてそれと同じ度合いで、反対の極では労働者自身の主体的貧困、窮乏、従属が発展していく。労働者の空疎化と資本の充満とは相互に対応しており、両者は足並みをそろえて進行する。それと同時に、資本のこの生きた生産手段の量、労働するプロレタリアートの数が増大していくのである。

［493］　それゆえ、資本の増大とプロレタリアートの増加とは、対極的なものとはいえ、同じ過程の相互補完的な産物として現われる。

この関係は単に再生産されるだけでなく、また、ますます拡大する規模で生産されるだけでもなく、さらにまた、それ自身のためにより多くの労働者を創出し、これまで自らに従属していなかった生産部門を絶えず捉えていくだけでもない。この関係はまた、独自に資本主義的な生産様式について論じた際に示しておいたように、一方の側である資本家にとってはますます有利で、他方の側である賃労働者にとってはますます不利である状況のもとで再生産されるのである。

生産過程の連続性という観点から見ると、賃金は労働者によって絶えず生産される生産物の一部でしかなく、この部分は彼にとっての生活手段に転換され、したがって労働能力を維持し増加させる手段に転換される。この労働能力は、資本がその自己増殖にとって、その生活過程にとって必要なものである。したがって、この過程の結果としての労働能力の維持と増加とは、それ自身、資本に属する過程の再生産・蓄積条件の再生産と拡大として現われる（アメリカ人を見よ▼50）。

それとともに、この関係がその表面上持っていた次のような外観も消え去る。すなわち、流通において商品所持者たちは同等の権利を持って商品市場で相対し、他のすべての商品所持者と同じく、もっぱらその商品の素材的内容によってのみ、つまり彼らが相互に売りあう商品の特殊な使用価値によってのみ相互に区別される、という外観である。あるいはむしろ、関係のこのような本源的形態は、その根底に横たわっている資本主義的諸関係の外観としてかろうじて残っているだけである。

〔資本関係の再生産の二つの契機Ⅰ――労働能力の売買〕

ここでは二つの契機が区別されなければならない。これらの契機を通じて、この関係そのものの再生産は資本主義的生産過程の結果として絶えず拡大する規模でなされるのであり、最初の形態［単純商品交換］から区別されるのである。つまり、一方では歴史的に出現し、他方では発達した資本主義社会の表面上に絶えず新たに姿を表わすあの形態から区別されるのである。

（一）まず第一に、流通の内部で起きる準備的な過程である労働能力の売買に関してはこうだ。

資本主義的生産過程は価値ないし商品を資本に転化する過程であり、資本家はその一部を市場に持ち出し、一部を自分のために労働過程の内部に保持するのだが、それだけではない。資本に転化されるこれらの生産物は、資本家が生産したのではなく、労働者が生産したものである。資本家は、労働者が生産したものの一部――必要生活手段――を労働と交換に労働者に繰り返し販売し、そうすることで労働能力を、したがって買い手自身を維持し増加させる。そして資本家はその生産物の他の一部である客体的な労働諸条件を、資本の自己増殖の手段として、すなわち資本として、労働者に繰り返しあてがう。こうして、労働者は自分の生産したものを資本として再生産し、他方で資本家は労働者を賃労働者として、したがって自分自身の労働の売り手として再生産するのである。

　商品の単なる売り手同士の関係にあっては、これらの売り手たちは、それぞれ異なった使用価値に具体化された自分自身の労働を交換しあう。だが、資本主義的生産過程の不断の結果としての労働能力の売買にあっては、労働者は自分自身が生産したものの一部を自分の生きた労働と交換に買い戻さなければならないのである。このことによって、商品所持者同士の単純な関係という外観は消え失せる。労働能力のこの不断の売買、および、労働者自身によって生産された商品が労働能力の買い手として、および不変資本として、繰り返し労働者に相対すること、このことは、資本への労働者の隷属を媒介する形態としてのみ現われ、そこにあっては生きた労働は、自己に対して自立化するに至った対象的労働▼51を維持し増大させる単なる手段でしかない。これはこの生産様式に内在的な媒介形態であり、このようにして労働の買い手としての資本と労働の売り手としての労働者との関係を永久化するのである。

しかし、この形態は、生産諸条件の所持者の側が労働を隷属させわがものとする他のより直接的な諸形態から、ただ形式の点で区別されるだけである。現実の取引と永続的な従属とがこの売買という媒介を通じて不断に更新されることで、これが単なる貨幣関係であるかのように粉飾される。この取引の諸条件が不断に再生産されるだけではなく、一方が［労働能力を貨幣でもって］買うことができることも、他方が［それと引き換えに労働能力を］売ることを余儀なくされていることも、ともにこの過程の［494］結果なのである。この売買関係が不断に更新されることは、この独自の従属関係の継続性を媒介するものでしかなく、この従属関係に、対等な権利を持った等しく自由に相対する商品所持者間の取引、契約であるかのような偽りの外観を与える。この準備的な［商品所持者間の］関係は今では、それ自身、生きた労働に対する対象的労働の支配、資本主義的生産の中でつくり出されたこの支配の内在的契機として現われる。

　したがって、次のような人々はどちらも誤っている。

［第一に］賃労働を、資本への労働の販売を、したがってまた賃金制度《サラリアート》という形態を、

資本主義的生産にとって外的なものとみなす人々。▼52 だが賃金制度は、資本主義的生産関係にとって本質的な媒介形態なのであり、絶えずこの関係そのものによって新たに生み出される形態なのである。

［第二に］この表面上の関係のうちに、この本質的な形式性のうちに、資本関係のこの外観のうちに、資本関係の本質そのものを見出す人々。これらの人々はそれゆえ、この関係の特徴を明らかにするのだと称して、労働者と資本家とを商品所持者同士の一般的関係のうちに包摂してしまい、そうすることで、この関係の弁護に努めるとともに、この関係の種差を消し去ってしまうのである。

〔資本関係の再生産の二つの契機Ⅱ――生産様式の変容〕

（二）資本関係一般が生じるにあたっては、社会的生産の一定の歴史的段階と形態とが前提されている。以前の生産様式の内部ですでに、交通・生産手段と種々の欲求が、古い生産諸関係を乗り越えて資本関係への転化を迫るほどに発達していなければならない。しかし、それは、資本のもとへの労働の形式的包摂が起こるのを可能にする程度に発達していればよい。だが、まさにこの変化した諸関係を土台にして、独自に変化した生産様式が発展してくる。この変化した生産様式は一方では新しい物質的生産力をつくり出し、他方ではその生産力を基礎にしてはじめて自らも発達するのであり、それによって実際に自分のための新しい現実的な諸条件をつくり出すのである。こうして全面的な経済革命が開始される。一方ではそれは、労働に対する資本の支配のための現実的諸条件をはじめてつくり出し、完成させ、それにしかるべき形態を与える。他方では、この変革によって労働者に対立的な形で発展させられた労働の生産力、生産諸条件と交通諸関係は、資本主義的生産様式の対立的形態を止揚《アウフヘーベン》する新しい生産様式のための現実の諸条件をつくり出し、こうして、新たに形成される社会的生活過程のための、それとともに新しい社会構成体のための、物質的土台をつくり出すのである。

これは、資本主義的観念そのものに囚われているブルジョア経済学者の見方とは本質的に異なっている。たしかに彼らも資本関係の内部でどのように生産が行なわれるのかを考察しているのだが、どのようにこの関係そのものが生産されるのかを見ていない。そして、それと同時に、どのようにその解体の物質的諸条件がその中でつくり出され、それとともに、経済を発展させ社会的富を生産する必然的形態としてその歴史的正当性がいかに取り除かれるに至るのかを見ていないのである。それに対して、われわれは、資本がどのように生産を行なうのかを見てきただけでなく、どのように資本そのものが生産されるのか、どのようにそれが生産過程に入っていったときとは本質的に変化した姿でそこから出てくるのかも見てきた。一方では資本は生産様式の姿を変えるのだが、他方では生産様式のこの変化した姿こそが、そして物質的生産力のこの特殊な発展段階こそが、資本それ自身の形成の基礎であり条件であり、その前提なのである。

［495］ **直接的生産過程の結果**

▼これは、「第六章　直接的生産過程の諸結果」、あるいはその中の「資本関係そのものの生産と再生産」の出だしの別バージョンであると思われる。

生産過程の対象的諸条件はこの過程の結果として現われるだけではない。その独自の社会的性格もまたその結果として現われる。生産当事者間の社会的諸関係、したがってまた相互に対する彼らの社会的地位が、つまりは生産関係そのものが生産され、したがってそれらは過程の不断に更新される結果なのである。……［草稿はここで中断されている］

Ⅱの訳注

▼1　労働手段……マルクスは現行版『資本論』の「労働過程」論において、農業における種子を原料ないしより一般的に「労働対象」に数えている（現行版『資本論』第一巻、二三八～二三九頁）。この時点でのマルクスは、しばしば「労働手段」を、労働対象を含む広い意味で、すなわち「生産手段」の意味で用いている（本書の解説参照）。この段落に登場する他の二つの「労働手段」、および一二四頁に登場する「労働手段」も同じである。また訳注3、5、19、21、34も見よ。また逆に「生産手段」を労働手段の意味で用いている場合もある（注23を見よ）。ちなみに新メガの「付属資料」によると、マルクスは最初の「労働手段」に関しては、まず「生産手段」と書いてからそれを消して「労働手段」に書き直している。二つ目の「労働手段」は「要素」と書きかけてから「労働手段」に書き直している。一二四頁の「労働手段」は「使用価値」と書いてから「物品、労働手段」に書きかえている。

▼2　「労働者の労働は雇い主にとっての資本となる。次に雇い主はその成果を交換に付す。それが毛織物の生地だとすると、それを商人に送る。両者のあいだの交換は資本

と資本との交換である。どちらも自分の資本を保持しているが、別の形態で保持している。商人は最終的に毛織物の生地を、それで衣服を作ろうと思っている消費者に売る」（シスモンディ『経済学新原理』上、一〇五頁）。

▼3 労働手段……ここの「労働手段」も基本的に原材料を含む「生産手段」の意味で用いられている。一四二頁に登場する三つの「労働手段」も同じである。

▼4 ここの計算は後でマルクス自身が書いているように間違っている。生産される商品価値は一二八ポンドではなく一四四ポンドなのだから、それに相当する布の量は一四四〇エレである。ちなみに、新メガの「付属資料」によると、マルクスは原稿では最初「一四八ポンド」と書いてから「一二八ポンド」に修正しており、また「一二八〇エレ」も最初は「一四八〇エレ」と書いてから「一二八〇エレ」に修正している。つまり修正前も修正後も数字が間違っていた。ところでなぜ「一四八ポンド」かというと、その二行前に出てくる「一四四ポンド」の時点でマルクスは「一四八ポンド」と書き間違っていたからである。三つの旧訳のうち二つはそのまま「一四八」と訳し（岡崎訳と向坂訳）、一つは「一四四ポンド」に修正している（淡訳）。新メガでは編集者によって「一四四ポンド」に修正されている。

▼5　労働手段……前貸不変資本には労働対象も入るはずであるから、ここも基本的に「生産手段」の意味で用いられている。新メガの「付属資料」によると、マルクスは「生［産手段］」と書きかけてから、「労働手段」と書き直している。

▼6　ここも計算が間違っている。一二八〇エレに二八ポンドの剰余価値ではなく、一四四〇エレに二八ポンドの剰余価値であるから、一エレあたりに含まれる剰余価値は、五¼ペンスではなく、四⅔ペンスである。

▼7　したがってここも間違い。八ポンドの追加的な剰余価値は、八〇エレの布に含まれるのではなく、二四〇エレの布に含まれているので、一エレあたりの剰余価値は二シリングではなく、八ペンスである。これらの計算ミスはすべて後で登場する表Ⅱで修正されている（本書、一四六頁）。

▼8　二〇ｖ……この記号「ｖ」は可変資本、すなわち労働力に投下された資本を表わす略記号。同じく、その後本文に登場する「ｃ」は不変資本、すなわち生産手段に投下された資本を表わし、「ｍ」は剰余価値を表わす。「Ｃ」は総資本。

▼9　厳密に言うと、法則（二）に関連しているのは表Ⅲ（労働力価値が下がりかつ労働者数を維持する場合）とⅢａ（労働力価値が下がりかつ労働者数を増やす場合）だけで

なく、表Ⅱ（労働時間が増大する場合）もだから、ここは「表Ⅱ、Ⅲ、Ⅲa参照」という表現でなければならない。実際、そこで論じられている内容も見ても、労働時間の長短が問題にされているのだから、表Ⅱも参照対象に入るはずである。

▼10　「この章の2と3から（3）への移行」……第六章の冒頭で取り上げられたとおりの数字にもとづくなら（本書、一一六頁）、「（2）と（3）から（1）への移行」という表現になるだろうし、あるいは、（1）を最終的には（3）にするつもりでいたので、その場合、（2）が（1）になり、（3）が（2）になるので、「（1）と（2）から（3）への移行」という表現になるだろう。

▼11　第六章冒頭の「四四一ページ」（本書、一一六頁）の誤記か、四四四ページの――で括られた部分を指していると思われる（本書、一二六〜一二八頁）。

▼12　つまり、一個二シリングで販売される場合には、一二〇〇個が販売されなければならず、三シリングで販売される場合には八〇〇個が販売されなければならないということ。

▼13　第一部の第二章三節……現行版『資本論』で言うと、第一部の第三篇第七章「剰余価値率」にあたり、とくに第二節「生産物の比例的諸部分での生産物価値の表示」を

指している。

▼14 Verte……元々は譜面の注記で「ページをめくれ」の意。ここでは、「プルードンとフォルカードの混乱」という小見出しをつけた原稿の四五七ページ（本書、一六六頁以下）に議論が続いていることを示していると思われる。したがって、その冒頭にある「プルードンを混乱させているのもこの種の謎である」というのも直前の文章（原稿の四五六ページ）に書かれている内容を受けているのではなく、原稿の四五五ページの内容を受けているので注意。

▼15 週生産物……正しくは「週の価値生産物」でなければならないが、この時点では「価値生産物」概念がまだ成立していなかった（本書の解説参照）。

▼16 ウジェーヌ・フォルカード『社会主義の戦いⅡ——革命的で社会的な経済学』（『ルヴュ・デ・ドゥ・モンド』第二四巻）、パリ、一八四八年。マルクスは一八六一～六三年草稿や『資本論』の中でもこのプルードンとフォルカードの混乱について論じている（『マルクス資本論草稿集』第四巻、五五五～五五七頁。現行版『資本論』第三巻、一〇七九～一〇八〇頁）。

▼17 前掲ロッシャー『国民経済学原理』、一三三～一三四ページ。ヴィルヘルム・

ロッシャーはドイツ歴史学派に属する経済学者。ここでマルクスがロッシャーのことを「トゥキディデス・ロッシャー氏」と呼んでいるのは、ロッシャーが、『戦史』を執筆した古代ギリシャの著名な歴史家トゥキディデスを対象とした『トゥキディデスの生涯、時代、作品』という著作を書いたから。マルクスは一八六一〜六三年草稿でこう述べている。「ロッシャー氏は慎み深くも経済学のトゥキディデスだと名乗っている。彼とトゥキディデスとの同一性はおそらく、彼がトゥキディデスについて持っている観念に、すなわち、トゥキディデスが絶えず原因と結果とを混同していたという観念にもとづくものなのだろう」（『マルクス資本論草稿集』第七巻、大月書店、一九八二年、四七九〜四八〇頁）。

▼18　第二部第三章……第二部の第一草稿では「流通と再生産」、現行版『資本論』では第二部第三篇「社会的総資本の再生産と流通」を指している。

▼19　労働手段……ここも労働対象を含めて言っているので、「生産手段」の意味である。

▼20　「流量」と「流率」……ニュートン力学の用語で、「流量（fluens, fluent）」とは時間とともに増大する量（変数）のことで、「流率（fluxion）」とはその変化の割合のことを言う。言うまでもなく「流率」はここでの剰余価値率に相当する。

▼21　労働手段……ここも不変資本一般を指しているので、「生産手段」の意味である。

▼22　ここの一連の記述は非常にわかりづらく、また不正確である。おそらくマルクスが言いたかったのは次のようなことであろう。まず、$x = c + v$ だから、増分 $\Delta x = \Delta(c + v)$。括弧を開いて表記すると、$\Delta x = \Delta c + \Delta v$。しかし、Cの差額（$\Delta c$）$= 0$ なので、$\Delta x = \Delta v$。つまり、「最初に Δx として表われたものは実際には Δv」だということになる。

▼23　生産手段……ここは労働対象を除く労働諸条件のことであるから、逆に「労働手段」の意味である。同じく二行後の「生産手段」も「労働手段」のことである（本書の解説参照）。新メガの「付属資料」によれば、マルクスは最初、どちらも正しく「労働手段」と書いてから「生産手段」に書きかえている。また、三つの旧訳のうち、二つは何の注記もないが（岡崎訳と向坂訳）、一つは「（労働用具――訳者）」と注記されている（淡訳）。

▼24　本書の二八四頁以下を参照。

▼25　第四章……ここでの「第四章」は「絶対的剰余価値と相対的剰余価値との結合」に関する章にあたり、より具体的には、その中の「労働能力の価格の労働の価格への転化」にあたる。現行版『資本論』では、後者が第六編として分離している。

▼26　本書の一八七～一九三頁参照。

▼27　これは『資本論』で言う「特別剰余価値」の発生メカニズムを説明しているのだが、この時点ではまだ「特別剰余価値」という用語がマルクスの中で確立されていなかったので、その用語を使わずに説明している。後でもう一度この話は出てくる（本書、二五四頁）。

▼28　たとえば、ある生産部門で機械によって商品が大量に生産されるようになると、同じ商品を非資本主義的な生産関係のもとで生産している生産者たちは没落して、その部門全体に資本主義的生産関係を、したがって資本のもとへの形式的包摂を導入することを可能にする。

▼29　Verte……内容的に見て、原稿の四七五ページ（本書、二三四頁）に議論が続いているという意味ではないかと思われる。

▼30　この注（a）は、原稿の四七四ページに張りつけられた紙に書かれており、ページづけはなされていない。また、ここで言われている「この注（a）は最後の章句に関係しているのではなく、その前の箇所に関係している」という一文の意味はよくわからない。旧版の解釈では、「最後の章句」とは、「この［経済的な］支配・従属関係が奴隷

制……に取って代わるならば」で始まる段落を指し、「その前の箇所」とは、この注が付されている「本来の資本主義的生産様式が登場するのである。」で終わる段落を指しているというものである。たしかにこの一文だけを見ればそのように解釈することも可能だが、その解釈だと内容的に合わない。注（a）の内容は、奴隷制と賃金制度との対比論であり、明らかに内容的にはむしろ「この［経済的な］支配・従属関係が奴隷制……に取って代わるならば」で始まる段落に照応しており、「本来の資本主義的生産様式が登場するのである。」で終わる段落とは合致していない。

▼31　マルクスはここでエドモンズから三つの箇所を引用しているが、これらの文章は実際にはかなり異なった順番で並んでいる。エドモンズの原文では、三番目の引用文が一番最初に登場し、その引用文の中の「……」に二番目の引用文が入り、三番目の引用文の後に一番目の引用文が来る。また、二番目の引用文の中でマルクスは「(この箇所を後で確認)」という注記を挿入しているが、原文では「飢餓」の後に「for himself and family」が続いているので、この文言を後で確認するという意味であろう。

▼32　「ブルジョアジーは、生産用具に、したがって生産諸関係に、したがって社会的諸関係の全体に、絶えず革命を引き起こさずには存立することはできない。……生産の

絶え間ない変革、あらゆる社会状態の絶え間ない動揺、永遠の不安定さと運動、これが以前のあらゆる時代と区別されるブルジョア時代の特徴である」(邦訳『マルクス・エンゲルス全集』第四巻、四七八～四七九頁)。

▼33 「トーリー的」……「トーリー」というのはイギリスの伝統的保守政党のことで、現在の保守党の源流。当時、産業資本の台頭に反発して地主や同職組合を中心とする旧秩序を擁護しようとした。

▼34 労働手段……ここも文脈的に対象的な労働諸条件全体を指しているので、「生産手段」のことである。新メガの「付属資料」によると、最初「conditions」と書いており、それを消してから「means」に書きかえている。つまり最初は「労働諸条件」と書きかけていたのだが、それを「労働手段」に書きかえたわけである。

▼35 アリストテレス『政治学』岩波文庫、一九六一年、五三～五五頁。その中でアリストテレスは、商品交換を通じて貨幣を無限に増殖させようとする蓄財行動を自然に反するものと批判している。

▼36 「ブルジョアジーは、これまで尊ぶべきものとされ……てきたあらゆる職業から、その後光をはぎ取った。医者も、法律家も、僧侶も、詩人も、学者も、ブルジョアお雇

いの賃労働者に変えられた」（邦訳『マルクス・エンゲルス全集』第四巻、四七八頁）。

▼37　ミルトンの『失楽園』……イギリスの一七世紀の詩人ジョン・ミルトンが旧訳聖書の『創世記』にある、アダムとイブ（エバ）が楽園から追放される物語を題材にして描いた長編叙事詩。邦訳としては、ミルトン『失楽園』上下、岩波文庫、一九八一年。

▼38　第二部第三章……現行版『資本論』で言うと、第二部「資本の流通過程」の第三編「社会的総資本の再生産と流通」を指す。

▼39　マルクスが引用した文章そのものは見つからなかったが、同書の四七ページのマルサスの本文（生産的労働の定義について述べた部分）に第二版の編集者が付けた注に、類似した文章が存在する。邦訳では、上巻の七〇～七一頁にあたるが、この編者注は訳されていない。

▼40　リカードはその諸著作の中で繰り返し資本家階級を「生産的階級」と呼んでいる。たとえば以下の箇所――「だが、相対的に低い穀物価格から常に次のような利益がある。現実の生産物の分割は、利潤の名において生産的階級により多くを、地代の名において不生産的階級により少なくを割り当てるので、労働を維持する元本を増大させる可能性がより高いことである」（リカード『経済学および課税の原理』下、岩波文庫、一九八

七年、八一〜八二頁）。

▼41　第三部第三章……現行版『資本論』で言うと、第三部の第三編「利潤率の傾向的低下の法則」にあたる。

▼42　リカード『経済学および課税の原理』下、一八七〜一八八頁。ここでリカードは、「国民の利益」について語りながら実際には純収入を取得する資本家のことだけを考えている。なお、この引用文中に最初に出てくる「一〇〇〇万人」は、三つの旧訳ではいずれも「一八〇〇万人」に誤記されている。底本がそうなっていたのだろう。

▼43　たとえば以下の箇所。「等しい額の資本で、借地農業者の資本ほど多くの生産的労働を動かすものはない。……したがって農業に充用される資本は製造業で充用される等額の資本よりも多くの生産的労働を動かすだけでなく、それが充用する生産的労働の量に対する割合においても、その国の土地と労働の年生産物に、そこの住民の真の富と収入に、はるかに多くの価値をつけ加える。それは、資本を充用するあらゆる方法の中でこれまでのところ社会にとって最も有利なものである」（アダム・スミス『国富論』第二巻、岩波文庫、二〇〇〇年、一六三〜一六四頁）。ただし、スミスがここで言う「生産的労働」には、労働者のみならず、役畜や自然の「労働」も含まれている。

▼44　この部分は少しわかりにくいが、一八六一～六三年草稿のノート22の以下の部分が参考になるだろう。『マルクス資本論草稿集』第九巻、六二一～六二二頁。

▼45　可変資本……三つの旧訳ではいずれも単に「資本」となっているが、おそらく底本となった文献のミスであろう。新メガでは「可変資本」となっており、文脈的にも「可変資本」でなければつじつまが合わない。

▼46　総生産物……マルクスの原文では「純生産物」と表記されていたが、それでは意味が通らないので、新メガの編集者はこれを「総生産物」の書き間違いと判断し、そのように訂正している。文脈からしてもこの訂正は正しいと思われる。三つの旧訳のうち、二つは「純生産物」と訳され（岡崎訳と向坂訳）、一つは「総生産物」と訳されている（淡訳）。

▼47　現行版『資本論』第三部第一編で論じられている「不変資本充用上の節約」のことを念頭に置いていると思われる。

▼48　労働手段……ここは文字通り、機械や作業場のような労働手段のことを言っていると思われる。

▼49　アンドリュー・ユア『製造業の原理』第一巻、パリ、一八三六年、六七ページ。

マルクスは、一八六一〜六三年草稿で該当箇所を引用しつつ次のように述べている。「同書の六七ページでユアは、工場主が『精巧な機械の構造』に関して『無知』であると語っている。そのため彼らは『管理者（managers）』に依存する。ちなみに、これらの『管理者』は工場の『所有者（proprietors）』と違って、ユアによれば、『われわれの工場制度の魂』（六八ページ）である」（『マルクス資本論草稿集』第九巻、二二六〜二二七頁）。また『資本論』でも次のように述べている。「ユア博士でさえ、自分の愛する機械利用工場主たちが機械学に対してひどく無知であることを嘆いたのであり、リービヒもイギリスの化学工場主が化学に対して恐ろしいほど無知であると語ることができたのである」（現行版『資本論』第一巻、五〇五頁）。同じく、現行版『資本論』第三巻、四八五頁の注75でも同じような記述が見られる。

▼50　「アメリカ人を見よ」……「アメリカ人」は原文では「ヤンキー」。アメリカの経済学者ヘンリー・ケアリのことを言っている。ケアリは、『経済学原理』の中で人口の増大と資本の成長との関係について論じている（H・C・ケアリ『経済学原理』第一部、フィラデルフィア、一八三七年、七六〜七八ページ）。なお、原稿ではここに注として（a）が付され、欄外に（a）と書かれているが、注の内容は記されていない。

▼51　対象的労働……ここでは「対象化された労働」と基本的に同じ意味。一三行先に出てくる「対象的労働」も同じ。マルクスはごくたまにだが「対象化された労働」と書く代わりに、「対象的労働」と表記している。

▼52　ペレグリノ・ロッシやバスティアやジョージ・ラムジらのことを念頭に置いていると思われる。ロッシについては、Iの訳注13（本書、一一一頁）で挙げた諸文献を参照。バスティアについては、本書五八頁の注（136）を参照。ラムジについては、『マルクス資本論草稿集』第八巻、大月書店、一九八四年、三九〇頁、を参照。

Ⅲ　その他の諸断片

▼以下の諸断片は、一八六六年の資料が使用されていることからして、少なくとも一部は「直接的生産過程の諸結果」が書かれた時期（一八六三〜六四年）のものではなく、もっと後の時期のものであり、おそらく初版『資本論』の印刷用原稿（とくにその「第六章　資本の蓄積過程」）の一部であろう。何らかの事情で最終的に取り除かれたと思われる。

〔炭坑夫、アイルランド移民、国債〕

（73）**炭坑夫。**炭坑夫がその住居においても搾取者に依存していることがどのような効果を持つかは、ストライキが起こるたびごとに示される。たとえば、一八六三年一一月にダーレムでストライキが起きたとき、ストライキ参加者たちはひどい悪天候の中、妻子とともに家具一式もろとも住居を追い出され、街頭に投げ出された。その際、何よりも必要だったのは、凍てつく夜のあいだ夜露をしのぐ場所を見つけ出すことだった。だが彼らの大部分は吹きさらしの屋外で眠った。一部のものは自分たちの空っぽにされた住居に押し入って、そこを夜通し占拠した。翌日、炭坑所有者たちは、追い出された人々が凍てつく夜のあいだ空っぽの小屋の剝き出しの床の上で眠るという贅沢にふけることができないよう、ドアと窓にくぎを打ちつけ、かんぬきをした。そこで、追い出された人々は丸太小屋や泥炭のかまくらをつくって雨露をしのごうとしたが、これらもその土地の所有者たちによって取り壊された。資本に対する労働のこの闘いの中で、多くの子供たちが死ぬか、健康を破壊された。（『レイノルズ新聞』一八六三年一一月二九日）。

（75）実際、リカードは次のように言って労働者を慰める。労働の増大する生産力の結果として、また資本の可変部分に対して総資本が増大することとの結果として、剰余価値のうち収入として消費される割合もまた増大するだろうし、したがって召使に対する需要も増大するだろうと！（リカード『経済学と課税の原理』、四七五ページ［リカード『経済学および課税の原理』下、二九〇頁］）。

（76）「財産……［を所持していること］」は、普通の不熟練労働者が一個の機械の境遇に陥るのを防ぐ上で決定的である。そのような状況に陥れば、労働者は、その生産可能な——つまり、労働者が生存できて、自己の種を繁殖させることのできる——最低限の市場価格で買われることになる。資本と労働との利益がまったく異なっていて、かつ彼らが需要供給の法則の作用にのみ委ねられるのなら、労働者は遅かれ早かれ必ずやこのような水準へと落ちぶれることだろう」（サミュエル・ラング『国民の苦悩』、ロンドン、一八四四年、［四五～］四六ページ）。

（77）**アイルランド。国外移住。**一〇年周期の産業循環における労働人口の現実の増減が労働市場に対して何らかの目に見える影響を与えるとすれば、このことはイギリスでのみ起こりうる。われわれはそれをモデルとして取り上げるのだが、それというのも、そこでは、資本主義的生産様式が発達しており、ヨーロッパ大陸と違って、大部分、この生産様式に照応していない農業経済の土台の上で運動しているのではないからである。ここでは、資本の増殖欲が国外移住者の拡大ないし縮小に与える影響についてのみ論じよう。

まず言っておくべきことは、資本の国外移転、すなわち年収入のうち資本として国外に投資される部分、とりわけ植民地やアメリカ合衆国に投資される部分が一年あたりの蓄積元本に占める割合は、国外移住者の数が一年あたりの人口増に占める割合よりもはるかに大きいことである。これらの移住者の一部は実際には、国外に出ていく資本につき従っているだけである。さらに、イギリスからの移住者たちは、その主要構成部分たる農業移民を考察するなら、その大部分は労働者ではなく借地農業者の子弟などで占められている。国外移住者の数はこれまでのところ、アイルランドからの移民によって相殺されるよりも多かった。停滞と恐慌の時期は、国外移住への圧力が最も強くなる時期であるが、それと同時に、より多くの過剰資本が国外に送られる時期でもある。また、国外移住が減少する時期は同時に余剰資本の国外移転が減少する時期でもある。したがって、国内で充用される資本と労働力との絶対的割合は、国外移住者の増減によってはほとんど影響を受けない。イギリスの国外移住者が人口の年増加率との関係で重大な影響を及ぼすまでになれば、イギリスは世界市場におけるその地位を失うだろう。

一八四八年以降におけるアイルランド移民は、マルサス主義者たちのあらゆる予測や予言の誤りを証明した。まず第一に、彼らは海外移住者が人口の増加を上回ることは不可能であると明言していた。アイルランド人はその貧困にも関わらずこの問題を解決した。海外に移住したアイルランド人が毎年自国に送金するお金は、まだ国内に残っている人々が海外に移住するのに必要な資金の大部分をまかなった。しかし第二に、同じ紳士たち［マルサス主義者］は、一〇〇万人もの人々の命を奪い去った［一八四六～四八年の］大飢饉、およびその後の大量出国がアイルランドに、ペストが一四世紀半ばにイギリスにもたらしたのと同じ影響を与えるだろうと予言した［つまり人口が激減するので貧困が改善されるだろうと予言した］。だが実際に起こったことはそれとは正反対のことだった。生産は人口よりも急速に下落し、農業労働者を雇い入れる資金も同じく減少した。今日、彼らの賃金が、生活手段の価格変化を考慮に入れるなら、一八四七年よりもけっして高くなかったにもかかわらずである。それでもアイルランドの人口は一五年間で八〇〇万人から約四五〇万人へと激減した。ただし畜産業はかなりの成長を遂げており、アイルランドを単なる牧羊地に変えることを欲したダファリン卿が、人口はまだ多すぎると言ったのもまったく無理もない。その間に、アイルランド人は、自分の骨だけでなく自分たち自身をアメリカへと運んだ。「いつかわが骨から復讐者の出でんことを（Exoriare aliquis ultor）」[1]という彼らの叫びは、大

	1864年（単位はクォーター）	1865年（単位はクォーター）	減少量
小麦	875,782	826,783	48,999
燕麦	7,826,332	7,659,727	166,605
大麦	761,909	732,017	29,892
ベア大麦	15,160	13,989	1,171

	1864年（単位はトン）	1865年（単位はトン）	減少量
じゃがいも	4,312,388	3,865,990	446,398
カブ	3,467,659	3,301,683	165,976
亜麻	64,506	39,561	24,945

（公報『アイルランド農業統計』ダブリン、一八六六年、四ページ）

西洋の反対側で恐ろしく鳴り響いている。

一八六四年と一八六五年の過去二年間を見ると、［アイルランドの］主要作物に関して上のような数字が見出せる。

このことは、個々の人間が「国全体が急速に破滅しているあいだに豊かになる」ことを妨げはしない。こうしてたとえば、年所得が九〇〇ポンドから一〇〇〇ポンドの人々の数は、一八六四年には五九人だったのだが、一八六五年には六六人になっている。年所得が一〇〇〇ポンドから二〇〇〇ポンドの人々は一八六四年には三一五人で、一八六五年には三四二人である。また、一八六四年に以下の年所得を得ていた人々の数は、一八六五年にはそれぞれ次のようになっている（次ページを見よ）。

所得水準	1864年	1865年
3000-4000	46	50
4000-5000	19	28
5000-10000	30	44
10000-50000	23	25

（『収入と資産に関する納税申告書』、一八六六年八月七日）

さらに、一八六四年に三人の人間がそれぞれ八万七六〇六ポンドの年所得があり、一八六五年にはそれぞれが九万一五〇九ポンドの年所得があった。自らがこれらの「超富裕層」の一人であるダファリン卿が、アイルランドにはまだ住民が多すぎると言ったのも無理はない。▼[2]

(79) したがってたとえば、現在の負担を国債によって未来の世代に転嫁するという言い方がなされる。AがBから現実にか形式的に商品を借り、Bに未来の生産物を担保に借用証書を振り出すことができる。まるで未来の詩人や音楽家がいまそこに存在するかのように。しかし、AもBも未来の生産物を一分子たりとも消費するものではない。各々の時代はそれ自身の戦争に対する支払いをしなければならない。他方で、労働者は向こう三年間の労働を一年間で支出することもできる。

「現在の一時間の支出を未来の一日に先伸ばしすると称して、また、現在の世代の必要を満たすために子孫に重荷を背負わせることができると称して」、次のような馬鹿げた主張がなされる、「まだ存在しないものを消費することができる、種が大地に蒔かれる前にその収穫を食べることができる、と。……わが政治家たちの知恵のいっさいは結局、汚職や公金横領への報酬のための莫大な資金をつくり出しながら、財産をある階級から別の階級へと大規模に移動させることに帰着するのだ」（M・A・ピアシ・レイヴンストン『公債制度とその影響に関する考察』、ロンドン、一八二四年、八～九ページ）。

〔労働にもとづく所有と資本主義的領有〕

資本形成および資本主義的生産様式は本質的に、封建的生産様式の廃棄《アウフヘーベン》にもとづいているだけでなく、農民や手工業者の収奪にもとづいており、総じて、直接的生産者によるその生産諸条件の私的所有に立脚する生産様式の廃棄にもとづいている。また、資本主義的生産様式がいったん導入されると、それは、直接的生産者の私的所有とそれにもとづく生産様式が廃棄されていくのと同じ度合いで発展し、したがってまた、この直接的生産者が資本の集積（集中）の名のもとに収奪されていくのと同じ度合いで発展していく。さらには、この収奪過程は後に地所の清掃（clearing of estates）を通じて系統的に繰り返されるのだが、この収奪行為こそ部分的には、資本主義的生産様式を暴力的に導入するものだったのである。以上のいっさいにもかかわらず、資本主義的生産様式に関する理論（経済学、法哲学、等々）だけでなく資本家自身もその観念において、所有と領有の資本主義的あり方を、つまり、その進行の中で他人の労働を［絶えず］領有することにもとづき、またその基礎において直接的生産者の収奪にもとづいているあり方を、それとは反対の、直接的生産者による生産諸条件の私的所有を前提とする生産様式と混同するのを好むのである。後者の前提のもとでは、農業や工業等々における資本主義的生産様式など不可能だったというのに。さらにまた彼らは、この［資本主義的］領有形態に対するどんな攻撃も、先の、労働によって獲得された所有に対する攻撃として、いやそれどころかあらゆる所有に対する攻撃として描き出すことを好むのである。

もちろん、そのさい、勤労大衆からの所有の収奪を、労働にもとづく所有の必須条件として描き出すことには常に大きな困難がつきまとう（もっとも、かの形態の私的所有［労働にもとづく私的所有］には少なくとも常に、もっぱら家長によって徹底的に利用され搾取される家族成員の奴隷制が含まれているのだが）。それゆえ、ロックからリカード▼3にまで至る一般的な法学的観念が小ブルジョア的所有の観念である一方で、彼らが実際に叙述している生産関係は資本主義的生産様式に属しているのである。このことを可能にしているのが買い手と売り手との関係であり、この関係がどちらの形態においても形式的に同一のままだということである。これらのすべての著述家たちに関して、次のような二重性が見出せる。

（一）経済学的には、彼らは労働にもとづく私的所有に反対して大衆の収奪と資本主義的生産様式の利点を示す。

（二）しかし、イデオロギー的および法学的には、労働にもとづく私的所有というイデオロギーをただちに直接的生産者の収奪にもとづいた所有に拡張する。

〔ドイツ東部の「農民追放」〕

「フリードリヒⅡ世の治下ではじめて、プロイセン王国の諸州のほとんどで臣民（農民）に相続財産と土地の所有権とが保証された。そして、この法令は、農村の人口減に脅かされていた農村民の苦悩を終わらせるのに役立った。というのも、まさに前

（一八）世紀に、領主たちが、自分の領地の収穫高を増大させることに関心を抱くようになって以来、その臣民の一部を放逐して農民保有地を自分たちの直轄地につけ加える方が有利であると考えたからである。放逐された人々は路頭に迷い、窮乏に落ち込んだ。だが、残された臣民もまったく耐えがたい重荷を背負わされることになった。なぜなら、彼らは今や、以前の農民保有地をも耕すよう領主に求められたからである。それの旧保有者たちはその労働を通じて直轄地の耕作をも容易にしていたのだ。この『農民追放（Bauernlegen）』は、ドイツ東部においてとくに過酷だった。フリードリヒⅡ世がシュレージエン地方を征服した時、同地における何千もの農民保有地には耕作者がおらず、小屋は破壊されていて、耕作地は領主の手中にあった。それゆえ、接収された地所はすべて再建されなければならず、地所の管理者が置かれ、家畜や道具が供与され、農民たちに土地の永代保有権が認められなければならなかったのである。リューゲン島では、この同じ暴虐［農民追放］が、モーリッツ・アルント▼4の若い頃にはまだ農村住民の蜂起を引き起こしていた。兵士が派遣され、反乱者は投獄された。農民は復讐を求め、貴族を一人一人待ち伏せして殺害した。ザクセン選帝侯国でも、一七九〇年になってもまだこの同じ暴虐が農民一揆の源泉だったのである」（G・フライタークー『ドイツ人民の生活の新状況』、ライプチヒ、一八六二年、三八～三九ページ」▼5）。

これは、封建領主の高貴な心情なるものが実際にはどのようなものであったかを、この上なくはっきりと示している！

Ⅲの訳注

▼1 「いつかわが骨から復讐者の出でんことを（Exoriare aliquis ultor）」……ラテン語の格言。正確には「Exoriare aliquis nostris ex ossibus ultor」。古代ローマの詩人ウェリギリウス（ヴァージル）の『アエネーイス』より。

▼2 ここでのアイルランドに関する記述は、初版『資本論』では「第六章　資本の蓄積過程」の本文の中でより詳細に論じられている（現行版『資本論』で言うと第一巻の九一二頁以下）。おそらく最初はこの断片におけるように注として書き始めたのだが、分量が膨大になったので、本文に組み入れることにし、それゆえこの注が残されることになったのだろう。

▼3 周知のように、ジョン・ロックは『市民政府論』（『統治二論』後編）の中で所有権を、独立小生産者による労働によって根拠づけた。「大地とすべての下級被造物は万人の共有物であるとしても、それでも各人は自分自身の一身（person）に対する所有権を有している。それに対してはその人以外の誰も権利を持たない。彼の身体の労働（labour）とその手の働き（work）は当然に彼のものである。したがって、自然が与え

自然のままに残しておいた状態からその人が取り出したものには、彼の労働が混ぜ合わされており、彼自身のものが加えられたことになる。このようにして、それは彼の所有物（property）になる」（ジョン・ロック『市民政府論』光文社古典新訳文庫、二〇一四年、四〇頁）。

▼4　エルンスト・モーリッツ・アルント（1769-1860）……ドイツの愛国詩人で、バルト海に浮かぶドイツ最大の島リューゲン島の出身。『ボンメルンとリューゲンにおける農奴制の歴史』という著作を執筆している。一八四八年革命ではフランクフルト国民議会の一員になった。

▼5　マルクスは『資本論』第一巻第二四章の「本源的蓄積」の注220でこの東ドイツにおける「農民追放」についてより簡潔に論じている（現行版『資本論』第一巻、九五七頁）。

解説

中期マルクスから後期マルクスへ
——過渡としての第一部草稿

森田 成也

目次

本書は、一八六三年後半から一八六四年前半にかけて執筆されたと推定される『資本論』第一部草稿（以下、第一部草稿と略記）の諸断片であり、その最大部分を占めるのは、第一部の最終章として想定されていた「第六章　直接的生産過程の諸結果」（以下、「諸結果」と略記）である。また、この「諸結果」とは別に、マルクスがこの「諸結果」に挿入するよう指示した二つの原稿が存在している。通常、『直接的生産過程の諸結果』と言う場合、この二つの挿入原稿込みで言われるのだが、本稿では、基本的に二つの原稿を含まない意味で用い、挿入原稿も入れたい場合には、「諸結果（二つの挿入原稿を含む）」と表現することにする。

「諸結果」は、まず第一に、『資本論』第一部の最終章をなすがゆえに、『資本論』第一部全体を総括する位置にあり、また実際読めばわかるように、第一部のさまざまな議論をしばしば要約的に繰り返している。その意味で、「諸結果」は（ヘーゲルの『小論理学』をもじって言えば）小『資本論』のような性格を有している。第二に、それは

『資本論』第二部「資本の流通過程」へのかけ橋としての性格も有しており、第一部の中身を越えた議論もあちこちでなされている。そういう意味では、それは第二部やさらには第三部「資本の総過程」の予習、先取りのような性格も有している。しかし第三に、第一部の単なる要約や第二部へのかけ橋のためだけにこのような大部の章をマルクスが書くはずもなく、「諸結果」は何よりも、『資本論』第一部のこれまでの諸章を踏まえて独自に取り上げるべき種々の論点を詳細に論じている。この第三の点が「諸結果」の主たる内容をなすものである。

1、マルクスにおける理論的発展の諸結節点

マルクスの経済理論は一日にしてなったのではない。それは数十年に及ぶ努力と探求の成果であり、それは絶えざる変化と発展の過程の中にあった。マルクスの理論的生涯をその経済理論を中心に大雑把に分けるとすると、それは、初期（代表作は『経済学・哲学草稿』）、前期（代表作は『哲学の貧困』と『賃労働と資本』）、中期（代表作は『経済学批判要綱』と『経済学批判』）、後期（代表作は『賃金・価格・利潤』と『資本論』

の各版)、晩期(その後の草稿類)の五段階に分けることができるだろう。そして、それぞれのあいだには一定の過渡期を想定することができる。

私は、前著『賃労働と資本/賃金・価格・利潤』(以下、前著と略記)の「解説」の中で、マルクスが最初に自己の経済理論を体系的に説明しようとした『賃労働と資本』の段階(前期マルクス)から、マルクス独自の理論がおおむね確立された時期における講演『賃金・価格・利潤』(後期マルクス)に至るまでのマルクスの経済理論の全般的な変化と発展について説明したが、この全体としての流れには、いくつかの重要な結節点ないし転換点と呼べる画期が存在している。

まず第一に、初期マルクスから前期マルクスへの移行に当たって、マルクスがエンゲルスとともにいわゆる史的唯物論の見地を確立するとともに、経済理論としては労働価値論を受け入れ(最初の頃はエンゲルスと同じく労働価値論に否定的であった)、それらにもとづいて資本の本質とその運動、労働者の貧困、などについて論じるようになったことである。しかし、この前期段階でのマルクスの経済理論はなお濃厚にリカード的であって、あるいはより一般的には古典派的であって、用語にしても古典派の語彙《ごい》がほぼそのまま踏襲されており、マルクス独自の理論や概念の展開はまだわずかしか見られない。

第二の結節点は、前期マルクスから中期マルクスへの転換であり、マルクスが一八四八〜四九年のヨーロッパ革命の敗北とイギリスへの亡命を機に経済学の研究を全面的にやり直し、その成果を踏まえて一八五七〜五八年にいわゆる「経済学批判要綱」(以下、「要綱」と略記)と一般に呼ばれている膨大な草稿を執筆したことである。この草稿において、従来のリカード的枠組みが大きく突破され、マルクス独自の経済理論がかなりの程度体系的に成立するにいたった。この「要綱」においてはじめて、「賃金＝労働の価格」という「古典派のドグマ」が克服され、労働者が資本家とのあいだで売買しているのは「労働能力」という独自の商品であることが解明された。そして、この「労働能力の価値」と労働者が生産過程で生み出す価値の大きさの差として利潤の源泉が解明されるとともに、この差額は、「利潤」としてではなく、「剰余価値」という、より本質的な概念において把握された。生産過程で生み出されるこの剰余価値こそが利潤(産業利潤と商業利潤)、利子、地代といったものの大本にあり、この剰余価値が種々の形態に転化され分割されることで、剰余価値という実体が覆い隠されてしまうことが明らかにされた。その他、使用価値を作るかぎりでの労働と価値を作るかぎりでの労働との概念的区別（労働の二重性）、絶対的剰余価値と相対的剰余価値、不変資本と可変資本、必要労働と剰余労働、等々のマルクス独自の諸概念がはじめて登場するのもこの「要綱」においてである。

したがって、この「要綱」をもってマルクス独自の経済理論が成立したと言えるのであり、そこにおいて古典派経済学からマルクス経済学へと理論的パラダイムの転換が生じているわけである。しかし、パラダイムの転換が生じたからといって、過去の古典派的パラダイムに属する諸概念、諸理論、諸用語のすべてが同時に変革されたわけではない。その最も重要なものは転換されたが、なお部分的には古い枠組みにもとづく諸概念、諸理論が数多く残されていた。それは社会全体の場合と同様である。たとえば、封建社会から近代ブルジョア社会へと、社会そのもののパラダイムが転換されても、封建社会の諸要素がすべてただちに消滅したり変革されたり近代化するわけではない。しばらくは、ブルジョア社会の中にも封建社会の諸要素がなお数多く残されているのであり、ブルジョア社会の発展の中でしだいにそれらが克服され、あるいは近代社会に適合するようになるのである。

したがって、理論的パラダイムの転換後も、古典派的パラダイムから無意識に引き継がれていた諸概念、諸理論、諸用語を、新しいパラダイムにもとづいて徹底的に再検討し、つくり変え、新しいパラダイムに適合させていかなければならない。ここから第三の結節点が生じる。それは、中期マルクスから、『資本論』に代表される後期マルクスへの転換過程である。

この第三の結節点にあっては、「要綱」のような単独の著作ないし草稿を指示することはできない。「要綱」執筆から、初版『資本論』出版までに書かれた膨大な草稿群全体がそれにあたる。この時期の草稿は大きく言って二つの部分に分かれる。一つは、一八六一年から六三年半ばにかけて書かれた草稿（一八六一～六三年草稿）であり、その中には後に『剰余価値学説史』として編集出版される草稿も含まれる。第二は、一八六三年夏から一八六五年末にかけて書かれた草稿（一八六三～六五年草稿）であり、その一部が、本書、すなわち「諸結果」を含む第一部草稿である。この両草稿の全体が中期マルクスから後期マルクスへの過渡をなすが、前者の一八六一～六三年草稿は中期マルクスに近い過渡であり、後者の一八六三～六五年草稿は後期マルクスに近い過渡である（ただし『賃金・価格・利潤』の講演がなされた一八六五年半ば以降は、後期マルクスに含めてもいいだろう。そのメルクマールは言うまでもなく「労働力」概念の確立である)。

これらの草稿の執筆を通じてマルクスはしだいに、古いパラダイムに属している諸概念、諸理論を克服していき、それらを新しいパラダイムに適合するようつくり変えるとともに、自己のパラダイムそのものも絶えず見直し、修正し、拡張し、より堅固なものにしていった。パラダイムとそれを構成する諸要素とは一方的な関係にあるのではなく、絶えざる相互作用の関係にある。そうした長い苦闘を通じて、ついに一八六七年九月に初版『資本論』の第一部が出版されるに至るのである。

もちろん、それでマルクスの理論的努力がストップしたわけではなく、前著の解説でも述べたように、マルクスはその後もほとんど最晩年に至るまで、『資本論』そのものの改善に努めるとともに、『資本論』の第二部、第三部の執筆・完成に向けて巨人的努力を継続した。しかしながら、度重なる病気、マルクス自身の高齢化、貧困、国際労働者協会の膨大な仕事、等々の事情から、その努力は完成を見ることができず、『資本論』の第二部、第三部を出版することは、残された膨大な草稿にもとづいてそれを編集した盟友エンゲルスに委ねられた。この点についてはすでに前著の解説で述べた通りである。

2、「諸結果」の成立とその割愛理由

今回翻訳した「諸結果」をはじめとする第一部草稿の来歴については、「訳者まえがき」の中でごく簡単に触れておいたが、ここでもう少し詳しく紹介しておこう。

第一部草稿と「諸結果」

マルクスは、「要綱」執筆後にようやく『経済学批判』を一八五九年に出版するのだが、これは当初予定していた「資本一般」の理論全体を展開したものではなく、その最初の最初、すなわち「商品と貨幣」について展開したものでしかなかった。すなわち、「資本」はまだ登場さえしていなかったのである。

そこでマルクスは、一八六〇年を『フォークト君』の執筆に費やした後、一八六一年からようやく『経済学批判』の続きの執筆に取りかかる。これが先に紹介した一八六一〜六三年草稿である。しかし、最初は『経済学批判』の続きとして書いていたのだが、書いているうちにマルクスの理論はどんどん発展し、視野を広げ、さまざまな

試論を展開し、大小多くの変化を経ていくので、それはとうてい出版できるようなものではなくなり、膨大で未整理な草稿になってしまった。

そこで、これをとりあえず書き上げると、マルクスは今度こそ『資本論』の原稿を執筆するべく一八六三年夏から着手したのが、この第一部草稿である。いま残されている第一章から第五章までの部分的原稿を見ればわかるように、第五章を除いておおむねちゃんと連続した注番号が付されていて、詳細な注が出典情報とともにしっかりと書き記されている。しかし、まとまったものとして残されている唯一の原稿である最終章「諸結果」になると、注番号の連続性はなくなり、注そのものも激減し、注記号はあっても注の本体がない場合さえある。内容的にも繰り返しや脱線が多く、原稿としての完成度は一気に落ちている。

さらに、それ以降に書かれた『資本論』第二部および第三部の草稿になると、なおのことその完成度は低くなり、かつ、またしても、書いているうちにどんどん理論そのものが発展し、拡張され、変化していくことになった。マルクスの中の、ほとんど無尽蔵とも言えるほど豊かな理論の泉は、次から次へと新たな諸理論、諸概念を湧き出させていくのである。

そこでマルクスは、一八六三〜六五年草稿を書き終えた後に、最終的な印刷用原稿の執筆に一八六六年一月から着手する。しかし、今度はさすがに、第一部草稿の完成度が高かったおかげで、その原稿の大部分を利用することができた。今日残されている第一部草稿が切れ切れであるのは、その大部分が初版『資本論』の原稿に転用されたからであろう。したがって、残されたのは、主としてそれに使われなかった部分である。

しかし、この印刷用原稿を書いているうちに、またしてもプランの重大な変更が生じた。まず第一に、第一部の最初の章として書かれた『経済学批判』の出版からすでに一〇年近く経っていることもあって、改めて「商品・貨幣」論を独立した章として執筆し、それを第一章として冒頭に配置したことである。このことによって、各章の連番は一つずつずれることになった。

第二に、何度も草稿を重ねていて完成度がかなり高かった第一部と比べて、第二部の草稿の完成度があまりにも低かったことで、当初予定していた第一部と第二部との同時出版がとうてい無理であることが明らかになったことである。第二部草稿の執筆が本格的になされたのは、実のところこの一八六三〜六五年草稿が初めてだった。それはまだまだ初歩的段階にすぎなかった。こうして、マルクスは第一部だけをとりあえず出版することにした。だがそのおかげでマルクスは第一部の完成に集中することができるようになった。

以上のプラン変更によって、「諸結果」は宙に浮くことになった。なぜならそれは、第一部から第二部へのかけ橋的存在として想定されていたからである。こうして「諸結果」の原稿はまるまる取り除かれることになった。またその原稿の完成度がそれ以前の諸章と比べて著しく劣っていたことも、取り除かれた一要因であろう。

しかし以上は、「諸結果」が割愛された技術的理由にすぎない。「諸結果」のような膨大な原稿がまるまる取り除かれた理由としては、これではなお弱いように思われる。そこで次に、もう少し理論的な要因を探らなければならない。

理論的要因I——「諸結果」の独自性の弱さ

「諸結果」を『資本論』第一部の最後に位置づけるというプランはけっしてそれほど以前からあったものではない。一八六一～六三年草稿の中に書きつけられている有名な「一八六三年一月のプラン」と呼ばれているものではじめて、そのような構想が明らかにされた。以下のプランがそうである（本論と関係ない部分は省略）。

第一部「資本の生産過程」は次のように分けること。

一、序説。商品。貨幣。

二、貨幣の資本への転化。

三、絶対的剰余価値。……

四、相対的剰余価値。……

五、絶対的剰余価値と相対的剰余価値との結合。賃労働と剰余価値との諸関係（比率）。資本のもとへの労働の形式的および実質的包摂。資本の生産性。生産的および不生産的労働。

六、剰余価値の資本への再転化。本源的蓄積。……

七、生産過程の結果。……

八、剰余価値に関する諸学説

九、生産的労働と不生産的労働に関する諸学説。（『マルクス資本論草稿集』第八巻、大月書店、一九八四年、五四二頁）

このプランの「一、序説。商品。貨幣」に関しては、基本的にはすでに『経済学批判』で詳細に論じられているので、『資本論』第一部草稿の構想では、この「序説」は独立の章を構成せず、「二、貨幣の資本への転化」が著作の上では「第一章」になった。最後の「八」と「九」は学説史であるから、第一部の本体とは相対的に区別される。したがって、一八六三年夏から一八六四年前半にかけて書かれた第一部草稿は、「第一章　貨幣の資本への転化」から始まり、「第六章　直接的生産過程の諸結果」で終わる構想であったと推定されている。

しかし、この「一八六三年一月のプラン」と実際の「諸結果」とを比べると、ある重大な違いがあることがわかる。すなわち、プランでは、「資本のもとへの労働の形式的および実質的包摂。資本の生産性。生産的および不生産的労働」という三つの論点、すなわちまさに本書「諸結果」で中心的に論じられている諸論点がいずれも、「諸結果」ではなく、それ以前の「絶対的剰余価値と相対的剰余価値との結合」という項目で、つまり、第一部草稿での章編成で言うと「第四章」にあたる部分で論じられることになっていたことである。そして、実際、このプラン執筆後に書かれた一八六一～六三年草稿の最終部分では、これら三つの論点は、「絶対的剰余価値と相対的剰余価値の結合」章で展開されている。

ところが、一八六三年夏から書き始めた第一部草稿では、「資本のもとへの労働の形式的および実質的包摂」「資本の生産性」「生産的および不生産的労働」という三つの論点はいずれも、「第四章」ではなくて、最後の「第六章　直接的生産過程の諸結果」で論じられている。その明白な理由は不明だが、おそらく、第四章というまだ途中の章において、剰余価値論の本筋から見るといささか傍論に属するこれらの諸論点について詳細な議論をすると、『資本論』の全体としてのスムーズな流れが妨げられると考えられたからであろう。そして、この三つの論点は、第一部の全体を総括する章で論じる方が理論的におさまりがよい。またそれを第六章に入れることで、第六章そのものが充実した内容となり、独立した章とする意義もはっきりとする（逆に、これらの論点の考察をこの章から除くと、第六章があまりにも貧弱になり、それを独立した章として構成することが困難になるだろう）。いずれにせよ、マルクスは、これら三つの論点を含めて、第六章を本格的に執筆することにした。

このように、そもそも「直接的生産過程の諸結果」という表題で原稿を執筆するのがこの時が初めてだったのだから、具体的にそこで何を論じ何を論じないのか、どういう順番で論じるのか、それらが具体的にどのような理論的中身になるのかは、実際に執筆してみないとわからない点が多かった。マルクスは、自分が執筆する内容全体を頭の中で書いてから一気呵成に紙に書いていくというタイプではなく、大雑把な構想と論点を立てたら、まずは実際に書きはじめ、書いていく中で考え、考えながら書いていくというタイプだった。したがって、「直接的生産過程の諸結果」という構想を立ててみたものの、それが実際にどのような内容のものになるのかは、書いてみなくてはわからなかったのである。

こうして、マルクスは実際に書いてみた。その結果はどうだったか? おそらくマルクスにとってかなり不満の残るものであったろうと思われる。というのも、すでに一八六一～六三年草稿でかなり論じていた先の三つの重要論点（およびプラスアルファの諸論点）はいいとしても、「資本の流通過程」の部への直接的なかけ橋として考えていた「（1）資本の生産物としての商品」という項目（「諸結果」の最初に書かれているが、構想としては最後の項目にする予定だった部分）の出来栄えがいまいちだったからである。実際に読んでいただければわかると思うが、マルクスはさまざまな数値例を出して、「資本の生産物としての商品」の理論的独自性を分析し、そこから何か新しい論点、新しい発見を見出そうと努力している。その独自性は、第一に、それが単なる価値の担い手であるだけでなく、剰余価値の担い手であること、第二に、それが個別の商品としてではなく、生産の大規模化によって「大量商品（Warenmasse）」として存在することである。前者から、商品価格の変化と剰余価値率との関係という議論が展開され、後者からは、資本の総生産物としての商品価値と個々の商品の価格との関係という議論が生じる。

この二つの独自性はいわば、資本主義下の生産的労働者の二つの独自性に対応している。第一の独自性は、労働者が使用価値や価値を生産するという意味での生産的労働者であるだけでなく、剰余価値を生産し、したがって資本を生産する労働者でなければならないという議論に照応しており、第二の独自性は、資本主義的生産様式の発展とともに生じる集団的労働者が独立した個々の労働者に対して独自の性格を帯びるようになり、生産的労働者の範囲が広がるという議論に対応している。

このように、資本主義的商品の独自性を分析しているのだが、その考察が十分に成功しているかというと、そうは言いがたい。たしかにいくつか興味深い論点は出されているし、興味深い発見もないではない。しかし、それを独自の項目として独立させるほどの体系的で画期的な分析が提出できているかというと、必ずしもそうではない。それは明らかに初歩的な試論の域を出ていない。また、第二部や第三部を部分的に先取りした箇所について言うと、それらは結局、これはもっと後で（つまりは第二部や第三部で）論じた方がよい、という結論になっている。

したがって、「諸結果」が取り除かれたのは、この原稿の叙述上の完成度が低いという技術的理由だけでなく、おそらく、この第六章の理論的独自性そのものの弱さにもあったと思われる。

理論的要因Ⅱ――蓄積過程論の充実

「一八六三年一月のプラン」では、蓄積過程論はそもそも「資本の蓄積過程」という表題でさえなく、「剰余価値の資本への再転化」というものでしかなかった。そこで扱われていたのは、「剰余価値の資本への再転化」論と「資本の本源的蓄積」論の二つの論点だけであった。つまり、現行版『資本論』に即して言うと、「資本の蓄積過程」編の中でいちばん長大な「第二三章　資本主義的蓄積の一般的法則」に相当する部分を欠いた諸章にすぎなかった。

しかし、この第一部草稿ではすでに、この項目（第五章）は「資本の蓄積過程」という表題であったようである。たとえば、「蓄積過程を扱った際に見たように」（本書、二九四頁。以下、頁数のみ記す。傍点は引用者。以下同じ）という表現がすでに「諸結果」の中に見出せる。そして、その内容についても、「諸結果」のなかでマルクス自身が「［蓄積過程論で］詳しく検討したように」として、労働者人口の増大やその規制、富の増大と貧困の増大との対極的発展について触れていることからわかるように（三〇一〜三〇二頁）、すでに「一八六三年一月のプラン」の水準をかなり越えて、『資本論』の「資本主義的蓄積の一般的法則」論を部分的に含むものになっていたように思われる。とはいえ、初版『資本論』におけるほど全面的な展開ではおそらくなく、そこにおけるほど豊富な歴史的・事実的諸資料の提示はなされてはいなかっただろう。実際、『資本論』の当該箇所では、一八六五年以降の資料がかなり用いられている。

「一八六三年一月のプラン」では、すでに述べたように、蓄積過程論は「剰余価値の資本への再転化」論と「本源的蓄積論」の二本立てであり、「本源的蓄積論」は本来の蓄積論とは相対的に区別されるものであるから、「蓄積過程」論の主要な内容をなすのは「剰余価値の資本への再転化」論であった。その場合には、この蓄積過程論の後に「直接的生産過程の諸結果」論が来てもあまり違和感はない。厳密に言えば、「剰余価値の資本への再転化」論は、直接的生産過程より先の過程をも包括するものだが、プランの時点では直接的生産過程に対する補足的位置を持つものでしかなかった。

それゆえ、直接的生産過程の結果として生じる商品（したがってその中に含まれている剰余価値）が順調に流通過程を経て貨幣に転化し、それがさらに生産資本に再転化する過程を「資本の蓄積過程」の章で描いたとしても、それは、出発点としての資本が終着点となること、「諸結果」の言葉で言えば「生産過程の前提として出発したものが今では生産過程の結果」（二九九頁）になるという一個の円環（資本→資本）を完結させるにすぎないのであり、もう一つのより大きな円環、すなわち出発点としての商品が資本主義的生産過程の結果になるという第二の円環（商品→商品）を描き出す妨げにはならなかった。「諸結果」の「（1）資本の生産物としての商品」の冒頭でマルクス自身が力説しているように、当初の予定では、『資本論』第一部は、前提としての商品から出発して、資本の生産物としての商品で締めくくることによって、大きな円環を描き出すことになっていた（一一七頁）。

しかし、「資本の蓄積過程」論が内容的に充実するにつれて、直接的生産過程に対する補足的地位を脱却していき、それ自体として理論的な自立性と完結性を持つようになると、『資本論』第一部をヘーゲル的な「円環」として構築するという当初の構想と齟齬をきたすようになる。おそらくこの第一部草稿の時点ですでに資本蓄積論がかなり充実していたのだから、最終章を「諸結果」論にして円環を閉じるという構想にはすでにかなり無理が生じていたのではなかろうか。そのことは、「諸結果」の「(3)資本関係そのものの生産と再生産」の項目の具体的記述からも推察できる。その内容はおおむね、すでに蓄積過程論で論じたことの総括的な繰り返しにしかなっておらず、分量的にも他の二つの項目と比べて著しく少ない。マルクスはこの最後の項目を書いていて、「諸結果」を全体の最後に位置づけることに疑問を感じはじめたのかもしれない。いずれにせよ、「円環」論という叙述構想のもとでこそ決定的に必要であった「直接的生産過程の諸結果」論は、先行する「資本の蓄積過程論」の充実とその理論的自立化によって、宙に浮くことになるのである。

そして最終的に、『資本論』の蓄積過程論では「資本主義的蓄積の一般的法則」論が全面的に展開されることになり、ここにおいてヘーゲル的な円環構想が完全に放棄されるに至る。ここでむしろ意図されているのは、何らかの「閉じられた円環」を完成させることではなくて、むしろかかる円環の開裂と破綻を描き出すことである。

理論的要因Ⅲ——第二部の自立化

先に述べたように、「諸結果」は第一部と第二部との理論的橋渡しの役目を担っている。しかし、実際に第二部が書かれずしては、それへの橋渡しも十分に具体化することはできない。そこでマルクスは第一部草稿の執筆後、実際に第二部の草稿を執筆する（ただしすぐに執筆しはじめたのではなく、第三部の前半を先に書いたと推定されている）。もともとマルクスは第二部の第一章（現行版『資本論』では第一篇）を「資本の流通」としていたのだが、実際に執筆してみると、それは全体としての資本循環論、すなわち貨幣資本循環、生産資本循環、商品資本循環という三つの循環（ただしマルクスは最初の段階では四つの循環としている）の分析から事実上始まるものとなった。これは、「諸結果」執筆時点での構想とは異なるものであったと思われる。というのも、「諸結果」の最終項目が、先に述べたように、「資本の生産物としての商品」であることからして、「資本の流通過程」の部の冒頭は、この「資本の生産物としての商品」が実際に流通する過程、すなわちこの生産物が市場を通じて貨幣に再転化する過程の分析であったと思われるからである。実際、「諸結果」の中でマルクスは次のように述べている。

> 資本の生産物は、商品としては、商品の交換過程に入らなければならない。……これが単なる形式的な転換であるかぎりでは、つまりこれらの商品の貨幣への転化、および商品への再転化であるかぎりでは、この過程はすでにわれわれが「単純流通」と呼んだもの……において提示されている。しかし、これらの商品は今では同時に資本の担い手でもある。すなわち、それ自体が、価値増殖して剰余価値をはらむに至った資本である。そして、この連関において、今では資本の再生産過程でもあるこの流通は、商品流通を抽象的に考察したときには疎遠だったより進んだ諸規定を含んでいる。したがって、われわれは今や、商品流通を資本の流通過程として考察しなければならない。これが次の部でなされることである。（一七二～一七三頁）

ここにあるように、「資本の流通過程」とはあくまでも、「価値増殖して剰余価値をはらむに至った」商品の流通過程（マルクスの言葉で言えば「本来の流通過程」）であり、そこでの課題は、「商品流通を資本の流通過程として考察」することであった。実際、第二部の冒頭部分は、この「諸結果」での記述を直接踏まえた書き方になっている。

> したがってここでは、諸商品の第一の変態、その貨幣への転化、その販売が、資本――資本は今では諸商品の、つまり剰余価値をはらんだ諸商品の形態で存在している――の第一の変態として現われるのである。（マルクス『資本の流通過程――「資本論」第二部第一稿』、大月書店、一九八二年、一〇頁）

このように、ここでは「諸結果」の「資本の生産物としての商品」を直接受ける形で、剰余価値をはらんだ商品が貨幣に転化することこそ「資本の第一の変態」だとされている。しかし、マルクスは、この文章に直接続けて、この議論を引っ繰り返す主張をしている。

しかしながら、ここでただちに、商品……の単純な変態との区別が生じる。商品の第一の変態として現われたものが、資本の第二の変態として現われる。商品の転化として現われたものが、資本の、その最初の形態への再転化として現われる。（同前、一〇～一一頁）

剰余価値をはらんだ商品の貨幣への転化こそが「資本の第一の変態」だと言われた直後に、今度は実はそれは「資本の第二の変態」だと言いなおされているのである。このような叙述上の転換は、少し先でも見られる。マルクスは「第一部第六章から次のことを繰り返しておかなければならない」として、「資本の担い手としての大量商品」が貨幣資本に転化されなければならないこと、その際「量が本質的な契機」になり、また、この商品はその総生産物の一部としてのみ機能すると述べている（同前、一四頁）。これはみなまさに「諸結果」の「資本の生産物としての商品」で論じられたことであり、それを直接受けている。ところが、マルクスはそれに続いて何ゆえか、「したがって」として、G―W―G′という貨幣資本循環の「もろもろの形態規定性をまず第一に展開しなければならない」と言うのである。ここの議論の流れには明らかに転換ないし飛躍がある。そして、それ以降、マルクスは、現行版『資本論』のように、貨幣資本の循環を筆頭とする資本の諸循環についての説明に移っている。見られるように、ここでは、「諸結果」を直接受けて狭い意味での流通過程から議論を展開するという当初の構想と、最初から貨幣資本の循環を出発点にして大きな意味での流通過程（資本の循環）を分析するという新しい構想とがせめぎあっている。このような緊張関係は、四つの資本循環の範式を列挙した直後にある次のような注記にも示されている。

印刷用の叙述では、この範式は出発点としてではなく、結果として説明されなければならない。（同前、一六頁）

同書の翻訳では、「この範式」の後に「［第四の形態］」（商品資本循環のこと）と注記されているが、おそらくそうではなく、「この範式」とは資本循環の範式一般を指しているのと思われる。それは、もともとは出発点としてではなく、「生産物としての商品」の流通過程を考察した後に、その結果として叙述されるべきであるとマルクスは考えていたのである。同じような趣旨は、もう少し後の次の文言にも示されている。

> 今やわれわれは、資本の流通の第二段階であるW'—G'にまで来た。本来ならここでわれわれは（というのも、まずもってわれわれは、生産過程の結果としてのWから開始し、その後ではじめて全体としての循環であるG—W'—G'を遡及的に特徴づけなければならないから）、商品資本、貨幣資本（市場、在庫）、等々について詳細に述べるべきであろう。しかしながらそれはやはり最後に行なうことにしよう。つまり、資本の流通を表わす異なった流通諸形態——あるいは変態諸系列——を前もって順番に、また相互に区別しながら分析し終えた後で行なうことにしよう。
> （同前、三六〜三七頁）

ここでもマルクスは、本来なら、資本主義的生産過程の結果としての商品（W'）から出発して、そこから生じる諸規定（市場や在庫）を分析してから、遡及的に（rückblickend）G—W'—G'を特徴づけるべきだとしながら、結局、その諸規定の分析は後回しにして、先に資本循環を論じるとしているのである。

このように、マルクスは当初は、「諸結果」を前提にして、それに直接連続するものとして第二部（とくにその第一章）を構想していたのだが、実際に書き始めてみると、「諸結果」での議論を必ずしも前提せず、G—W'—G'という全体としての貨幣資本循環の分析から開始する結果になっている。そして、結局、この後者の順番がその後支配的となり、現行版『資本論』にも受け継がれるのである。だが、貨幣資本循環（およびその他の諸循環）の分析から出発することになると、第一部から第二部への叙述上の連続性は切断され、第一部から第二部への橋渡しとして想定されていた「諸結果」のメインの項目（「資本の生産物としての商品」論）は完全に宙に浮くことになるだろう。こうして、「諸結果」に直接後続する第二部もまた、独自の出発点を持つ独自のまとまりを持ったものとして理論的に自立化していったことが、「諸結果」が取り除かれた第三の理論的要因であると思われる。

「諸結果」と初版『資本論』との関係

以上さまざまな技術的・理論的理由が相互に絡まり合って、「諸結果」は最終的に取り除かれることになったのだが、しかし、その中で展開されていた種々の論点はどうなったのだろうか。

まず、「（1）資本の生産物としての商品」論は、その内容そのものが理論的に不十分であったことに加えて、第一部の円環論的構想や第一部と第二部とのセットという構想と不可分であったから、これらの構想がなくなることで、その存在理由を基本的に失う。それは初版『資本論』にも取り入れられなかった。「（3）資本関係そのものの再生産」論は基本的に、初版『資本論』の中の「資本の蓄積過程」論に吸収された（というよりも、すでに述べたように（3）は蓄積過程論での議論の簡略化された繰り返しでしかなかった）。

では、「（2）剰余価値の生産としての資本主義的生産」はどうかというと、その中のいくつかの重要論点（「労働過程の形式的包摂と実質的包摂」論と「生産的労働と不生産的労働」論）は、「一八六三年一月のプラン」での構想に戻って、「絶対的剰余価値と相対的剰余価値との結合」論（現行版『資本論』で言うと第五篇）で論じられることになった。しかし、その分量は著しく圧縮された。すでに述べたように、「諸結果」における長大な叙述が途中の章に挿入されると、全体としての議論の流れが妨げられることになると考えられたからである。

それ以外の諸論点、とくに、生産手段そのものが資本として現われるとか、労働の生産性が「資本の生産性」として現われるとか、「物の人格化や人格の物化」といった議論は、本格的なまとまった叙述としては結局、初版『資本論』の中には取り入れられなかった(ただし、その趣旨のことは断片的に叙述の各所に見出される)。先ほどと同じく、『資本論』の全体としてのスムーズな流れを妨げることになるのを恐れたからだろう。

だが、そのことによって逆に、「諸結果」を含む第一部草稿は、『資本論』に対して相対的に自立した価値を有することになった。それは、『資本論』に対する重要な補足になりうるのであり、『資本論』とセットで読まれるべき文献なのである。

3、「労働能力」から「労働力」へ

以上で、「諸結果」を含む第一部草稿の全体としての成立とその理論的位置づけについて明らかにした。次にその中で展開されている具体的な諸概念の変遷について見ていこう。

先ほど述べたように、この第一部草稿を含む一八六三～六五年草稿は、中期マルクスから後期マルクスへの移行・発展過程にある草稿群である。したがって、そこでの諸概念や用語には、この発展過程が反映しているにちがいない。ここではそのうちとくに重要なものだけをいくつか取り上げ、それらの諸概念がどのようにこの移行過程を反映しているのかを確認しておきたい。

「労働能力」から「労働力」への移行の開始

まず最も重要なのは、「労働能力」から「労働力」への概念の移行の端緒がすでにこの「諸結果」に見られることである。前著の「解説」でも詳しく述べたように、前期マルクスにあっては、古典派の場合と同じく賃金は「労働の価格」として理論的に把握され、労働者が資本家に売っているものは「労働」とみなされていた。偶然的に「労働力」という言葉が用いられることもあったが（このような偶然的使用の例は、初期および前期のエンゲルスの諸論文・諸著作にも見られる）、理論的にはあくまでも賃金＝「労働の価格」として把握されていた。しかし、「要綱」においてマルクスは、労働者が資本家に売っているのは「労働」そのものではなく、その労働を行なう能力、すなわち「労働能力」であることを明らかにした。したがって、賃金の本質は、「労働の価格」ではなく、「労働能力」という特殊な商品の価値であり、それが「労働の価格」という現象形態を取るのである。「労働」から「労働能力」への転換は、マルクスが古典派のパラダイムから脱する最も重要な理論的基軸であったのは言うまでもない。

マルクスは基本的に、「要綱」以降の一八六一〜六三年草稿の時点では、この「労働能力（Arbeitsvermögen）」という言葉をほぼ一貫して用いている。ごくたまに「労働力」という言葉も登場するが、マルクスはそれにこだわることはない。登場するのは九九％、「労働能力」である。

この傾向は基本的に一八六三〜六五年草稿の最初の部分にもあてはまる。本書に収録されている第一部草稿を第一章から執筆順に読み進めればわかることだが、最終章の「直接的生産過程の諸結果」の以前には、一度も「労働力」という表現が登場していない。たしかに、第一章のところに、「能力として、力（Kraft）として売られ」るとか「この力の発現」や「この力の譲渡」という表現は登場しているが（一七頁）、「労働力」という表現自体は登場していない。もちろん、われわれに残されていない原稿部分にすでに「労働力」という表現があった可能性は否定できないし、たぶんすでに部分的に登場していたと思われるが（一八六一～六三年草稿における偶然的使用例のように）、少なくとも今残されている部分には見当たらない。ところが、「第六章　直接的生産過程の諸結果」に入ると、「労働能力」という表現と並んで何度も「労働力」という表現が使われており、単に偶然的とは言えない頻度になっている。いくつかの登場例を以下に引用しておこう。

> 商品生産が必然的に資本主義的生産になるのは、労働者が生産諸条件の一部であるような状態（奴隷制、農奴制）がなくなるか、あるいは自然発生的な共同体が「生産の」土台でありつづけている状態（インド）がなくなるときであり、労働力そのものが総じて商品になる瞬間からである。（一一二頁）

> 資本主義的生産は商品生産の土台を止揚する。つまり、分散した独立生産および商品所持者間の交換ないし等価物交換を止揚する。資本と労働力との交換は形式的なものになる。（同前）

他方では、活動する労働能力、合目的的に発現される労働力、すなわち主体的な生産条件である。（一八三頁）

活動的に発現される労働力（一九三頁）

可変資本を構成する既存の使用価値〔生活手段〕の場合、それの代わりに、新しい使用価値の中で自らを価値増殖させる労働力という生きた要因が、現実の労働が登場する。（一九七頁）

他にもさらに数箇所登場しており、この「諸結果」だけで、合計一一箇所も「労働力」が登場している（「Ⅲ」には一箇所）。この傾向は、それ以降の諸草稿においても継続されており、「労働能力」とともに「労働力」が頻繁に登場し、しだいにその登場頻度が増している（ただし、第三部草稿が『資本論』第三巻としてエンゲルスによって編集された際、「労働能力」はすべて「労働力」に修正されている）。そして、前著の「解説」で述べたように、一八六五年半ばに行なわれた「賃金・価格・利潤」の講演において「労働力」へと表現が一元化された後、それ以降に書かれたと推定される第三部の地代論と最終章の「収入の諸源泉」論ではもっぱら「労働力」だけが用いられるようになっている。

このように「労働能力」から「労働力」への用語の変化は、中期マルクスから後期マルクスへの移行を象徴的に示すものであり、その最初の徴候が「諸結果」で見られるわけである。

なぜ「労働力」への移行が生じたのか?

だが、なぜマルクスは、「労働能力」のままで一貫させず、「労働力」へとしだいに用語をシフトさせていったのだろうか? そのヒントは、まさにこの「諸結果」での「労働力」登場場面に見出すことができる。

まず第一に、マルクスはしきりに、「労働力」を、「合目的的に発現される」とか「活動的に発現される」というように、「発現」概念と結びつけて用いている。また、最後の引用にあるように、この発現される労働力は「現実の労働」とも並置されている。ヘーゲルの「力とその発現」の例を引くまでもなく、「力」という概念は、実際にそれが発現されて初めて成立する概念であり、労働力にあってもそれは同じである。それは、現実の労働として現実に発現されて初めて己れを実証する力である。それに対して「能力」という概念は、たとえ実際に発現されなくとも、単なる潜在的可能性として保持されているだけでも用いることができる。では、労働者が資本家に売るのは、実際に労働として発現される「力」なのだろうか、それとも単なる潜在的可能性なのだろうか？

現実の「労働」そのものとの対比では、労働者が売ることができるのは、その労働を行なう「能力」「可能性」にすぎない。しかし、その「能力」は単なる可能性として身体の中に眠っているだけではダメであり、生産過程において実際に現実の労働として発現され、発揮されうるものでなければならない。そういう現実的な可能性、現実的な能力でなければならない。たとえば、ある人は旋盤工としての能力を持っているかもしれないが、それが何らかの理由で（本人にその気がない、体調がすぐれない、等々）、現実には発揮されないかもしれない。そのような「能力」を資本に売ることはできない。売ることができるのは、実際にそれが生産過程において現実の旋盤労働として発揮されうる場合のみである。したがって、労働者が資本家に売るのは、力の発揮そのものである「労働」との対比では「能力」にすぎないのだが、労働者の身体に眠っている「潜在的可能性」との対比ではそれは実際に「労働」として発現しうる現実の「力」でなければならないのである。

第二に、現実に発現される「労働力」はまた、抽象的で一般的なニュアンスを帯びた「労働能力」と比べて、労働過程の特殊性に照応した「特殊なもの」、したがってより具体的なものとして把握されている。以下の引用文は、労働能力と労働力とのこのニュアンスの相違を非常によく現わしている。

> 資本が生産過程の内部で現われる使用価値の一つは生きた労働能力そのものであるが、この労働能力は、生産手段の特定の使用価値に対応して特殊なものになっており、活動する労働能力、合目的的に発現される労働力である。（一八四頁）

「労働能力」という用語はここでは抽象的な「能力」一般を意味するものとして用い

られており、したがってそれは、実際に機能するためには生産手段の特定の使用価値に対応した特殊なものにならなければならず、そういう具体的で特殊なものとしては、「合目的的に発現される労働力」であるとされている。「諸結果」以前には、この「特殊なもの」についても、普通に「特殊な労働能力」（たとえば七五頁）と言われていたのだが、ここでは、その特殊性を帯びたものを指す用語としては、「労働力」の方がふさわしいと考えられているのである。

第三に、「労働力」という表現へとしだいにシフトしていった理由を示唆しているのは、以下の箇所である。

> 労働者は、その労働力の消耗を別とすれば、過程に入ったときと同じ姿で、つまり単なる主体的な労働力として過程から出てくる。（二九九頁）

「労働力」は消耗する。つまり、「労働力」という概念は、「労働能力」よりもずっと実体的で物質的なものとしてのニュアンスを帯びた概念である。労働力は、その使用を通じて日々消耗され、そして休憩や食事や睡眠を通じて日々再生産される。しかし、

「労働能力が消耗する」という言い方にはいささか違和感がある。たしかに、マルクスは一八六一～六三年草稿や、「諸結果」以前の第一部草稿では、当然「労働能力の消耗」についても語っているのだが（たとえば、九三頁）、やはり違和感を感じる表現である。「能力」という表現にはどうしても何か観念的で抽象的な響きがあるからだ。それに対して「労働力」の方がずっと実体的で、より物質的なニュアンスを帯びており、生産過程の中で実際に消耗し使い果たされ、生活過程の中で再び肉体的・精神的に回復するものとしてイメージしやすい。

マルクスが、労働者が資本家に売るものを表わすのに「労働能力」から「労働力」へとしだいに用語をシフトさせていった理由は他にもあるかもしれないが、とりあえず「諸結果」のさまざまな叙述からうかがえる理由は以上である。すなわち、それは、可能性にとどまっているものではなく生産過程において現実に発現されうるものであり、抽象的・一般的なものではなく具体的で特殊なものであり、観念的なものではなく実体的で物質的なものである。これらは、しかし、あくまでもニュアンスレベルの微妙なものなので、マルクス自身がこの時点では十分に自覚していた変化だとは言えないだろう。それぞれの用語をさまざまな場面で何十回と使用しているうちに、しだいにそのような傾向をもって使われるようになっていったと考えるべきだろう。ただし、この時点でのシフトはまだ初歩的なものでしかない。何より、肝心の「労働力の価値」という表現がまだまったく登場していないからだ（それが初めて登場するのは第三部「主要草稿」の第一章）。しかし、移行が始まっていることは明らかである。

労働／労働能力／労働力

このように考えると、マルクスが「要綱」において最初に採用した用語が「労働力」ではなく（その言葉も時おり使われているのだが）、主として「労働能力」だった理由もわかる。それは何よりも、古典派の「労働の価格」という認識を克服するためには、「労働」という顕示的な行為概念からできるだけ遠い、「労働能力」という抽象的で潜在的で観念的な概念の方が適切だったからであろう（先にも述べたように、そのように明確に自覚していたということではなく、あくまでも、半ば無意識的な選択の結果として）。

しかし、「要綱」から一八六一～六三年草稿にかけて、「労働能力の価値」という概念が十分にマルクス自身の中で確立され、もはや「労働」との鋭い対比があまり意識されなくなり、むしろ「能力」という概念につきまとう単に可能的なもの、抽象的なもの、観念的なものというニュアンスから抜け出して、より現実的で具体的なものとして再把握することが必要になってくると、むしろ「労働」により近い概念である「労働力」という表現の方がより適切なものになるのである。

といっても、別に「労働能力」という表現そのものが間違いというわけではないので、マルクスは初版『資本論』では（現行版『資本論』でも同じ）、最初に「貨幣の資本への転化」の章で「労働力」概念を提出した際には、「労働力ないし労働能力」というように両概念を並列させている。この章では「労働能力」という表現もそれなりに用いられているが、より適切なのはやはり「労働力」の方なので、この章の後ではマルクスはもっぱら「労働力」のみを用いている（ただしごく例外的に「労働能力」が使われている箇所もある）。

4、労働手段と生産手段

中期マルクスから後期マルクスにかけて諸概念が発展したもう一つの例は、労働手段と生産手段という概念の意味が変化していったことである。より正確に言えば、複数の用法が混在していたのだが、それがしだいに一元化していったことである。

『資本論』における「労働手段／生産手段」規定

周知のように、『資本論』では、その労働過程論において、労働手段と生産手段という二つの類似概念について非常に明快な説明がなされている。まず「労働手段」は「労働対象」との対比で規定される下位概念である。「労働対象」とは労働が働きかけて何らかの生産物につくりかえる対象物であり、土地や原材料や部品などがそれにあたる。そして「労働手段」とは、労働が自己と労働対象とのあいだに差し入れる媒体であって、それでもって労働対象に働きかける手段である。機械や道具などがそれにあたる（ただし、土地は労働手段にも労働対象にもなりうる）。すなわち、出発点としての労働の立場から見れば、「労働―労働手段―労働対象」という三項連結式（推論）の形式が成り立つわけである。労働手段は出発点たる労働と終結点である労働対象とを媒介している。しかし、そもそも労働者が労働手段でもって労働対象に働きかけるのは、何らかの特定の使用価値を生産するためであり、この結果としての生産物から見ると、労働手段も労働対象も、労働が何らかの生産物を生産するための手段にすぎない。すなわち、「労働—労働手段—労働対象—生産物」という四項連結式が成り立つのだが、労働と生産物とのあいだに存在する労働手段と労働対象とはともに、両端を媒介する手段であり、それをマルクスは「生産手段」と総称している。そして、この生産物の観点からすると出発点としての労働も単なる労働ではなく、使用価値としての生産物を生産するための労働、すなわち生産的労働である（生産的労働の一般的意味）。こうして、生産的労働—生産手段—生産物という三項連結式が改めて成立するわけである。

したがって、マルクス経済学の世界では、生産手段とは労働手段＋労働対象のことであり、機械や道具や工場やエネルギーや原材料や部品や土地など、とにかく労働が何らかの有用な生産物を生産するために必要とするあらゆる手段を含むことができる。このような包括的な「生産手段」概念が非常に便利であるのは言うまでもない。この「生産手段」概念の成立のおかげで、生産過程を叙述することがきわめて簡潔で容易になった。このような包括的概念が存在しない時は、いちいち「機械や道具や材料」などという風に具体物を列挙したり（「要綱」段階ではまだ主としてそういう言い方がなされている）、より簡潔な場合でも「労働手段と労働材料」という言い方がなされることになる。

「諸結果」における部分的ずれ

以上のことは、マルクス経済学の常識に属する。しかし、「諸結果」を注意深く読むと、時おり、そうした常識に反する用語法が取られていることに気づく。その主要な箇所は本文への訳注として個々に示しておいたが、要するに、本来は「生産手段」と表記すべきところがしばしば「労働手段」と記述されているのである。それが単なるケアレスミスではないことは、そのいくつかが――訳注で示したように――最初「生産手段」とか「労働要素」と書きかけてから「労働手段」に書き直していることからも明らかである。また逆に、こちらの方は例は少ないが、本来、「労働手段」と書くべきところが「生産手段」と書かれている場合もある。この場合もマルクスは、最初は正しく「労働手段」と書きかけてから消して「生産手段」に書きかえている。

とはいえ、このような「ずれ」はあくまでも一部であって、大半は『資本論』通りの用語法にしたがっている。「諸結果」以前の原稿でもそれは同じである。たとえば、『資本論』の「労働過程論」での叙述を彷彿とさせる次のような文言が存在する。

生きた労働そのものとの関係では、それらは労働の材料と手段である。労働の生産物との関係では、それらは生産手段である。（三三頁）

ここでは明確に、労働材料（つまり労働対象）と労働手段とが、生産物の観点からは「生産手段」と総称されることが述べられている。次の箇所もそうだ。

労働材料と労働手段、すなわち生産手段（三五頁）

彼［ロッシ］が理解していないのは、いったん資本をその素材的な現象形態と混同し、したがって労働の対象的諸条件を単純に資本と呼んでしまうならば、たしかにそれらは、労働そのものとの関係では労働材料と労働手段として区別できるのだが、生産物との関係ではどちらも等しく生産手段なのだということである。（三七頁）

このように生産手段は労働材料と労働手段を包括する概念であり、あるいは、労働過程の対象的諸要因を総括する概念である。ここでちょっと注意しておきたいのは、これらの引用ではまだ一度も、「労働対象」という表現そのものが登場しておらず、基本的に「労働材料」と表現されていることである。「労働対象」という用語が最初に登場するのは以下の部分においてである。

> 原料、いや一般に労働対象は他人《フレムト》の労働を吸収することにのみ役立つのであり、労働用具はこの吸収過程のための媒体、伝導体として役立つにすぎない。（六〇頁）

ここで初めて「労働対象」概念が登場するということ、そしてそれ以降も、「諸結果」までは登場せず、「労働材料」が主たる表現であることからして、この第一部草稿における「労働過程論」においては、『資本論』におけるように労働過程の諸要因が「労働対象」と「労働手段」とに概念区分されていたわけではなく、「労働材料」と「労働手段」とに区分されていた可能性が高い。実際、「諸結果」で第二章の労働過程論を振りかえっている箇所では、「労働の対象的諸条件が材料と手段とに区分され」（二二〇頁）と書かれている。つまり、「労働対象」概念は、最初の労働過程論ではまだ労働手段の対概念としては登場しておらず、第一部草稿を書いているうちにしだいに定着していった概念であると思われる。たとえば、「諸結果」以前には、「労働材料」は九箇所登場するが「労働対象」は一箇所しか登場しないのに対して、「諸結果」においては逆に、「労働材料」は三箇所しか登場しないのに、「労働対象」は七箇所も登場している。

しかし、この点は措いたとしても、いずれにせよ、以上の引用にあっては、『資本論』と同じく、生産手段は労働対象（あるいは労働材料）と労働手段とを包括する概念であり、労働手段はあくまでも生産手段の一部であって、労働対象に対置される下位カテゴリーであることがわかる。同じ見地は、「諸結果」にも見出せる。たとえば以下の箇所がそうだ。

> 労働過程の性質から、まずもって生産手段は労働対象と労働手段とに区分され、あるいはより詳しく規定すると、一方では原料と、他方では道具、補助材料等々に区分される。それは、労働過程の性質そのものから出てくる使用価値の形態規

定性である。（一八二～一八三頁）

ここでは明瞭に「生産手段は労働対象と労働手段とに区分され」とあるように、「労働材料」ではなく「労働対象」という用語が用いられており、そして、この労働対象と労働手段とを包括する概念が「生産手段」であることがはっきりと言われている。また以下の箇所もそうだ。

> 資本の現実の姿、すなわち資本を構成する客体的使用価値の姿、その物質的な実体は必然的に、新しい生産物を生産するのに役立つ生産手段――労働手段と労働対象――という姿を取る。（一八六頁）

ここでも、生産手段が労働手段と労働対象とによって構成されていることがはっきりと言われている。このように、「諸結果」以前の原稿においても「諸結果」においても、『資本論』と同レベルの「生産手段／労働手段」規定が見出せるわけである。それにもかかわらず、他方では、本文の訳注に示しているように、明らかに文脈的に生産手段という総括概念を使うべきところで、時おり「労働手段」が用いられているのである。たとえば以下の箇所である。

与えられた前提のもとでは、より多くの生きた労働が一定量の労働手段につけ加えられるならば……（一四〇頁）

一エレあたりの価格は変化しない。なぜなら、そこには以前と同じく、労働手段に対象化されている労働と新たにつけ加えられた織布労働との同じ総量が費やされているからである。（一四四頁）

現実の生産過程の考察で示されたように、xの一部はある不変量に、すなわち労働手段に再転化されなければならない。（一七八頁）

生産的であるのは……、労働手段の独占者である資本家のために商品のある超過的な増分を生産する労働である。（二五六頁）

このように、これらの引用文に登場する「労働手段」は明らかに、狭い意味での労働手段でなく、労働対象をも包括する生産手段全般を意味している。最後の引用文では、資本家のことを「労働手段の独占者」と形容しているが、ここで言う「労働手段」が労働対象を含む生産手段のことであるのは明らかである。

このようにマルクスは一方では『資本論』と同じ「労働手段／生産手段」規定を提示しながら、他方では時おり労働手段を生産手段の意味でも用いている。なぜこのような混乱が生じているのだろうか？　実はこれは、一八六一〜六三年草稿における用語法の名残なのである。次にそれを見てみよう。

一八六一〜六三年草稿における「労働手段／生産手段」規定

すでに述べたように、一八六一〜六三年草稿は、『経済学批判』の直接の続きとして書かれたものであるから、第一部草稿と同じく「貨幣の資本への転化」から始まっている。その中の「c、資本と労働能力との交換」という項目において、マルクスは次のように「労働手段」を定義している。

すべての対象的諸条件が、労働の現実的過程のために、その現実的要請に応えて生み出されるかぎりで——労働を対象化するためのすべての条件が、労働の能力と現実の労働との媒介をなすかぎりで——、それらはすべて労働手段と呼ぶことができる。（『マルクス資本論草稿集』第四巻〔以下、草稿集4と略記〕、大月書店、一九七八年、五七頁）

このようにマルクスは、労働能力と現実の労働とを媒介するいっさいの手段を「労働手段と呼ぶ」としている。つまりここでは次のような独自の三項連結式が提示されているわけである。「労働能力—労働手段—労働」。そして賃労働者は、労働能力を現実の労働へと転化する手段を奪われていることによって、「絶対的貧困」にあるとして次のように述べている。

……自分の労働能力そのものを商品として売りに出さなければならない……そういう労働能力は、自分の労働手段を奪われた労働能力である。現実の労働は、人間の諸欲求を充足するために自然のものを領有することであり、人間と自然とのあいだの物質代謝を媒介する活動であるから、労働能力は、労働手段、すなわち労働による自然のものを領有する対象的諸条件を奪われることによって、同様に生活手段も奪われる。労働手段および生活手段を奪われた労働能力は絶対的貧困そのものであ……る。（同前）

ここでの「絶対的貧困」規定は非常に興味深いが、それはさておき、ここでマルクスが、『資本論』では「生産手段」として表現されているもの（「自然のものを領有する対象的諸条件」）を「労働手段」と表現していることは明らかだろう。それよりもっと後になると、より定義的な規定が見られる。一八六一～六三年草稿での「貨幣の資本への転化」論には、その後の『資本論』とは異なって労働過程論も価値増殖過程論も入っているのだが、まさにその「労働過程」の項目において、マルクスは次のように「労働手段」を定義している。

労働過程のところでわれわれが関心を持つのは、労働過程……に帰属すべき

> まったく一般的な諸規定だけである。これらの一般的契機は労働そのものの性質から明らかにされなければならない。……今や労働能力が働く。……労働能力は自らを実証する。なぜならそれは、それが自らを実現するために欠くことのできない対象的諸要因と接触し、それらとともに過程に入り、それらと結びつくからである。これらの諸要因は、まったく一般的に、労働手段と呼ぶことができる。しかし、労働手段そのものは必然的に次の二つのものに、すなわち加工され、われわれが労働材料と呼ぼうと思う対象と、本来の労働手段、すなわち、人間の労働、活動が自分と労働材料とのあいだにそれを手段として差し入れ、こうして人間の活動の導体として役立つ対象……とに分かれる。（草稿集4、八五頁）

このようにここでは、「労働手段」という用語が二重の意味で用いられている。第一にそれは、後の「生産手段」概念と同じく、労働と結合するいっさいの「対象的諸要因」を包括する概念として用いられている。しかし第二に、この労働手段は、労働材料と「本来の労働手段」とに区分されるのだから、後者の労働手段は、労働材料と対になっている下位概念である。つまり、労働手段は、労働材料と「本来の労働手段」とを包括する一般的概念であるとともに、労働材料との対比では「本来の労働手段」でもある。このような二重用法は弁証法的かもしれないが、非常にわかりづらく不便であるのは明白である。

このように、「諸結果」に散見された、労働手段が生産手段の意味で用いられている用語法の起源は、一八六一〜六三年草稿における「労働手段」規定なのであり、その定義が「諸結果」にもまだ残っているわけである。では、逆に生産手段を「本来の労働手段」の意味で用いている箇所の起源は何であろうか？　実はこれも一八六一〜六三年草稿に見出すことができる。マルクスは労働過程論の最後の方で、今度は、労働過程の諸契機を生産物から見たらどう規定されるかについて次のように述べている。

> 労働そのものとの関連で考察された労働過程の諸契機は、労働材料、労働手段、労働そのもの、と規定される。これらの諸契機を全過程の目的である、生み出されるべき生産物との関連において考察すれば、それらは、生産材料、生産手段、生産的労働と名づけることができる。（草稿集4、一〇二頁）

このように、ここでは、生産物との関連で、労働材料は「生産材料」と呼ばれ、本来の労働手段は「生産手段」と呼ばれ、労働は「生産的労働」と呼ばれている。つまり、ここでの「生産手段」はまさに「本来の労働手段」の言いかえ（生産物から見た労働手段）になっているわけである。

しかし、マルクスはこの用語法にいま一つしっくりこないものを感じていたのか、この引用文の直後に、「この後者の表現（つまり、生産材料、生産手段、生産的労働のセット）は〔適切では〕ないかもしれない」と注記している。

この留保に答えるかのように、もっと後の部分、すなわち「追補」と題された箇所において、マルクスは、これまでの経済学者たち（セー、ラムジ、ロッシなど）の資本規定を分析した後に、次のような新たな「生産手段」規定を与えている。

> けれども、労働過程のこれらの異なった契機を、この過程の結果である生産物に関連させて考察するならば、この関係は変わってくる。生産物との関連では、三つの契機のすべては生産物の媒介の契機として、つまり生産手段として現われる。生産材料、生産用具、生産的労働そのものは、すべて生産物の生産のための

手段、すなわち生産手段である。（草稿集4、二二四頁）

ここでは、労働手段ではなく「生産手段」が包括的概念として登場しており（その代わり、「本来の労働手段」はここでは「生産用具」と呼ばれている）、そのかぎりでは『資本論』と同じなのだが、『資本論』とは違って、労働材料と本来の労働手段とを包括するだけでなく、生産的労働をも包括するものとして定義されている。次の箇所でも同じことが言われている。

すでに――労働過程で――見たように、労働過程の全要素が、この過程の結果――生産物――との関係では生産手段と呼ぶことができる。（草稿集4、二五九頁）

「すでに見たように」とか「労働過程の全要素」とあるように、ここでも「生産手段」は、労働材料と労働手段とを包括するだけでなく、生産的労働そのものをも包括しているようである。このように、マルクスはこの一八六一～六三年草稿において、労働手段と生産手段との関係に関していくつもの規定を提示しており、結局、『資本論』における規定そのものには到達していない。

しかし、その後、叙述が進むにつれて、労働手段の二重用法や、広すぎる生産手段規定が混乱を生むものであるとしだいに自覚されていったのだろう。おそらくは、第一部草稿の、残されていない「労働過程論」においてようやく、労働材料と労働手段とを生産物との関連では「生産手段」として包括するという規定が登場するに至ったのだろうと思われる。しかし、一八六一～六三年草稿におけるような別の諸規定、すなわち労働手段を包括的概念とする規定や、生産手段と「本来の労働手段」とを等置する用法などが、部分的にまだ残存していたのだろうと推定される。

このように、労働手段と生産手段との関連と区別に関しても、「諸結果」を含む第一部草稿は、中期マルクスから後期マルクスへの過渡をなしていることがわかるのである。

5、「価値生産物」概念への接近

すでに述べたように、前期マルクスにおいては、スミスやリカードらの古典派経済学の種々の理論的欠陥がなお色濃く引き継がれていた。その代表例は先に述べた賃金を「労働の価格」とする「古典派のドグマ」であるが、もう一つは、あたかも生産物価値の全体が賃金と利潤と地代とに、あるいはより簡潔には賃金（可変資本）と利潤（剰余価値）とに還元されるかのように論じてしまう誤謬がそれである。これを「スミスのドグマ」、より限定的には、そのドグマの一形態である「v＋mのドグマ」と言う。「v」は可変資本、「m」は剰余価値のことだから、「v＋mのドグマ」とは、生産物の価値、すなわち、「不変資本（c）＋可変資本（v）＋剰余価値（m）」が「可変資本（v）＋剰余価値（m）」に解消されてしまうドグマのことである。

アダム・スミスが最も明示的に、生産物価値を賃金と利潤に、あるいは賃金と利潤と地代に還元したために、「スミスのドグマ」と呼ばれているが、基本的には、リカードを筆頭に多くの古典派にも受け継がれており、彼らはスミスほど明確に商品価値を利潤と賃金に還元していなくても、しばしば不変資本価値のことを忘れて商品価値のことを論じている。商品の価値構成そのものについて論じる時には忘れられていないのに、商品の価値が資本、労働者、土地所有者という諸階級のあいだで（あるいは利潤、賃金、地代に）どのように分割されるのかが論じられる時や、生産力の変化によって商品の価値の上昇下落が論じられる時には、しばしば不変資本のことが忘れられてしまうのである。マルクスが前期〜中期段階で示しているのは、このいつのまにか不変資本価値の存在を忘れてしまうパターンである。

「v＋mのドグマ」の克服と「価値生産物」概念

マルクスは「要綱」以降、このドグマをしだいに自覚的に克服していくのだが、それでも各種草稿にはこのドグマが時おり散見される。理論的にはこのドグマを克服した後も、それでもなお、あたかもこのドグマに陥っているかのような表現がしばしば見られるのだが、それは、「v＋m」の部分、すなわち生産物価値のうち労働者が生産手段価値に新たにつけ加えた価値部分をずばり示す簡潔で正確な用語が確立されていなかったからである。それゆえマルクスは、その部分をしばしば「生産物の価値」あるいは単に「生産物」などと表現してしまい、それがために、あたかも生産物価値の全体が「v＋m」に還元されうるかのような表現が、「要綱」や一八六一〜六三年草稿には見られるのである。

では、マルクスは結局、『資本論』において、「v＋m」の部分、すなわち「生産物価値のうち労働者が生産手段価値に新たにつけ加えた価値部分」をどう表現しているのかというと、それを「価値生産物（Wertprodukt）」というきわめて簡潔で正確な用語で統一的に表現している。したがって、「生産物価値（Produktenwert）」は、「生産手段価値＋価値生産物」という式で表現することができる。この「価値生産物」概念の確立によって、それは「生産物価値」と明確に区別されるようになり、したがって、理論上においてのみならず、表現上においても、「ｖ＋ｍのドグマ」が完全に克服されることになったのである。

では、この第一部草稿を含む一八六三～六五年草稿はどうかというと、ここでもこの草稿は、中期から後期への過渡をなしている。第一部草稿にはまだ「価値生産物」という用語は登場していないが、後で具体的に見るように、その用語への著しい接近が見られる。第三部草稿の前半にもまだこの用語は見られない。しかし、第二部草稿（いわゆる「第一草稿」）の中の、再生産論を論じた第三章で初めて、「生産物価値」とはっきりと区別されそれとセットの形で「価値生産物」という用語が登場している（前掲『資本の流通過程』、二一五頁）。しかし、それはただ一度きりの登場であり、その後は再び姿を消しており、第三部草稿の後半にも登場していない。結局、この概念が明確に確立されるのは初版『資本論』においてである。

「価値生産物」概念への接近Ⅰ――二つの総生産物

次に、この第一部草稿においてどのようにこの概念に接近しているのかを具体的に見ていこう。「諸結果」以前の諸原稿にはそれと関連した叙述がとくに見られないので、「諸結果」だけを検討することにする。

まず、概念の話をする前に、「諸結果」が、「v＋mのドグマ」を自覚的に克服していることを確認しておこう。マルクスは、「(1) 資本の生産物としての商品」の中で、資本の生産物としての商品が単なる「商品としての商品」とは異なることを示すために、商品価格の変化と剰余価値の率と量との関係についてかなり詳細な議論をしているが（一三六頁以下）、その中でマルクスは、生産力の変化による生産物価値の変化を論じる中で、不変資本価値に絶えず言及しており、「v＋mのドグマ」に陥っていないことをはっきりと示している。

次に具体的に概念について見ていこう。「諸結果」において、最初のうちマルクスは、「価値生産物」を表現するのに、「新たにつけ加えられた労働」や「つけ加えられた労働」や「追加の生きた労働」という記述的表現を繰り返し用いている。しかしこれらの表現は単に記述的であるというだけでなく、労働タームを用いている点で不正確であろう。問題になっているのは、新たにつけ加えられた労働そのものではなく、生産物のうちその「新たにつけ加えられた労働が対象化されている価値部分」なのであり、必要なのは、その価値部分をずばり表現する用語なのである。しかし、次の箇所では、マルクスの表現にある変化が生じている。

> 総生産物の価値は引き続き一二〇ポンドで、エレ数は一二〇〇、一エレあたりの価格は二シリングである。なぜなら、生産〔諸要素の〕価格にいかなる変化もないからである。一人あたりの総生産物（価値から見た）は二ポンドで、二〇人で四〇ポンドだった。（一四八頁）

この引用文において、「総生産物」が二つの異なった意味で登場していることがわかる。最初に登場している「総生産物」は、本来の意味での「総生産物」であり、したがってその価値には生産手段価値が含まれている（c＋v＋m）。しかし二度目に出てくる「一人あたりの総生産物」は最初のものとはまったく意味が違う。それは、個々の労働者が新たにつくり出した「総生産物」という意味であり、要するに「価値生産物」のことである（v＋m）。マルクスは、後者の「総生産物」を、最初に登場した「総生産物」と区別するために、「（価値から見た）」という限定を付している。これはいったいどういう意味だろうか？

たしかに労働者は生産物を生産する。しかし、労働者はその生産物をまるごと生産したのだろうか？　もちろんそうではない。たとえば、仕立て工が上着を仕立てたとしよう。この仕立て工が上着を作ったと誰もが言う。しかし、その仕立て工は上着をまるごと作ったのだろうか？　たしかに、使用価値的な意味では、仕立て工は上着をまるごと生産した。しかし、上着という使用価値は、上着の材料なしには生じない。また上着を仕立てするには、巻尺やハサミやミシンなどを用いなければならない。仕立て工はこれらの材料と道具を使って、上着という形態をつくったにすぎない。仕立て工は上着の材料もその道具も作らなかった。では仕立て工は、厳密に言うと、上着という生産物のどこまでを生産したと言えるのだろうか？　上着をいくらひっくり返しても、それを顕微鏡で調べても、その使用価値のどこからどこまでが仕立て工の生産物なのかはわからない。仕立て工の貢献を知るためには、使用価値から価値に目を転じなければならない。たとえば、一枚あたりの上着の材料が一万円で、さまざまな道具の総価値のうち上着一枚あたりに移転する価値部分を一〇〇〇円とし、上着一枚の価値が二万円だとすると、その差額九〇〇〇円こそがこの仕立て工の生産物であると言える。だが、この「生産物」は、使用価値から見たものではなく（使用価値から見ると上着それ自体がやはり仕立て工の生産物だ）、あくまでも価値から見た生産物である。それゆえ、マルクスはそれを「価値生産物」と名づけたのである。しかし、「諸結果」の段階ではこの用語にはまだマルクスは至っていない。しかし、マルクスはここで「総生産物（価値から見た）」と表現することで、この概念に著しく接近しているのである。

「価値生産物」概念への接近Ⅱ――総生産物と純生産物

この二重の意味での「総生産物」は、もっとずっと先においても、今度は「純生産物」との対比で登場している。「総生産物と純生産物」という表題が付けられた部分においてマルクスは次のように述べている。

生産物全体を総生産物と呼ぶとすれば、資本主義的生産においては純生産物に対して総生産物が増大する。生産物のうち賃金＋純生産物に分解しうる部分を総生産物と呼ぶとすれば、今度は総生産物に対して純生産物が増大するのである。（二八二頁）

この箇所において、マルクスはまず最初に「総生産物」を本来の意味で、すなわち「生産物全体」（c＋v＋m）の意味で用いた上で、「資本主義的生産においては純生産物に対して総生産物が増大する」と述べている。ここで言う「純生産物」とは剰余価値のことであるから、「純生産物に対して総生産物が増大する」とは、総生産物価値に占める生産手段価値の割合がますます増大することを意味している（資本構成の高度化の法則）。

しかし、マルクスは続けて、今度は、「総生産物」を、「生産物のうち賃金＋純生産物に分解しうる部分」（v＋m）に等置している。この意味での「総生産物」はまさに「価値生産物」のことに他ならない。その上でマルクスは、「今度は総生産物に対して純生産物が増大する」と説明している。つまり、価値生産物に占める剰余価値の割合が大きくなるということだから、これは剰余価値率の上昇を意味している（相対的剰余価値の法則）。

このように、ここでもマルクスは、「総生産物」を、一方では本来の総生産物の意味で用い、他方では、事実上、「価値生産物」の意味で用いているのである。このような自覚的な二重用法は、この第二の意味での「総生産物」、すなわち「価値から見た生産物」をずばり表わす用語の確立を強く要請するものであったろう。こうして、この「諸結果」において、マルクスは「価値生産物」という表現に大きく接近するとともに、そのような簡潔な用語の必要性を強く実感せざるをえない状況に至っているのである。

6、労働力価値と「賃金の最低限」

第一部草稿には用語上の過渡性が見られるだけでなく、概念の意味内容に関しても一定の過渡性が見られる。その典型例が「労働力の価値」という概念である。この時点では「労働力の価値」ではなく、まだ「労働能力の価値」と表現されているが、周知のように、マルクスはこの労働力（労働能力）の価値を主として、それを日々再生産するのに必要な生活手段の価値によって規定している。

この基本的立場は「要綱」以来変わらないのだが、しかしその大きさを基本的にどの水準で理解するのかに関しては、前著の解説で明らかにしたように、マルクスの考えには明らかに変化が見られる。「要綱」段階においては、マルクスは前期段階と同じくそれを最初から最低限に一致するものとみなしていた。しかし、一八六一～六三年草稿においてはマルクスは、労働力の価値を最初に規定する段階ですでに、それが歴史的・文化的に規定されるものであることをはっきりと述べている。「賃金の最低限」という言葉も引き続き登場するが、これは文字通りの「最低限」のことではなく、一年を通じてそこに均衡化される平均水準のことであると述べられている（草稿集4、七九頁）。このように、この一八六一～六三年草稿の時点ですでに、労働力価値をその「最低限」で規定する旧来の枠組みとその実際の内実との間に矛盾と齟齬が生じていることがわかる。この矛盾と齟齬は、この一八六三～六五年草稿ではなおいっそう深刻なものとなっている。

その最たる例が、第一部草稿として残された最初の部分に見出せる。そこでは、労働力価値が労働組合の闘争にとって基準となっていること、そしてそれをめぐって階級闘争が行なわれていることが言われている。

> 他方、労働能力の価値は、労働組合にとってはその自覚的で明示的な基礎をなしており、その重要性は、イギリスの労働者階級にとっていくら強調しても強調しすぎることはない。労働組合が目的としているのは、賃金の水準が、各産業部門において伝統的に与えられた高さより下落するのを、つまりは、労働能力の価格がその価値以下に押し下げられるのを防ぐことにほかならない。（一二五頁）

この規定は非常に重要であり、中期段階の客観主義的な労働力価値規定から大きく足を踏み出すものである。労働組合がその主体的努力によって、個々の労働能力の価格がその価値以下に押し下げられるのを妨げることにそれなりに成功するならば、その結果として、頂点と底点との中間値である平均値そのものが（したがって労働力価値そのものが）押し上げられるだろう。だから労働組合の闘争は単に労働力の価格をその価値に一致させるという消極的役割を果たすのではなく、労働力価値の水準そのものに能動的に関与するのである。

このような主体的要素を取り入れた観点は『賃金・価格・利潤』でも受け継がれている。したがって、これは中期段階を越えたマルクスの後期的認識であると言ってもよい。しかしながら、マルクスがこの時点ですでに労働力価値ないし賃金をその最低限で規定するという枠組みそのものを正式に放棄したかというとそうではなく、この時点でもなお形式的には維持されていた。この部分に登場する「最低賃率」という用語がそうだし、第二部草稿ではよりはっきりとした表現が見られる。流通費が何ら商品に価値を付与するものではなく商品価値からの控除であると述べた後に、次のような記述がある。

しかも、賃金＝労働能力の価値＝最低限（Minimum）と仮定されているのだから、それは必然的に生産された剰余価値からの控除である。（前掲『資本の流通過程』、一一五頁）

このように、この一八六三〜六五年草稿においては、労働力の価値ないし賃金をその最低限で規定するという前期・中期的枠組みと、労働力価値を社会的・文化的要素が（したがって労働者の主体的闘争も）有機的に組み込まれた平均水準で規定するという後期的認識との矛盾が、いわば頂点にまで達していると言えるだろう。この矛盾はついに初版『資本論』において克服され、この後期的認識そのものが枠組みになるという形で決着がつくことになった。

しかしながら、「賃金の最低限」規定は放棄されたとはいえ、労働力価値と労働組合との関係について論じた第一部草稿のこの部分は『資本論』では採用されなかった。このような労賃の水準をめぐる攻防は賃金の特殊理論に属すると考えられたからだろう。マルクスのこのような自制ゆえに、その後の『資本論』研究において、労働力価値を客観主義的に規定する風潮が助長されることになってしまった。

標準労働日の長さが純客観的な経済法則によって決まらないのと同じく（その範囲はある程度客観的に決まっているとはいえ）、標準賃金の高さも、したがって労働力価値の大きさも、純客観的な経済法則によっては決まらないのである（その範囲も同じくある程度客観的に決まっているとはいえ）。それは、労働者階級の闘争、社会の人権意識、法律や制度のあり方、国際的基準、等々の影響を絶えず受けている。たとえ一般的なレベルで資本関係を規定する場合であっても、標準労働日と同じく、階級闘争の契機や法律や制度の契機をけっして捨象することはできないのであり、マルクスは第一部草稿のこの部分を取り除くべきではなかったと私は考える。

7、物化と人格化

以上、中期マルクスから後期マルクスへの諸概念の発展について簡単に見てきた。次に、この第一部草稿における独自の諸論点について見ていこう。

「諸結果」の「(2) 剰余価値の生産としての資本主義的生産」および二つの挿入原稿の中で主として論じられているテーマの一つは、資本主義においては生産手段(生活手段もマルクスは挙げているが、これはここでは論じきれない別個の論点をなす)という物的なものが労働者を充用し支配するという不可思議な事態が生じることであった。このような現象をマルクスは、「物(あるいは物象)の人格化」と呼んでいる(「物」および「物象」という表現については「訳者あとがき」を参照のこと)。「人格化」という表現は「諸結果」におけるキーワードの一つであり、何度も登場している。

一般に、『資本論』研究の世界では、人格ないし人格的諸関係の「物象化」(あるいは物化)という表現がキーワードとして論じられ、それに関する多くの論文や著作が存在するが、この「諸結果」を含む第一部草稿には、「物象化 or 物化」を意味する単語が二箇所しか登場しないのに対して(二八八頁、二九三頁)、「(物ないし資本の)人格化」という表現の方は二〇箇所近くも登場している。つまり、「人格化」の方が「物象化 or 物化」を意味する単語の一〇倍近くも登場しているのである。もちろん、登場回数が多い方が理論的にもそれだけ重要であるということにはならない。というのも、マルクスが「物象化 or 物化」という言葉を用いていなくても、実際にはその趣旨のことを言っている場面は少なくないからだ。だが少なくとも「物象化 or 物化」と同じぐらいの理論的位置づけを「人格化」にも与えなければならないことは明らかだろう。

しかも、そのわずか二箇所に登場する「物象化 or 物化」はつねに「人格化」概念とセットで登場しており、単独では登場していない。そのことを考えると、「(人格の)物化」と「(物の)人格化」とは同じ現象を別の面から見た表現ではないかと当然にも想像される。

「物化」と「人格化」の三つのレベルⅠ——第一のレベル

では、「物象化 or 物化」(以下、煩雑なので、「物化」と略記)および「人格化」とは具体的にいかなる現象ないし事態を意味しているのだろうか? これは実は一筋縄ではいかない。というのも、マルクス自身がどこかで明確な定義を与えているわけではないし、またその使用方法もけっして一義的なものではないからである。ざっと見たところ、だいたい三つのレベルでこれらの用語が用いられているように思われる。

まず第一に、商品・貨幣関係においては、人々が社会的に有用なものを社会が必要とする量だけ生産するという「社会的生産関係」は直接的に人格的な関係として存在しているのではなく(共同体においてはそれは直接的な人格的関係である)、物と物との関係として、あるいは「人に対する物の関係として」(五六頁)、要するに物的なものとして現われる(社会関係の物化)。ここでは人々の関係が物的なものとして客観的に現象するということから、これをとくに「物象化」と呼んでもいいかもしれない。そして、人々の関係が物と物との関係としてしか結びえないので、人々がその物を生産するのに費やした時間と費用とは、それ自体として表わされるのではなく、物の「価値」として、物それ自身に託した形でしか表現されえない。

他方、それと裏腹の関係として、ある人の人格性はその物の所有者としてのみ認められ、その社会的価値は彼ないし彼女が所有する商品ないし貨幣の多寡において示される。たとえば、「金持ち」という露骨な表現を考えてみよう。人々が「金持ち」を敬い、媚びへつらうのは、その人の高潔な人格性のゆえでもその人間性のゆえでもなく、彼ないし彼女が所有する商品ないし貨幣の多さのゆえである。だから所有者としての人格は商品ないし貨幣の代表者、その生きた看板にすぎないのである（社会関係の人格化）。

「物化」と「人格化」の三つのレベルⅡ――第二のレベル

第二のレベルにおいては、単に社会関係が物と物との関係に表わされるというレベルを越えて、資本主義的生産過程においては、実際に生産手段という物的なものが労働者という人格に対する支配的存在、権力的存在、主体的存在となる（物の人格化）。逆に労働者という生きた人格はこの生産手段という物に従属し、それに支配される客体的存在となる（人格の物化）。この転倒は、独自に資本主義的な生産様式の発展とともにますます顕著になる。たとえば、資本主義的生産過程においては、労働者が機械を使うのではなく、むしろ機械が労働者を使い、労働者は機械に隷属する存在となる。「機械の場合には、目に見える労働生産物が労働者の支配者として現われる」（二九〇頁）。そしてその機械が自動化されればされるほど、それが巨大化すればするほど、ますますもってそうなる。アメリカのフォード主義的アセンブリーラインの実態を描いたチャップリンの『モダンタイムス』は、まさにこの物と人格との、生産手段と労働者との、転倒した関係を見事に形象化している。

さらに、資本主義社会においてはこの「物の人格化」は、資本家という独自の人間集団のうちに血肉化するまでになっている。封建社会においてはその支配者は血統や家系の人格化であるが、資本主義社会における支配者たる資本家は物（物象）の人格化なのである。

「諸結果」（二つの挿入原稿を含む）がとくにクローズアップしているのは、まさにこの第二のレベルにおける「物化」と「人格化」である。それは、単なる錯覚（認識の転倒）ではなく、現実そのものの転倒であり、「『観念』においてだけでなく、『事実』

において」（二二六頁）生じている事態である。「資本が労働者を使用する」というのは、「徹頭徹尾事実に即した言い回し」（二一一頁、注14）なのであり、実際に生きた人間と現実の物との関係がそのような転倒したあり方をしているのである。たとえば、マルクスは次のように述べている。

> そこでは、資本が労働者を使用するのであって、労働者が資本を使用するのではない。そして、単なる物が労働者を使用し、したがって、資本家のうちに自我を、自らの意識と自らの意志とを持つのであり、それが資本なのである。（六二頁）

> 価値増殖過程……では、労働者が生産手段を使用するのではなく、生産手段が労働者を使用する。生きた労働がその客体的器官としての対象化された労働のうちに自己を現実化するのではなく、対象化された労働が生きた労働を吸収することによって自己を維持し増大させ、そうすることで自己増殖する価値、すなわち資本になり、そういうものとして機能するのである。（一九九頁）

> 労働者に対する資本家の支配はしたがって、人間に対する物の支配であり、生きた労働に対する死んだ労働の、生産者に対する生産物の支配である。……これはまさに、宗教においてイデオロギーの領域で生じているのと同じ関係が物質的生産の領域で、現実の社会的生活過程……で生じているということである。すなわち、主体の客体への転倒、およびその逆の転倒がそれである。（二〇三頁）

この種の文言はまだいくらでも引用することができる。これは、典型的に「疎外」として言及される事態に他ならない。資本主義においては、機械などの生産手段が労働者の上に君臨し、労働者は物のように扱われる。労働者は資本家に利潤をもたらす場合のみ雇用され、そうでなくなれば弊履のごとく切り捨てられる。労働者の地位が不安定であればあるほど、労働組合や労働法に守られていなければいないほど、ますますそうなる。逆に言えば、長期・直接・正規雇用という雇用慣行や、労働組合や労働基準法などの存在は、労働者を純粋に「物」として扱おうとする資本主義の傾向に逆らって、多少なりとも労働者を人間として扱わさせるために、労働者自身がその長年の闘争の中で勝ち取ってきた社会的諸制度に他ならない。これらの制度をできるだけ撤廃して、資本主義の本性どおりに、再び労働者を純然たる「物」として扱えるようにしようというのが、昨今の新自由主義なのである。最近のその典型例は労働者派遣法の改悪である。

「物化」と「人格化」の三つのレベルⅢ――第三のレベル

最後に第三のレベルの「物化」と「人格化」は何かといえば、第一および第二のレベルに見られるような、商品・貨幣関係や資本主義的生産過程に特有な諸現象ないし諸事態があたかも、それ自体としての「物」(生産手段や貨幣)に宿る自然属性であるかのように社会的に認識される事態であり(社会関係の「物としての物化」)、それと裏腹の関係として、貨幣所有者や資本家が有している社会的権力が、あたかも個人としての、自然人としてのその人物のうちに内在する自然的性質のおかげであるかのように社会的に認識される事態である(社会関係の「人格としての人格化」)。

マルクスが「諸結果」(二つの挿入原稿を含む)で力説しているのは、前者の「物としての物化」の方であり、いかに経済学者や資本家自身が社会関係を自然化し、いかに資本という社会関係を物としての生産手段と同一視しているのかである。たとえば、マルクスは次のように述べている。

紡錘や綿花が今日では賃労働者によって労働過程で消費されているからといって、それらが本来的に資本であるわけではない。このような愚劣な取り違え、すなわち、種々の物のうちに表わされる一定の社会的生産関係がそれらの物それ自体の物的な自然属性であるとみなす取り違えは、われわれが手近にある経済学の教科書を開いて、その最初の一頁を読むやいなや、容赦なく目に飛び込んでくる。(三八頁)

……皮革や靴型などの生産手段の特殊な経済的性格、すなわち生産手段が靴職人を使用するということ、物と人とのこのような転倒、したがってその資本主義的性格は、資本主義的生産においては、したがってまた経済学者の空想《ファンタジー》の中では、生産の諸要素の素材的性格と不可分に融合してしまっている。(六三頁)

第二の引用に見られるように、マルクスは第二のレベルの「物化／人格化」(「物と人との転倒」）と明確に区別して、第三のレベルの「物化」、すなわちこうした「転倒」が「経済学者の幻想」の中で「生産の諸要素の素材的性格と不可分に融合」してしまっている事態を指摘している。マルクスはこのような事態をとくに「物神崇拝」と呼んでいる（一八九頁）。したがって、この第三のレベルの「物化」をとくに「物神化」と呼んでもいいかもしれない。

特殊な社会関係から生じる支配力や権力が生産手段のような単なる物に本来的に内在するものであるかのように認識される事態は、このような特殊歴史的な社会関係を自然化し、人間によって変革することのできない自然秩序であるとして人々に受容させる。そうすることで、資本主義的秩序が正当化され、その安定性が確保されるのである。ちょうど封建時代においては、血統や家系の尊貴さという観念、生まれながらの貴賤という観念が封建秩序を正当化し安定化させたのと同じである。

しかし、今日の新自由主義の時代においては、マルクスが力説した「物としての物化」と並んで、「人格としての人格化」も重要なものとなっている。たとえば、ビル・ゲイツやスティーヴ・ジョブズのような資本家が大成功を収めて一代で億万長者になったとき、それは彼らが多数の労働者を搾取してその富と力を収奪したからであると考えるのではなく、その個人が個人として天才的であったからだと考えるとすれば、それは典型的にこの第三のレベルでの「人格化」に陥っていると言える。

マルクスの時代におけるような機械制大工業の黎明時代、およびその後の重厚長大型の巨大製造業の時代にあっては、物としての巨大な生産手段へと資本関係を還元する見方が主流であり、それが資本主義秩序を正当化するのに大いに役立った。したがって、それを「物化」や「物神崇拝」という言葉で批判的に解明することが最も重要であった。しかし、今日におけるような軽薄短小な情報資本主義ないし金融資本主義の時代にあっては、少なくとも先進国では、巨大な物的生産手段の威力よりも、機を見て敏に行動することのできる諸個人の「能力」ないし「力」へと資本関係を還元する見方が主流となっている。昨今、売れる書物の題名として「〜の力」「〜する力」という表現が頻繁に用いられているが、これなども、社会的諸力を個人の「力」に還元する傾向の一つであろう。

以上、三つのレベルで「物化／人格化」を説明した。この三つのレベルは、「物化」に即せば、それぞれ「物象化」「物化」「物神化」という異なった用語で表わすことができるだろう（ただし、「訳者あとがき」で触れるように、マルクス自身が何か異なったドイツ語でこれら三つのレベルを区別していたわけではない）。このような「物化／人格化」論は『資本論』では詳しく論じられていないので、この点で、「諸結果」（二つの挿入原稿を含む）は『資本論』への重要な補足となっている。

8、プルードンと再生産論

すでに述べたように、「諸結果」には、第一部に属する内容だけでなく、第二部や第三部を部分的に先取りした記述もいくつか見られる。その一つが、プルードンの「買い戻し不可能説」を批判した箇所である（本書一六六頁以下の「プルードンとフォルカードの混乱」という小見出しをつけた部分）。その中でマルクスは、本来は第二部第三章（現行版では第三篇）で論じるべき社会的総資本の再生産メカニズムの話を少しだけ先取りしている。

プルードンの混乱

プルードンは、若きマルクスに大きな影響を与えたアナーキストだが、彼は『所有とは何か』の中で、資本家の上げる利潤を商品の価値に対する外的な追加であるとみなし、それゆえ、あらゆる商品は価値以上の価格で売られており（不等価交換）、そこから、労働者は自分たちの生産した商品を買い戻すことができないという議論を展開している。そして、プルードンはこのことから、労働者の貧困化や恐慌等々も生じるのだと説明している。

初期マルクスはこのプルードンの利潤論（商品価値への外的追加としての利潤）を事実上受け入れていたのだが（マルクス『経済学ノート（第二版）』未来社、一九七四年、四八頁）、その後、リカードの労働価値説を受け入れ、それにもとづいて本格的に古典派経済学を批判的に研究するようになると、プルードンの説がまったく児戯に類するものであると考えるに至った。しかし、ある理論が間違いであると認識することと、理論的に首尾一貫した新たな説明を与えることとは、まったく別問題であり、後者は実はかなり難しい。

マルクスはまずもって、労働価値説にもとづく等価交換法則を資本－労働間の特殊な交換に関しても堅持しながら、なおかつ利潤が発生するメカニズムを明らかにしなければならなかった。この難問は周知のように、資本－労働間で売買されている商品が「労働」そのものではなく、「労働能力」であることの発見によって、まずは解決される。しかし、これだけではまだプルードンの提起した問題は解決されない。なぜなら、等価交換法則によって利潤（剰余価値）を説明できたとしても、やはり諸商品に利潤（剰余価値）が含まれているかぎり、商品の価値は労働者の賃金よりも大きいのであり、そうである以上、労働者が商品を買い戻すことができないという事態は変わっていないように見えるからである。

この問題を解決するのが、第二部第三章（現行版『資本論』では第二部第三篇）の再生産論なのだが、そこでの議論を本格的に展開することはまだできないので、マルクスは、ここでは、第一部第二章「絶対的剰余価値の生産」における議論からすでに明らかになっている、「商品の価値構成を表現する二つの方法」という議論を援用して、プルードンの錯覚がどこから生じているのかについて簡潔に説明している。

まずマルクスは、プルードンが生産手段価値の存在を忘れている（「v＋mのドグマ」）ことを前提に、プルードンの提起する問題を次のように簡潔に再現している。

いったいどうして労働者階級は、ただ賃金に等しいその週所得でもって、賃金

＋剰余価値に等しい商品量を買うことができるのだろうか？（一六七頁）

マルクスが言うように、プルードンの「買い戻し不可能説」は「外観に関するかぎりではまったく正しい」。しかし、マルクスは言う、プルードンは個々の独立した商品の価値構成しか見ておらず、「資本の生産物として」考察していない、したがって、資本の総生産物が「二つの部分に、すなわち、その価格が賃金＝一週間のうちに投下された可変資本に等しくて剰余価値などをいっさい含んでいない部分と、その価格がもっぱら剰余価値等々に等しい部分とに分かれること」を理解していない、だが「労働者が買い戻すのはまさにこの第一の部分だけ」なのだ、と（一六八頁）。しかし、以上の文言だけでは、プルードンの「買い戻し不可能説」がどのように批判され、プルードンが結局何を理解していなかったのかがまだよくわからないだろう。そこで、ここで簡単に説明をつけ加えておこう。

マルクスによる解決

先ほど述べたように、マルクスは商品の価値構成を表現する二つの方法について説明していた。一つは、個々の商品に即して、それぞれが剰余価値部分と賃金部分に分かれるという表現方法である。図式化すると、次頁の図1のようになる。この商品種類が、労働者にとっても資本家にとっても必要な何らかの消費手段だとし、商品1、商品2、商品3、商品4は、それぞれ同じ資本家によって生産されたこの商品の一個目、二個目、三個目、四個目であるとしよう（もっと増やしてもいいが、煩雑になるので、四つとしておく）。あるいは、それぞれ別の種類の消費手段を代表しているとみなしても同じだが、ここではとりあえず同じ種類の消費手段だとしておく。そして、それぞれの商品が、剰余価値部分と賃金部分とに分かれ、その分割割合がたとえば一：一だとする（剰余価値率一〇〇％）。

この図1の各個の商品を見るかぎり、労働者は賃金部分しか買い戻せないのだから、どの個々の商品も労働者によっては買い戻せないように見える。しかし、商品の価値構成を表現するにはもう一つの方法があった。個々の商品だけを見るのではなく、資本が生産する総生産物（ここでは四つの商品の全体）を考察に入れるならば、そして、商品1と2の賃金部分を商品3と4の白い部分に詰め込み、逆に、商品3と4の剰余価値部分を商品1と2の網部分に詰めこむならば、商品1～4は、もっぱら剰余価値を表現している諸商品（1と2）と、もっぱら賃金を表現している諸商品（3と4）とに分かれることになる。すると、商品の全体としての価値構成は、図2のように表現される。

この第二の方法を見れば、労働者は自分の生産した商品を買い戻せないという議論の誤りがはっきりとする。労働者はその賃金でもって商品3と4を買い戻すことができる。なぜなら、それは賃金部分（より正確には可変資本部分）しか表わしていないからである。では、商品1と2は誰が買うかというと、それが全体として剰余価値部分を表わしているのだから、当然、資本家がその剰余価値でもって商品1と2を買うのである（資

図1

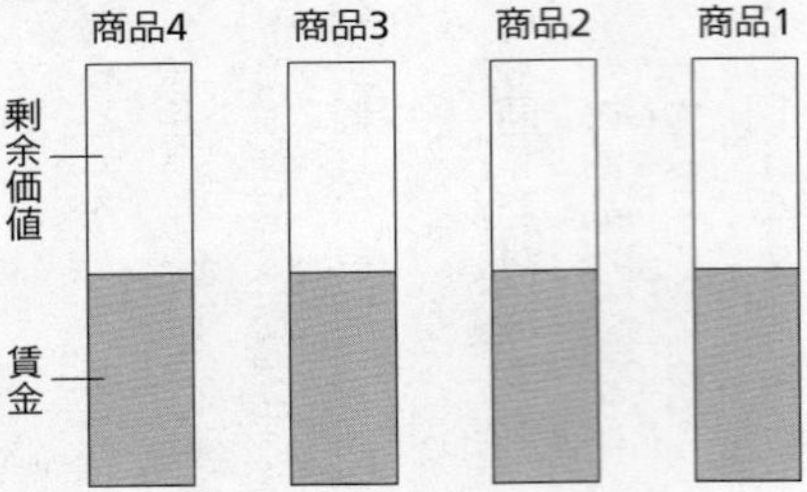

図2

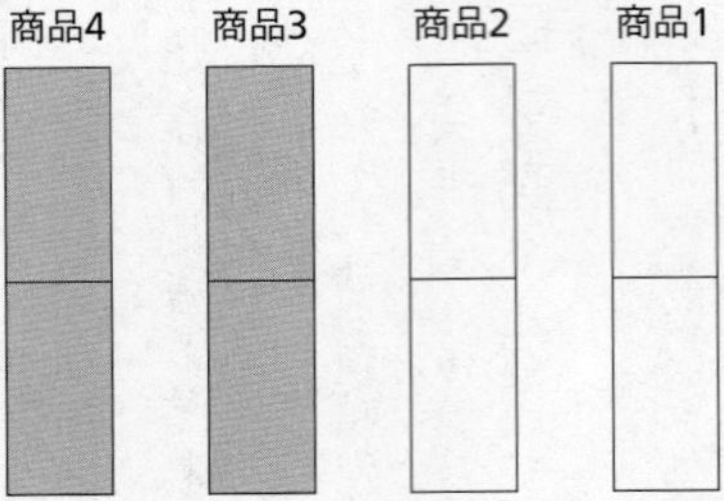

本家も消費手段を必要とする)。こうして、商品は全体として購買され、再生産が可能となる(これまでの議論から明らかなように、ここでは単純再生産が前提とされている)。

プルードンは、商品の価値構成を表現する二つの方法のうち、第一の方法(個別商品としての表現)だけを見て第二の方法(総生産物としての表現)を見ていない。言いかえれば、価値表現を第一の方法に還元しているわけである(ちなみに、その逆の還元をしているのが有名な「シーニアの最後の一時間」である)。

ところで、実際の再生産条件は実はもっと複雑である。なぜなら、商品の価値には当然にも生産手段価値(不変資本)が含まれているからである。この点を指摘したのがフォルカードであり、マルクスは、フォルカードはただ問題をいっそう困難にしただけであると指摘する(一六九頁)。生産手段価値も含めた上で諸商品の価値実現と再生産のメカニズムを解明するには、生産部門を生産手段生産部門と消費手段生産部門とに分けた上で、両部門間の交換という観点を導入しなければならない。だがこれは第一部の理論的範囲を完全に越えることになる。それゆえ、マルクスもここではその解明を禁欲しているのだが、結局、最後には、「プルードンに関するこの章句の全体は第二部第三章か、それより後に置く方がいいだろう」と締めくくっている(一七一頁）。

そして実際、その第二部第三章では、不変資本価値を入れた上で諸商品の社会的再生産のメカニズムが見事に解明されており、プルードンとフォルカードについても簡単ながら改めて言及されている（前掲『資本の流通過程』、二四八〜二四九頁）。またその章において初めて、前述したように「価値生産物」という概念も登場している。そしてマルクスはその概念を用いて、単純再生産の場合の社会的均衡条件が「消費手段生産部門の総生産物価値＝両部門の総価値生産物」であることを明らかにした（このような簡潔な定式が可能になったのも「価値生産物」概念のおかげである）。マルクスがプルードン的水準から脱して以来黙々と追求してきた「謎」が、ついに解き明かされたのである。

9、形式的包摂と実質的包摂

資本による労働過程の形式的包摂と実質的包摂という議論、あるいは、実質的包摂に照応した「独自に資本主義的な生産様式」の成立という議論は、一八六一〜六三年草稿の前半部においてすでに登場しているが(草稿集4、一〇〇頁、一四六〜一四七頁、二一四頁、四一八頁、四八二頁)、本格的に展開されるのは、「剰余価値学説史」を書き終えた後の後半部においてである。第一部草稿の議論は基本的にこの後半部の叙述をおおむねそのまま引き継いでいる。

形式的包摂の具体的イメージ

この形式的および実質的包摂論(以下、包摂論と略記)に関する論点は多岐にわたるが、ここでは二つの論点に絞りたい。一つは、形式的包摂の具体的イメージである。すでに述べたように、初版『資本論』においては包摂論自体が著しく簡略化されているのだが(現行版『資本論』はもっと簡略化されている)、その中でもとりわけ、形式的包摂論が大幅に短縮されている。それゆえ、マルクスが「形式的包摂」という言葉で具体的にどのような生産形態をイメージしていたのか、『資本論』ではほとんどわからなくなっている。それに対して、この「諸結果」における充実した形式的包摂論は、『資本論』での叙述を大幅に補うものである。この叙述を通してはじめて、マルクスが「形式的包摂」ということで何を念頭に置いていたのかが、かなりの程度わかるようになっている。

その中でとくに重要なのは、マルクスが、商人資本が原料や道具を労働者に前貸しして生産物を自宅でつくらせ、その生産物を回収して販売するという形態、すなわちいわゆる問屋制家内工業を、まだ形式的包摂ではないとしていることである（二二三頁）。マルクスはあくまでも資本が直接的に労働過程を包摂すること（直接的包摂）のみを形式的包摂とみなしており、問屋制家内工業のような間接的包摂の形態を形式的包摂から排除していたことがわかる。そしてマルクスは基本的に、これが「資本主義的生産様式の内部で……再生産される」場合（資本主義的家内工業）も含めて、間接的包摂の種々の形態を「過渡的形態」と規定している（二二三〜二二四頁、二六八頁、二七五頁）。

この間接的包摂を典型的な形式的包摂の形態であるとする文献が少なからず存在するし、私も間接的包摂を形式的包摂の範疇に入れてもいいと考えているが、ここでのマルクス自身の説明とは異なることに注意するべきだろう。

しかし、そのことによってマルクス自身の議論にある種の困難が生じている。というのも、資本が直接的に労働過程を包摂することは、同時にまた、同業組合制度とは違って、最初からかなり大人数の労働者を同時にその指揮下に置くことを意味するのだが、それはただちに「大規模な生産」という独自に資本主義的な生産様式の一形態になってしまい、また生産手段の共同使用による節約という生産性の上昇も生じてしまうからである。つまり、それはただちに実質的包摂の第一段階になってしまうのである。「諸結果」は形式的包摂について詳しく展開することによって、かえって、伝来の労働様式がそのまま維持されている純粋な形式的包摂とは結局何であるのかをわかりづらくしてしまっている。

初版『資本論』において、マルクスが形式的包摂に関する叙述のほとんどをなくしてしまったのは、先に述べたような叙述のスムーズな流れを維持するという技術的理由以外に、こうした理論的理由もあるのかもしれない。

実質的包摂論と史的唯物論の公式

もう一つの論点は、今度は実質的包摂に関わっており、マルクスがこの実質的包摂論を史的唯物論の図式に組む込むことによって、「史的唯物論の公式」をより複雑でより豊かなものにしていることである。

マルクスは、『経済学批判』の序言において土台と上部構造に関する有名な「史的唯物論の公式」を提示している。とりあえず、土台たる経済的諸関係に話を絞ると、それに対する通説的な解釈によれば、ある生産関係の内部で生産力がそれ自体として自立的に発展していって、やがて既存の生産関係とあいいれなくなり、生産関係を破砕するような変革を引き起こす、というものであった。この解釈では、「生産力の自立的発展↓古い生産関係の破壊」、あるいはより簡潔に表現すれば「生産力↓生産関係」という一方向的で単線的な二項連結式が成立することになる（「生産様式」にも一言触れられているが、その位置づけはあいまいである）。

これはおそらく『経済学批判』序言の解釈としてもあまりに機械的なものであるし、マルクスが実際にそれ以前の種々の著作や論文で言っていたことは、そんな単純なものではけっしてなかった。むしろ、「諸結果」で述べられていることの原型となるような議論はすでに、『哲学の貧困』などの前期の作品でも展開されていた。とはいえ、そのような機械的解釈を許す抽象性が『経済学批判』序文の定式にあったことは否めない。その後、マルクスは、一八六一～六三年草稿とこの「諸結果」において、実質的包摂論および「独自に資本主義的な生産様式」論を発展させることで、生産力と生産関係との関係に関してはるかに複雑な議論を展開している。

とくに二四七～二五二頁および三〇六～三〇八頁では、生産関係と生産力との二者ではなく、生産関係、生産様式、生産力という三者の複雑で複線的な関係が素描されている。また生産様式そのものも、物質的な意味での生産様式と歴史的・社会的な意味での生産様式とに区別された上で、それらと残り二者との関係が考察されている。紙幅の都合上、ここではこれ以上の詳論は避けるが、史的唯物論の単純な公式とは明らかに異なる議論がなされていることに注目してほしいと思う。

10、生産的労働と不生産的労働

この第一部草稿で取り上げられている独自の諸論点のうち、最も広範かつ詳細に議論されてきたのは、この「生産的労働と不生産的労働」という論点であろう。これは、日本の『資本論』研究において、最も多くの論文や著作が捧げられたテーマの一つである。それゆえ、ここではこの問題について本格的に論じることはとうていできない。それだけで一冊の著作を必要とするだろうからだ。そこで、ここでは二つの論点だけを、しかもごく簡単にのみ取り上げよう。

サービス労働は価値と剰余価値を生むか

この問題における最重要論点は言うまでもなく、「何が生産的労働であるのか」である。まずもってマルクスは、「労働過程一般」の観点から見た生産的労働と資本主義的な意味での生産的労働とを区別しており、前者は「ある生産物に、もっと言えばある商品に実現される労働」(二五六頁)だとしており、後者は、「直接に剰余価値を生み出す労働、すなわち資本を増殖させる労働」(二五七頁)だとしている。そして、資本主義において重要なのは後者であって、それは労働の具体的な形態にいっさい関わりがないと述べている。

そして、この論点の一環として、いわゆるサービス労働が価値を生むのかどうか、したがって剰余価値を生むのかどうかという論点が存在しており、これをめぐってきわめて激しい論争がこれまでなされてきた。価値を生むのは、何らかの特定の物的客体に対象化される物質的労働だけであって、したがって基本的にサービス労働のような非物質的労働は価値を生まないというのがかつての通説であったが(「価値非生産説」と呼ぼう)、サービス経済が著しく発達した今日では、このような説は明らかに説得力を失っている。商業労働や銀行労働などの、商品売買や貨幣取引に直接従事する労働は別として、使用価値としてのサービス商品を生産する労働は価値を生産するし(マルクスはサービスそのものが生産物であり商品であることを当然にも認めている(二六一頁))、そのサービス労働を行なう労働者が資本主義的生産関係に組み込まれているならば、そのサービス労働は剰余価値をも生産しうるという見解の方が、現在では主流になっている(「価値生産説」と呼ぼう)。この解説の筆者ももちろん後者の立場である。資本主義的なサービス生産部門が経済のごく一部しか占めていなかったマルクスの時代と根本的に違って、すでに先進国経済のかなりの部分を資本主義的に組織されたサービス部門が占めている現在、手でさわれる物的商品を生産する労働だけを価値生産的労働とみなすのは、明らかに無理がある。

ではマルクス自身はどうだったのか? 大論争になる問題においてはたいていそうなのだが、マルクス自身の叙述は常に一定の解釈の余地を許すものである。とはいえ、この「諸結果」での叙述は相対的にかなり明瞭なものであって、明らかに「価値生産説」の立場を示唆している。たとえば次のような文言がそうである。

鳥のように歌う歌手は不生産的労働者である。彼女が自分の歌声を貨幣と引き換えに売るならば、そのかぎりで彼女は賃労働者か商品取引者である。しかしその同じ歌手が、お金を稼ぐために彼女に歌を歌わせる企業家に雇われるならば、生産的労働者である。なぜなら彼女は直接に資本を生産するからである。人にものを教える教師は生産的労働者ではない。しかし、教師が賃労働者として他の人々とともに学校に雇われて、その労働を通じて知識商い機関の経営者の貨幣を価値増殖させるならば、生産的労働者である。(二六七〜二六八頁)

歌手のようなサービス労働者も、お金を稼ぐために資本家に雇われて歌を歌うのならば、彼女は生産的労働者であり、「直接に資本を生産する」と言われている。また、典型的なサービス労働者である教師も、民間教育機関に雇われて、その貨幣を「価値増殖させる」ならば、生産的労働者であると言われている(教育労働者の例は『資本論』でも用いられている)。

もちろん、「価値非生産説」の立場に立つ人々は、商業労働や銀行労働の例を出して、他の生産的労働部門からの価値と剰余価値の移転のことをここでも言っているにすぎないと主張するだろうが、その解釈はやはり無理がある。この文章を素直に読めば、それ自身の部門で「直接に資本が生産」され「価値増殖され」ていると解釈するしかない。そもそも、もし他の生産部門からの価値移転のことを言っているのならば、なぜマルクスはそう書かなかったのか（商業利潤論でのように）？

また、その価値移転のメカニズムはいったい何なのか？　商業利潤の場合は、商業資本に商品の売買を委ねることで、産業資本は流通費の節約や回転期間の短縮という利益を得るのであり、それによって増大した利潤の一部を商業資本に譲るのは、理にかなっている。しかし、一般のサービス部門の場合（企業向けサービスではなくて）、産業資本の利潤を増大させるような働きをそれらのサービス資本がするわけでもなんでもない。なのにどうして産業資本から利潤の分配を受けることができるのか？

史的唯物論とサービス労働

以上の最重要論点と関わって、一つの派生的な論点が存在する。外的な物的商品に実現される物質的労働だけが価値を生むという説を支持する論者の中には、この説を史的唯物論と結びつけて正当化しようとする人々がいる。つまり、社会の維持・存立にとって必要不可欠な土台をなすのは物質的な富であるから、物質的富を生産する労働だけが一般的な意味での生産的労働であり、そしてそれだけが価値を生むというのである。この正当化論は、一方では、物質的富を生産しない労働にもまた、社会そのものの維持・存立にとって必要不可欠な役割を果たしている労働がいくらでも存在している事実を完全に無視しているだけでなく（たとえば、この世から育児労働や教育労働や医療労働がなくなったら、どうやって人は生存し、どうやって社会は成り立つというのか？）、他方では、物質的富を生産する労働の中には社会の存立にとくに役立たないどころか、むしろ害をなすような労働もまたいくらでも存在するという事実も無視している。そして、この後者に関する直接の記述がこの「諸結果」に存在するので、それを紹介しておこう。

収入として消費されてもはや生産手段として再び生産に入ってはいかない年生産物のうち、その一大部分は、きわめて不快な生産物（使用価値）からなっており、最もくだらない欲望や幻想等々を満たしている。しかし、そうした内容は、

生産的労働の規定とは何の関係もない。（二六九頁）

社会の維持や存立にとって役立つかどうかという「史的唯物論的（？）」基準は、生産的労働（一般的な意味であれ資本主義的な意味であれ）かどうかということにも、またその労働が価値を生むかどうかということにも何の関係もない。資源の浪費でしかないような奢侈品やタバコのような有害物を生産する労働は、社会の存立にとって何の意味もなくむしろマイナスだが、その商品に対する需要が存在し民間資本によって供給されているかぎり価値を生むし、剰余価値を生む。銃や兵器を生産する労働は、人間と社会の存立を直接的に脅かすものだが、それが民間企業によって行なわれ市場で売買されているかぎり、価値を生むし、剰余価値を生む。

以上、第一部草稿の独自の諸論点について論じてきた。同草稿には、以上の諸論点以外にも興味深い論点はまだまだある。たとえば、「強制関係としての資本関係」論、奴隷労働と賃労働との比較論、労働強度の問題、生活手段を生産手段と並んで資本の存在形態とみなすこととの是非、「労働の二重の平均化」という着想（二一四〜二一五頁）、あるいはまた、本書の最後の方に登場する、独立小経営の個人的所有と家庭内奴隷制との関係（三三六〜三三七頁）、などである。他にもなお多くの論点が見出せるだろう。いずれにせよ、本書は、マルクスの経済理論とその発展過程を理解しいっそう深める上で、まさに「宝の山」であると言っても過言ではない。またそれだけでなく、現代的な諸問題を考える上でも、本書が提示している諸論点はさまざまなヒントを与えてくれるだろう。できるだけ多くの人に読んでもらいたいゆえんである。

マルクス年譜

一八一八年
五月五日、プロイセン王国治下のトリーアで、弁護士の父ハインリヒ・マルクスと母ヘンリエッテとの間に生まれる。

一八二〇年　二歳
一一月、フリードリヒ・エンゲルス生まれる。

一八三〇年　一二歳
トリーアのギムナジウムに入学。

一八三五年　一七歳
一〇月、法学研究のためボン大学に入学。

一八三六年　一八歳
夏、イェニー・フォン・ヴェストファーレンと婚約。
一〇月、ベルリン大学に移る。

一八三七年　一九歳
ベルリン大学のヘーゲル学派の文筆サークル「ドクトル・クラブ」に入り、ブルーノ・バウアーらと知り合う。

一八三八年　二〇歳

五月、父ハインリヒ死去。

一八四一年　二三歳

イエナ大学で学位をうける。

一八四二年　二四歳

前年の創刊に携わった「ライン新聞」の主筆を務める。

一一月下旬、生涯の友、フリードリヒ・エンゲルスと知り合う。

一八四三年　二五歳

三月、「ライン新聞」主筆を辞任。六月、イェニーと結婚。

一〇月、パリ移住。

一八四四年　二六歳

二月、「独仏年誌」に「ヘーゲル法哲学批判序説」「ユダヤ人問題のために」を掲載。エンゲルスは「国民経済学批判大綱」を掲載。

五月、長女ジェニー誕生。『経済学・哲学草稿』第一稿を執筆。

一八四五年　二七歳

五月、エンゲルスの『イギリスにおける労働者階級の状態』が出版される。

九月、次女ラウラ誕生。翌年にかけてエンゲルスと共同で『ドイツ・イデオロギー』を執筆。

一八四七年　二九歳

一月、長男エドガー誕生。

六月、「共産主義者同盟」第一回大会がロンドンで開催。

七月、プルードンの『貧困の哲学』を

批判した『哲学の貧困』を刊行。
一一月、「共産主義者同盟」第二回大会に出席。
一二月、ブリュッセルのドイツ人協会での講演のために「賃金」草稿を準備。

一八四八年　三〇歳
二月、フランスで二月革命起こる。エンゲルスとの共著『共産党宣言』をロンドンで刊行。
三月から四月、ウィーンでの三月革命勃発を機にパリよりケルンに赴く。
六月、「新ライン新聞」を発刊。

一八四九年　三一歳
四月、「新ライン新聞」に五回にわたって「賃労働と資本」を連載。
五月、ケルン追放令が出され「新ライン新聞」の最終号が赤刷りで発行。
八月、イギリスに入国しロンドンに居を定める。同地がマルクスの終生の居住地となる。

一八五〇年　三二歳
経済学の研究の仕事を再開し、大英博物館に通い始める。
一一月、エンゲルスがエルメン・エンゲルス商会に再就職、以降約二〇年間勤務し、窮乏にあえぐマルクス一家を経済的に援助する。

一八五一年　三三歳
三月、三女フランチェスカ誕生。
秋、「ニューヨーク・トリビューン」

のロンドン通信員となり、多くの論説を寄稿。

一八五二年　三四歳
四月、三女フランチェスカ死去。葬式代を借りるなどその後の数年間、一家は極貧生活を送る。
五月、『ルイ・ボナパルトのブリュメール一八日』を出版。

一八五五年　三七歳
一月、四女エレナ誕生。
四月、長男エドガー死去。

一八五七年　三九歳
八月、「経済学批判序説」を執筆。
一〇月、『資本論』の最初の本格的な準備草稿である「経済学批判要綱」の執筆を開始し、翌年にかけて書き上げる。

一八五九年　四一歳
六月、経済学の初めての体系的著作『経済学批判』第一分冊を刊行。

一八六一年　四三歳
八月、『経済学批判』第一分冊の続きとして「第三章　資本一般」の執筆を開始（「一八六一～六三年草稿」と呼ばれるもの）。

一八六二年　四四歳
三月、「剰余価値に関する諸学説」（後に『剰余価値学説史』として出版される）に関する草稿の執筆を開始。

一八六三年　四五歳

七月、「一八六一～六三年草稿」を書き終える。
八月、「一八六三～六五年草稿」を書き始める。

一八六四年　四六歳
九月、ロンドンで国際労働者協会（第一インターナショナル）創設、委員に選出される。

一八六五年　四七歳
六月、国際労働者協会の中央評議会で「賃金・価格・利潤」について講演。

一八六六年　四八歳
一月、『資本論』の清書作業を開始。

一八六七年　四九歳
九月、『資本論』第一巻刊行。

一八六八年　五〇歳
『資本論』第二部の第二草稿の執筆開始。

一八七〇年　五二歳
七月、普仏戦争勃発。

一八七一年　五三歳
三月、最初のプロレタリア政府であるパリ・コミューン成立。
五月、パリ・コミューンが崩壊し、ベルサイユ政府軍による大量虐殺起こる。
パリ・コミューンに関する国際労働者協会としての声明「フランスにおける内乱」を執筆。

一八七二年　五四歳
九月、国際労働者協会ハーグ大会でバ

クーニン派の追放を決定するとともに、本部をニューヨークに移すことを決定。事実上、国際労働者協会の活動が停止する。

九月、フランス語版『資本論』が分冊で出版開始。

一八七五年　五七歳

五月、アイゼナッハ派とラサール派とが合同し、ドイツ社会主義労働者党（後のドイツ社会民主党）成立。その綱領草案を批判した「ゴータ綱領批判」を執筆。

一八七八年　六〇歳

一〇月、社会主義者鎮圧法成立。

一八八一年　六三歳

一二月、妻イェニー死去。

一八八三年

一月、長女ジェニー死去。

三月一四日、マルクス死去。享年六四。

一八八五年

マルクス没後、遺された膨大な草稿にもとづき、エンゲルスが『資本論』第二巻を編集・刊行。

一八九一年

エンゲルスが『賃労働と資本』を再刊し、特別の序論を執筆。

一八九四年

エンゲルスが『資本論』第三巻を編集・刊行。

訳者あとがき

本書は、『資本論』入門シリーズとしてすでに出版された『賃労働と資本／賃金・価格・利潤』（二〇一四年）に続くシリーズ第二弾であり、『資本論』第一部の草稿として一八六三〜六四年に執筆されたものである。本書の中心をなすのは、同草稿の最終章として予定されていた「第六章　直接的生産過程の諸結果」（以下、「諸結果」と略記）であり、この「諸結果」は『資本論』第一部の総括的位置にあるとともに、第二部へのかけ橋のような位置にもある。そのため、いわば『資本論』の第一部全体を要約する内容になっているとともに、『資本論』第一部に対する重要な理論的補完にもなっている。本書は、「入門シリーズ」というにはいささか高度な内容になっているが、『賃労働と資本／賃金・価格・利潤』でマルクス経済理論の基礎理論、基本概念を理解した上でなら、十分に読みごたえのある内容であろう。その具体的内容については本文および「解説」を読んでいただくとして、ここでは編集と翻訳にまつわる話だけをする。

新訳の意義

この「諸結果」を含む『資本論』第一部草稿は、すでに一九三〇年代にソ連で『マルクス・エンゲルス・アルヒーフ』の一環として出版されており、この版（以下、旧版と略記）にもとづいて、日本では戦後、三つの翻訳が出版されている。古い順に言うと、淡徳三郎訳の研進社版、向坂逸郎訳の岩波文庫版、岡崎次郎訳の国民文庫版である。他にも私の知らない訳があるかもしれないが、とりあえず私が参照しえたのはこの三つである（ちなみに、前著『賃労働と資本／賃金・価格・利潤』では、『賃労働と資本』の既訳として六種類のものを参照したのだが、その後、戦後に出されたものにかぎっても、さらに二種類の既訳があることを知って驚いた。しかもどちらもすでに絶版とはいえ「賃金」草稿の訳を収録しており、前著の「訳者あとがき」の記述は一部改めなければならない）。

三つの翻訳がすでにあるのに新訳を出したのは、まず第一に、この三つの訳書がいずれもとっくに絶版になっており、入手困難だからである。しかも研進社版と岩波文庫版は旧字体である。このような重要な文献が長らく絶版のままで、再版や復刻の見とおしもなさそうであるのを見て、この著作が普通に手に入るようにしたいと考えた。また、この光文社古典新訳文庫は電子書籍としても出版されるので、このシリーズに入っているかぎり絶版の可能性はなくなる。

第二に、旧版ではマルクスのテキストが執筆順に編集されていないことである。まずその中心をなす「諸結果」は、マルクスがその冒頭で指示している順番にもとづいて編集されている。すなわち、「(1) 資本の生産物としての商品」から始まるのではなく、「(2) 剰余価値の生産としての資本主義的生産」から始まり(旧版では(1))、そこから「(3)〔資本関係そのものの再生産〕」に移行し(旧版では(2))、最後に「(1) 資本の生産物としての商品」(旧版では(3))に移行している。

また、「(2) 剰余価値の生産としての資本主義的生産」には、マルクスの指示した箇所に、それ以前に書かれた二つの原稿が挿入されている。一つ目は、「第二章 絶対的剰余価値の生産」の「(6) 直接的生産過程」と題されている部分で、これはかなり長い原稿である。これを「挿入原稿1」と呼ぼう。二つ目は、おそらく「第四章 絶対的剰余価値と相対的剰余価値の結合」の一部として書かれたもので、「挿入原稿

1」よりもずっとも短い。これを「挿入原稿2」と呼ぼう。それ以外にも、本文内でのマルクスの指示ないし注記にしたがって順番の入れ変わっている箇所がいくつかある。

さらに「諸結果」以前に書かれた各章原稿の諸断片は、「諸結果」の付録のような扱いをされており、そのすべてが「諸結果」の後にまとめて配置されている。旧版の底本が以上のような編集をなされていたので、それにもとづく三つの日本語訳もその編集にしたがっている。

それに対して、本訳書は、基本的にマルクスの執筆順に編集されている。各章の断片は「諸結果」より前に配置され、二つの挿入原稿もそれぞれ元の位置に配置され、「諸結果」はその執筆順で翻訳されている。

第三に、三つの旧訳にいくつか不備が見られることである。まず三つの既訳で訳されている草稿の範囲がそれぞれ異なる。最も古い研進社版は、「諸結果」のみを翻訳していて、それ以外の原稿は、「諸結果」に挿入された二つの原稿を除いて、訳されていない。それに対して、岩波文庫板はすべてを翻訳している。いちばん新しい（といっても四〇年以上も前のものだが）国民文庫版は、「諸結果」以前の原稿のうち、第五章の原稿断片、および本書で「Ⅲ」としてまとめた諸断片を、あまり重要ではないとして訳していない。三つの旧訳のうち、比較的入手しやすく、また最も広く普及しているのが、この国民文庫版なのだが（私自身もこれを読んで学んだ）、その肝心の国民文庫版が草稿の一部を訳していないのである。また、元となるテキストが筆者本人によって校正されていない草稿であるにもかかわらず、三つの旧訳のいずれもほとんど訳注を付していないし、テキストの中で引用されている多数の文献に関しても、その既訳の書誌情報が示されていない。さらに、旧版にあったいくつかのミスも基本的にそのまま翻訳されている。

第四に、何よりも、新しい『マルクス・エンゲルス全集』（新メガ）の「資本論草稿集」の部門（第Ⅱ部）の第四巻第一分冊に、「諸結果」を含むこの第一部草稿も収録され、新しい底本となるものが出版されたことである（以下、「新版」と略記）。この新版のおかげで、旧版の底本にあったいくつかのミスが修正されただけでなく、その編集も刷新され、基本的にマルクスの執筆順に草稿が配置されることになった。この新版にもとづく新訳が、大月書店版の『マルクス資本論草稿集』の続編としていずれ出版されるのだろうと思っていたのだが、いつまで経っても出版されない。出版されるという噂も聞かない。そこで、自分で新訳を出すことにしたしだいである。

新訳編集の独自性

本書は基本的に、新メガ第Ⅱ部第四巻第一分冊に収録されている『資本論』第一部草稿のテキストに依拠しているが、まったく同じというわけでない。そこで次に、新版とも異なる本書の編集の独自性について述べておきたい。

まず第一に、たしかに新メガは基本的に執筆順に編集されているのだが、挿入原稿1だけはマルクスの指示どおりに「諸結果」の途中に挿入されている。それに対して、本書は、挿入原稿1を含めて、第一部草稿の全体をマルクスの執筆順に編集している。そのことによって、「解説」で説明した「労働能力」から「労働力」への概念の変遷などがより正確にたどれるようになっている。また訳注も、新メガの編者注や参照文献の訳注を利用しつつも、独自に作成している。

第二に、本書は第六章以前の諸原稿を執筆順に並べるだけでなく、それぞれが本来どの章に属していたかを各原稿の冒頭で示している。これによって、それぞれの原稿断片の位置づけがよりわかりやすくなるとともに、それらを単なる「おまけ」扱いする従来の風潮からも一線を画すことになるだろう。ちなみに各章の表題は、「解説」で触れた「一八六三年一月のプラン」と初版『資本論』の両方を参考にして決定した。

第三に、訳者の判断で多くの小見出しをつけたことである。マルクスは、「(2)剰余価値の生産としての資本主義的生産」を除いては、小見出しのたぐいをいっさい入れていない。これではあまりにも読みにくいし、論旨を追うのが困難である。そこで私はいくつかの小見出しを入れることにした。だがこれは一長一短である。一方では、読みづらいテキストを整理し読みやすくする上では、このような小見出しは手がかりとして役に立つ。しかし他方では、研究者にとってはこのような小見出しそのものが、原文の流れを寸断するものだと考える人もいるだろうし、また、どこを区切りとみなし、そこにどういう小見出しを入れるべきかに関して意見の異なる人もいるだろう。訳者としても、そもそも小見出しを入れるべきかどうかで悩んだし、どこにどういう小見出しを入れるかに関して、何度も何度も書きなおしている。しかし、最終的には、やはり一般読者にとっての読みやすさの方を優先させて、かなりの数の小見出しを入れることにした。これは編集者と話し合った上での判断である。

第四の独自性は強調箇所を大幅に減らしたことである。マルクスはとにかくやたらと強調をつける癖がある。それは文章を非常に読みづらくしているし、強調の意味をほとんど失わせている。『資本論』も初版ではやたらと強調があったが、エンゲルス編集版では激減している。やはり読みづらいと判断されたのだろう。本書でも強調箇所を大幅に減らし、本当に強調すべきと思われる部分だけを残した。これもまた一長一短である。そこに訳者の恣意が入るし、テキストを純粋に読者に提供するべきだという人もいるだろう。だが、そういう完全版は、いずれ出されるであろう新メガ全訳版にお任せし、一般読者向けのこの文庫版では読者にとっての読みやすさを優先させたしだいである。

第五に、本書は、基本的に新版にもとづいて、マルクスが書きかけて削除したり書きかえたりした部分を再現しているのだが、そのすべてを再現するのではなく、比較的長くまとまっている部分や、重要と思われる箇所だけに限定して再現している（本文内で〈 〉として再現した場合と、訳注で指示した場合の両方のパターンがある）。当初はそうした削除部分は——原稿の九六ページの冒頭部分を除いて——いっさい再現しないつもりだったのだが、旧版ではなぜか、九六ページの冒頭部分以外に一箇所だけ削除箇所が再現されており、その旧版にもとづく三つの翻訳でもその部分が翻訳されていたので、新訳と称するものが、旧訳より情報量が少ないのはいかがなものかと思いなおして、削除部分も一部再現することにしたわけである。どれを再現しどれを再現しないかの取捨選択はここでも訳者の主観的判断によっているが、すべての削除・修正箇所の再現は将来の新メガ全訳版にお任せする。

訳語に関してⅠ――「物」「物象」「人格化」

次に訳語についてだが、基本的に訳語の選択はいずれも常識の範囲内で行なっており、とくに奇をてらったものはない。だが、最後の最後まで訳語の選択に迷ったものがある。それは、基本的に「物」を意味する「Ding」と「Sache」とを訳し分けるべきかどうか、同じく、その形容詞形で基本的に「物的」を意味する「dinglich」と「sachlich」、さらに、同じ系列で基本的に「物化」を意味する「Verdinglichung」(「諸結果」では形容詞形で登場している)と「Versachlichung」とをそれぞれ訳し分けるべきかどうか、であった。

一般に「Ding」系列の諸単語が使用価値的な意味での単なる「物」に関わる概念を意味するのに対して、「Sache」系列の諸単語は、貨幣や資本のような、社会関係性を帯びた独特の「社会的な物」に関わる概念を意味するとされている。それゆえ、最近では、「Sache」「sachlich」「Versachlichung」はそれぞれ「物象」「物象的な」「物象化」と訳され、それに対して「Ding」「dinglich」「Verdinglichung」は「物」「物的な」「物化」と訳すというように、厳密な訳し分けがなされるようになっている。

また論者によっては、「Versachlichung」と「Verdinglichung」にそれぞれ異なった意味内容を対応させるという解釈もなされている。このような区別論はそれなりに魅力的なのだが、しかし、実際にそれらの単語が使われている文脈を見ると、マルクス自身が必ずしも両系列の諸単語を厳密に使い分けてはおらず、単なる使用価値的な意味での「物」や「物的」を指す場合も、しばしば「Sache」系列の諸単語を用いていることがわかる。

マルクスはおそらく、「Ding」系列の諸単語と「Sache」系列の諸単語とを厳密に区別していたわけではなく（もしそうなら、マルクス自身がどこかでそう説明しているはずである）、部分的に重なった意味の範囲を持った言葉として、それぞれの文脈において半ば無意識的にどちらかを選択していたにすぎないと思われる。

よく考えれば、自然に生まれた近接語というのは、どの言語にあってもそういうものであろう。たとえば、「同意」と「合意」という近接語を、われわれは半ば無意識に文脈に応じてある程度使いわけている。「合意」の方が相手の自発性をより尊重しているようなニュアンスを帯びているのに対して、「同意」はもっと形式的で、相手に押しつける場合にも用いることができる。しかしだからといって、「同意」と「合意」とを常に意識的に使い分けているのかと問われれば、そんなことはないと答えるだろう。また文脈によっては「同意」と表現しても「合意」と表現しても、ほとんど意味が変わらない場合もいくらでもあるだろう。

「Ding」系列の諸単語と「Sache」系列の諸単語の場合も同じである。両者には明らかにニュアンスの相違がある。たとえば「Sache」は「事柄」や「問題」という意味でも用いられ、「Ding」よりも社会性を帯びて聞こえるが、「Ding」はころっとした「物」というニュアンスが強い。実際、「資本はけっして物ではない」という文脈の場合には必ず「Ding」の方が使われる。そしてこのニュアンスの相違は当然その意味内容にも一定の影響を及ぼす。しかし、他方では、両者には意味の重なりあう部分もあるのであり、置きかえ可能な文脈も多い。それゆえ、これらの単語に異なった訳語を機械的に割り当てるわけにはいかないのである。

そこで私は当初、「Sache」と「Ding」はどちらも「物」と訳しつつ（「Sache」が「事柄」や「問題」という意味で登場している場合を除いて）、形容詞形の「sachlich」に関しては、文脈に応じて、明らかに単なる「物」を越えた意味を帯びて使われていると思われる場合には、「物象的」と訳し、そうでない場合は「物的」と訳すことにした。しかし、訳を見なおすたびごとに、今度は、たくさん登場する「sachlich」のどれを「物象的」と訳し、どれを「物的」と訳すかで、大いに迷いが生じた。また、「物象的」と訳したとしても、では突然登場する「物象的」の意味をマルクスがどこかで説明しているかというと、そういうわけでもない。訳者が注をつけて説明してもいいのだが、その注釈がマルクスの意図と一致しているかどうか実に心もとない。というのも、「物象的」という日本語はあくまでも、日本独自の造語であって、別にマルクス自身が「物象的」と文字どおり表現したわけではないからだ。マルクスは単に「sachlich」と書いたすぎない（逆に言えば、各々の論者が、「物象」「物象化」という言葉を自分なりに定義して使う分には何の問題もない。問題になるのは、それらがマルクス自身の何らかの特定のドイツ語の訳語だと称する場合である）。

というわけで、迷いに迷った末、両系列の諸単語をすべて区別せず、「物」「物的」

「物化」と訳すことにし、その代わりそれぞれの原語が何であるのかを読者にわかるよう、（ ）して原語を入れることにした。読者自身の判断で、ここは「物象」「物象的」「物象化」等々と訳すべきだとか、ここは「物」「物的」「物化」のままでよい、等々と判断できるようにしたわけである。

同じく、「人格化」に関しても、マルクスは二種類の単語を用いている。「Personnificirung」と「Personnification」である（現代のドイツ語では前者は「Personifizierung」で後者は「Personifikation」）。激しい論争が行なわれている「Versachlichung」と「Verdinglichung」との区別論と違って、この二種類の「人格化」については、何らかの概念上の区別があるとする論者はほとんどいない。私の知るかぎりでは、ミヒャエル・ハインリッヒの『『資本論』の新しい読み方』（堀之内出版、二〇一四年）があるが、二三〇頁の注で一言触れているだけである。しかし、少なくともこの第一部草稿でのマルクスの使用法を見るかぎりでは、両者に何らかの概念上の区別があるとはとうてい思えない。その区別は基本的に技術的なものであって、形容詞か副詞的用法で登場するときはすべて「Personnificirung」の形容詞形が用いられ（八箇所）、名詞形で登場するときはほとんどが「Personnification」が用いられており

（八箇所）、名詞形の「Personnificirung」はごくわずかである（二箇所）。だが、こちらの方も念のため、いくつか代表的な箇所にかぎって、（　）して原語を示しておいた。ちなみに新メガの「事項索引」では、「Personifikation」だけが取り上げられていて、「Personifizierung」は無視されているが、挙げられている頁は両者の登場箇所である（だがその登場箇所のすべてが網羅されているわけではない。新メガの事項索引の捕捉率はあまり高くない）。

訳語に関してⅡ——その他

訳語に関してさらにいくつか注記しておく。マルクスは、「生産部門」を意味するドイツ語として、「Productionszweig」と「Productionssphäre」の二種類を用いている。違う単語には違う訳語をあてはめなければならないという日本的伝統にのっとって、前者は「生産部門」と一般に訳され、後者は「生産部面」「生産領域」「生産分野」などと訳されている。しかし、マルクスはこの二つのドイツ語を基本的にほぼ同じ意味で用いており、異なった生産物を生産している諸部門を指している場合には、どちらも「生産部門」と訳して何の問題もない。それゆえ本書では、その意味で登場するかぎりどちらの単語も「生産部門」と訳している。ただし、「Productionssphäre」は時おり、流通の領域（流通部面）との対比で生産の領域を意味する用語として用いられる場合もあり、その場合は「生産の領域」とか「生産部面」と訳している。

マルクスは、「監督（者）」や「管理（者）」などを意味する単語として実にさまざまなものを用いており、ドイツ語だけでなく英語も複数用いている。それらをすべて異なった日本語で訳し分けることは不可能であり、また無意味でもある。なので、文脈に応じて、適宜、「監督（者）」や「管理（者）」などの類似語を当てている。

「elementarische」は、「基礎的」や「要素的」という意味であり、『マルクス資本論草稿集』では両者の意味を合体させて、「基素的」と訳されているが、やはりそれではわかりにくいので、本書では「要素的」と訳している。「Warenmasse」は最初に登場するときだけ「大量商品」と訳し（一二九頁）、後は基本的に「商品量」と訳している。

以上、簡単に編集と翻訳について説明させていただいた。詳しい訳注を付したとはいえ、それでも本書はなかなか手ごわい作品である。しかし、だからこそまた、がんばって読み通すことによって多くのものが得られるだろうし、何度も読み返すことでますます多くの知見が得られるだろう。読者のみなさんの挑戦を期待したい。

kobunsha classics
光文社古典新訳文庫

資本論第一部草稿《しほんろんだいいちぶそうこう》
直接的生産過程《ちょくせつてきせいさんかてい》の諸結果《しょけっか》

著者 マルクス
訳者 森田《もりた》 成也《せいや》

2016年7月20日 初版第1刷発行
2023年7月5日 第2刷発行

発行者 三宅貴久
印刷 大日本印刷
製本 大日本印刷

発行所 株式会社光文社
〒112-8011東京都文京区音羽1-16-6
電話 03（5395）8162（編集部）
03（5395）8116（書籍販売部）
03（5395）8125（業務部）
www.kobunsha.com

©Seiya Morita 2016
落丁本・乱丁本は業務部へご連絡くだされば、お取り替えいたします。
ISBN978-4-334-75335-1 Printed in Japan

※本書の一切の無断転載及び複写複製（コピー）を禁止します。

本書の電子化は私的使用に限り、著作権法上認められています。ただし代行業者等の第三者による電子データ化及び電子書籍化は、いかなる場合も認められておりません。

組版 新藤慶昌堂

いま、息をしている言葉で、もういちど古典を

長い年月をかけて世界中で読み継がれてきたのが古典です。奥の深い味わいある作品ばかりがそろっており、この「古典の森」に分け入ることは人生のもっとも大きな喜びであることに異論のある人はいないはずです。しかしながら、こんなに豊饒で魅力に満ちた古典を、なぜわたしたちはこれほどまで疎んじてきたのでしょうか。

ひとつには古臭い教養主義からの逃走だったのかもしれません。真面目に文学や思想を論じることは、ある種の権威化であるという思いから、その呪縛から逃れるために、教養そのものを否定しすぎてしまったのではないでしょうか。

いま、時代は大きな転換期を迎えています。まれに見るスピードで歴史が動いていくのを多くの人々が実感していると思います。

こんな時わたしたちを支え、導いてくれるものが古典なのです。「いま、息をしている言葉で」――光文社の古典新訳文庫は、さまよえる現代人の心の奥底まで届くような言葉で、古典を現代に蘇らせることを意図して創刊されました。気取らず、自由に、心の赴くままに、気軽に手に取って楽しめる古典作品を、新訳という光のもとに読者に届けていくこと。それがこの文庫の使命だとわたしたちは考えています。

このシリーズについてのご意見、ご感想、ご要望をハガキ、手紙、メール等で翻訳編集部までお寄せください。今後の企画の参考にさせていただきます。
メール　info@kotensinyaku.jp

光文社古典新訳文庫　好評既刊

賃労働と資本／賃金・価格・利潤
マルクス
森田成也 訳
ぼくらの「賃金」は、どうやって決まるのか？マルクスの経済思想の出発点と成熟期の二大基本文献を収録。詳細な「解説」を加えた『資本論』を読み解くための最良の入門書。

ユダヤ人問題に寄せて／ヘーゲル法哲学批判序説
マルクス
中山元 訳
宗教批判からヘーゲルの法哲学批判へと向かい、真の人間解放を考え抜いた青年マルクス。その思想的跳躍の核心を充実の解説とともに読み解く。画期的な「マルクス読解本」の誕生。

経済学・哲学草稿
マルクス
長谷川宏 訳
経済学と哲学の交叉点に身を置き、社会の現実に鋭くせまろうとした青年マルクス。のちの『資本論』に結実する新しい思想を打ち立て、思想家マルクスの誕生となった記念碑的著作。

共産党宣言
マルクス、エンゲルス
森田成也 訳
マルクスとエンゲルスが共同執筆し、その後の世界を大きく変えた歴史的文書。エンゲルスによる「共産主義の原理」、各国語版序文、「宣言」に関する二人の手紙（抜粋）付き。

人口論
マルサス
斉藤悦則 訳
「人口の増加は常に食糧の増加を上回る」。デフレ、少子高齢化、貧困・格差の正体が人口から見えてくる。二十一世紀にこそ読まれるべき重要古典を明快な新訳で。（解説・的場昭弘）

光文社古典新訳文庫　好評既刊

帝国主義論

レーニン
角田 安正 訳

二十世紀初頭に書かれた著者の代表的論文。ソ連崩壊後、社会主義経済の衰退とともに変貌を続ける二十一世紀資本主義を理解するため、改めて読む意義のある一作。

永遠平和のために／啓蒙とは何か 他3編

カント
中山 元 訳

「啓蒙とは何か」で説くのは、その困難と重要性。「永遠平和のために」では、常備軍の廃止と国家の連合を説いている。他三編をふくめ、現実的な問題を貫く論文集。

純粋理性批判（全7巻）

カント
中山 元 訳

西洋哲学における最高かつ最重要の哲学書。難解とされる多くの用語をごく一般的な用語に置き換え、分かりやすさを徹底した画期的新訳。初心者にも理解できる詳細な解説つき。

実践理性批判（全2巻）

カント
中山 元 訳

人間の心にある欲求能力を批判し、理性の実践的使用のアプリオリな原理を考察したカントの第二批判。人間の意志の自由と倫理から道徳原理を確立させた近代道徳哲学の原典。

道徳形而上学の基礎づけ

カント
中山 元 訳

なぜ嘘をついてはいけないのか？　なぜ自殺をしてはいけないのか？　多くの実例をあげて道徳の原理を考察する本書は、きわめて現代的であり、いまこそ読まれるべき書である。

光文社古典新訳文庫　好評既刊

善悪の彼岸

ニーチェ
中山元 訳

西洋の近代哲学の限界を示し、新しい哲学の営みの道を拓こうとした、ニーチェ渾身の書。アフォリズムで書かれたその思想を、肉声が音楽のように響いてくる画期的新訳で！

道徳の系譜学

ニーチェ
中山元 訳

『善悪の彼岸』の結論を引き継ぎながら、新しい道徳と新しい価値の可能性を探る本書によって、ニーチェの思想は現代と共鳴する。ニーチェがはじめて理解できる決定訳！

ツァラトゥストラ（上・下）

ニーチェ
丘沢静也 訳

「人類への最大の贈り物」「ドイツ語で書かれた最も深い作品」とニーチェが自負する永遠の問題作。これまでのイメージをまったく覆す、軽やかでカジュアルな衝撃の新訳。

人はなぜ戦争をするのか エロスとタナトス

フロイト
中山元 訳

人間には戦争せざるをえない攻撃衝動があるのではないかというアインシュタインの問いに答えた表題の書簡と、「喪とメランコリー」、『精神分析入門・続』の二講義ほかを収録。

幻想の未来／文化への不満

フロイト
中山元 訳

理性の力で宗教という神経症を治療すべきだと説く表題二論文と、一神教誕生の経緯を考察する「人間モーセと一神教（抄）」。後期を代表する三論文を収録。

光文社古典新訳文庫　好評既刊

社会契約論／ジュネーヴ草稿

ルソー
中山元 訳

「ぼくたちは、選挙のあいだだけ自由になり、そのあとは奴隷のような国民なのだろうか」。世界史を動かした歴史的著作の画期的新訳。本邦初訳の「ジュネーヴ草稿」を収録。

人間不平等起源論

ルソー
中山元 訳

人間はどのようにして自由と平等を失ったのか？　国民がほんとうの意味で自由で平等であるとはどういうことなのか？　格差社会に生きる現代人に贈るルソーの代表作。

読書について

ショーペンハウアー
鈴木芳子 訳

「読書とは自分の頭ではなく、他人の頭で考えること」……。読書の達人であり一流の文章家ショーペンハウアーが繰り出す、痛烈かつ辛辣なアフォリズム。読書好きな方に贈る知的読書法。

論理哲学論考

ヴィトゲンシュタイン
丘沢静也 訳

「語ることができないことについては、沈黙するしかない」。現代哲学を一変させた20世紀を代表する衝撃の書、待望の新訳。オリジナルに忠実かつ平明な革新的訳文の、まったく新しい『論考』。

存在と時間（全8巻）

ハイデガー
中山元 訳

「存在（ある）」とは何を意味するのか？　刊行以来、哲学の領域を超えてさまざまな分野に影響を与え続ける20世紀最大の書物。定評ある訳文と詳細な解説で攻略する！

光文社古典新訳文庫　好評既刊

自由論 新たな訳による決定版
ミル
斉藤　悦則　訳

個人の自由、言論の自由とは何か？　本当の「自由」とは？　21世紀の今こそ読まれるべき、もっともアクチュアルな書。徹底的に分かりやすい訳文の決定版。（解説・仲正昌樹）

リヴァイアサン1、2
ホッブズ
角田　安正　訳

「万人の万人に対する闘争状態」とはいったい何なのか。この逆説をどう解消すれば平和が実現するのか。近代国家論の原点であり、西洋政治思想における最重要古典の代表的存在。

ニコマコス倫理学（上・下）
アリストテレス
渡辺　邦夫
立花　幸司　訳

知恵、勇気、節制、正義とは何か？　意志の弱さ、愛と友人、そして快楽。もっとも古くて、もっとも現代的な究極の幸福論、究極の倫理学講義をアリストテレスの肉声が聞こえる新訳で！

神学・政治論（上・下）
スピノザ
吉田　量彦　訳

宗教と国家、個人の自由について根源的に考察したスピノザの思想こそ、今読むべき価値がある。破門と焚書で封じられた哲学者スピノザの〝過激な〟政治哲学、70年ぶりの待望の新訳！

カンディード
ヴォルテール
斉藤　悦則　訳

楽園のような故郷を追放された若者カンディード。恩師の「すべては最善である」の教えを胸に度重なる災難に立ち向かう……。「リスボン大震災に寄せる詩」を本邦初の完全訳で収録！

光文社古典新訳文庫　好評既刊

寛容論
ヴォルテール
斉藤 悦則 訳

狂信と差別意識の絡む冤罪事件にたいし、ヴォルテールは被告の名誉回復のため奔走する。理性への信頼から寛容であることの意義、美徳を説いた最も現代的な歴史的名著。

笑い
ベルクソン
増田 靖彦 訳

「笑い」を引き起こす「おかしさ」はどこから生まれるのか。形や動きのおかしさから、情況や言葉、性格のおかしさへと、ベルクソンが「笑い」のツボを哲学する。独創性あふれる思考の営み！

コモン・センス
トマス・ペイン
角田 安正 訳

アメリカ独立を決定づけた記念碑的〝檄文〟。国家を冷静な眼差しで捉え、市民の心を焚きつけた当時のベストセラー。「アメリカの危機」「厳粛な思い」「対談」も収録。

あなたと原爆 オーウェル評論集
ジョージ・オーウェル
秋元 孝文 訳

原爆投下からふた月後、その後の核をめぐる米ソの対立を予見し「冷戦」と名付けた表題作、「象を撃つ」「絞首刑」など16篇を収録。『1984年』に繫がる先見性に富む評論集。

フランス革命についての省察
エドマンド・バーク
二木 麻里 訳

進行中のフランス革命を痛烈に批判し、その後の恐怖政治とナポレオンの登場までも予見。英国の保守思想を体系化し、のちに「保守主義の源泉」と呼ばれるようになった歴史的名著。